# 고신신학
# 26호

본 호는 한 무명 성도의 후원으로 제작되었습니다.

| | |
|---|---|
| 인쇄 | 2024년 9월 2일 1판 1쇄 |
| 발행일 | 2024년 9월 10일 1판 1쇄 |

| | |
|---|---|
| 발행인 | 이정기 |
| 편집인 | 주기철 |
| 발행처 | 고신신학회(고신대학교 기독교사상연구소) |
| 연락처 | 051) 990-2187 |
| 이메일 | doulosjoo.kc@kosin.ac.kr |

| | |
|---|---|
| 펴낸곳 | 더프로클러메이션 |
| 주소 | 부산 부산진구 성지로 94번길 85, 101-702 |
| 디자인 | 김온유 |
| 총판 | 기독교출판유통(031-906-9191) |
| 출판등록 | 2021년 7월 8일(2021-000015) |
| ISBN | 979-11-975631-3-3(93230) |
| 가격 | 13,000원 |

# 엔데믹 시대의
# 신학과 교육

PROC.

# 목차

## 신약학

## 교의학

# 고신신학 서문

지난 몇 년간 전 세계가 코로나19(Covid-19)로 인해 많은 어려움을 겪었다. 특히 한국교회는 팬데믹 시대를 지나면서 성도가 한자리에 모이지 못하여 비대면 예배를 드렸고, 이에 따라서 교회 교육도 제대로 시행되지 못했다. 팬데믹 시대가 교회에 남긴 상처가 크지만, 가정이 교회 교육에 협력할 기회를 제공한 것은 그나마 긍정적인 역할이라고 볼 수 있다.

많은 교회는 팬데믹 시대가 남긴 변화를 안고 엔데믹 시대를 살아가는 성도를 어떻게 양육하고 돌볼 것인지를 고민한다. 이에 이번 호는 특별히 엔데믹 시대의 신학과 교육이 어떠해야 하는지 초점을 맞추어 신학의 다양한 분과에서 활동하는 학자들의 견해를 실었다. 이 글이 엔데믹 시대를 사는 교회와 성도에게 조금이나마 도움이 될 수 있으리라 기대한다.

2024년 8월
편집장 **주 기 철**

# 고신대학교 신학 학사(B.Th.)와 목회학 석사(M.Div.)의 연계 교육과정 제안: 개혁주의 공적-선교지향적 신학교육을 중심으로

송영목 교수(고신대학교, 교수, 신학과)

**[초록]**

신학교육이 비정상적이라면, "21세기 신학 교수가, 20세기 교과과정을 가지고, 16세기 방식으로 가르치지 않는가?"라는 질문도 자연스럽게 제기된다. 7년이라는 장기간에 걸친 신학교육이 비효율적이거나 비체계적이라면, 학생들에게 학업 동기를 부여하기 어렵고 결차 사역할 교회에게 고스란히 돌아간다. 연계 교육이 시행되지 못하여 학생과 교회가 피해자가 된 형편에, 교수가 학생과 교회를 위해 존재하지, 그 역은 성립되지 않음을 명심해야 한다. 신학교육의 정상화는 신학과 학사(B.Th.) 과정과 신학대학원의 목회학 석사(M.Div.) 과정의 연계 교과과정을 통해 해결된다. 신학과와 신대원의 체계적인 연계(連繫) 교육은 고신대학교 본부가 송도에서 영도로 이전 한 이래로 약 40년 묶은 숙원이 되어왔다. 그런데 국내외 신학교를 살펴보면, 이 과제는 결코 난제가 아니라 쉬운 문제다. 이 글은 (1) 신학(θεολογία)과 목회자의 관련성을 신학의 본질과 신학교의 정의를 통해 살피고, (2) 외국과 국내의 신학 연계 교육의 현황을 차례로 살핀 후, (3) 탄탄한 성경 주해와 공적-선교지향적 6년 연계 교육을 제안함으로 마무리한다.

키워드: 고신대학교, 신대원, 신학 연계 교육, 교과목, 신학교육의 정상화

## 들어가면서

국내 청소년의 복음화 비율은 약 4%이며, 지역교회의 중고등학생도 감소하고 있다. 청소년의 탈종교화와 출산율의 저하와 맞물려, 몇 년 전부터 신학과와 신학대학원은 신입생 정원을 채우지 못하는 미달 상황이다. 누구나 인정하듯이, 신대원의 모판인 신학과의 경쟁력을 강화해야 신대원도 생존 가능하며 경쟁력을 갖출 수 있다. 그렇다면 우선적으로 신학과 진학자에게 양질의 교육과 혜택이 제공되어야 함은 마땅하다.

신학교육이 비정상적이라면, "21세기 신학 교수가, 20세기 교과과정을 가지고, 16세기 방식으로 가르치지 않는가?"라는 질문도 자연스럽게 제기된다. 7년이라는 장기간에 걸친 신학교육이 비효율적이거나 비체계적이라면, 학생들에게 학업 동기를 부여하기 어렵고 결과적으로 학업 성취도는 저하된다. 결국 피해는 학생과 그들이 장차 사역할 교회에게 고스란히 돌아간다. 연계 교육이 시행되지 못하여 학생과 교회가 피해자가 된 형편에, 교수가 학생과 교회를 위해 존재하지, 그 역은 성립되지 않음을 명심해야 한다.[1] 신학교육의 정상화는 신학과 학사(B.Th.) 과정과 신학대학원의 목회학 석사(M.Div.) 과정의 연계 교과과정을 통해 해결된다. 신학과와 신대원의 체계적인 연계(連繫) 교육은 고신대학교 본부가 송도에서 영도로 이전 한 이래로 약 40년 묵은 숙원이 되어왔다. 그런데 국내외 신학교를 살펴보면, 이 과제는 결코 난제가 아니라 쉬운 문제. 이 글은 (1) 신학($\theta\epsilon o\lambda o\rho i\alpha$)과 목회자의 관련성을 신학의 본질과 신학교의 정의를 통해 살피고, (2) 외국과 국내의 신학 연계 교육의 현황을 차례로 살핀 후, (3) 탄탄한 성경 주해와 공적-선교지향적 6년 연계 교육을 제안함으로 마무리한다.

### 1. 신학과 목회자

---

[1] 신학생들은 신학 교수의 자격으로 탁월한 학문적 역량보다는 참 텍스트인 목회적 마인드와 성품을 가장 중요하게 여긴다. 송영목, "좋은 신학 교수는 누구인가?"『개혁교회와 신학』 37 (2023), 315-29; P. M. Gould et als, 『선교적 교수, 터무니없는 생각인가』, *The Outrageous Idea of the Missional Professor*. 홍병룡 역 (서울: SFC출판부, 2023). 참고로 송영목·정찬도가 제안한 6년 신학 연계 과정은 예장 고신 안에서는 몇몇 이유로 변죽만 울린 것 같지만, 아신대학교 한상화는 이에 동의했다. 송영목·정찬도, "신학 6년 연계 과정의 필요성: 고신대를 중심으로,"『개혁논총』 38 (2016), 113-41; 한상화, "한국 신학 교육 개혁의 필요성과 구체적인 제안,"『ACTS 신학저널』 43 (2020), 154.

## 1.1. 신학의 본질

신학은 하나님을 향해 겸손히, 맑고, 밝고, 깊고, 넓게 말하는 것이다.[2] 따라서 신학하는 사람(theologos)은 하나님을 향해 말하는 사람이다. 신학은 하나님께서 가르치시고, 하나님을 가르치며, 하나님께로 인도한다. 삼위 하나님께서 자신을 계시해 주신 만큼 아는 신학도는 그분에게 그리고 그분에 관해 말할 수 있다. 신학도는 2인칭 인격자이신 하나님을 향해 찬양과 기도로 송영(doxologia)하며 말해야 한다.[3] 그렇게 할 수 있는 것은 특별한 은혜이다. 따라서 송영으로서의 신학은 참된 기도 그리고 하나님의 말씀을 읽고 연구하는 것을 기초로 삼는다(롬 3:2; 히 4:12; 벧전 4:11). 그리고 신학은 하나님과 관련된 모든 것에 대해 명료하게 말하는 시도이다.[4] 신학은 하나님의 계시와 신앙이라는 토대 위에 서 있어야 하므로, 종교학처럼 중립적인 학문과 다르다.

그리고 신학은 무엇보다 하나님을 논리적으로 알아가는 시도($\theta\epsilon o\gamma\nu\tilde{\omega}\sigma\iota\varsigma$)이다. 신학은 우리가 흠모하고 예배하는 하나님에 대한 성찰이며, 기독교의 기본 개념에 관한 체계적 탐구이기도 하다.[5] 그러면 어떻게 하나님과 기본 개념을 정확히 알 수 있는가? 신학도는 하나님의 '자기 계시' 즉 말씀 안에서 삼위일체 하나님 자신의 심정을 토로하는 것과 같은 성경을 통해 하나님을 안다. 성경 계시는 하나님에 관한 명제적 지식과 같다. 따라서 신학함의 전제는 영감 된 성경을 주신 하나님을 신앙하는 것이다. 신앙 없이 신학 할 수 있으나, 그런 신학에는 송영이 없다.[6] 사랑과 진리의 삼위 하나님에 대한 신앙을 전제하여 그분을 송영하면서 주님을 드러내는 선교적 자세로 신학에 임할 때, 학업 당사자와 그 사람이 속한 공동체 더 나아가 사회의 변혁을 소망할 수 있을 것이다. 한국에서 1985년경부터 신학 분과가 전문적으로 교수되기 시

---

2) 명사 $\theta\epsilon o\lambda o\gamma\iota\alpha$는 플라톤이 처음으로 사용한 것으로 보인다. 알렉산드리아의 클레멘트(AD 150-215)는 신학을 '하나님에 대한 기독교의 진리 주장'이라고 정의하면서 이교의 신화적 진술(mythologia)과 구별했다. McGrath, 『신학이란 무엇인가』, 209; A. Louth, "What is Theology?: What is Orthodox Theology?" *St Vladimir's Theological Quarterly* 51/4 (2007), 435-36.

3) 이동영, 『송영의 삼위일체론』(서울: 새물결플러스, 2017), 17-21. 이는 유해무, 『개혁교의학』(서울: 크리스챤 다이제스트, 2000)에 자세히 나타난다.

4) 참고. R. A. Muller, 『신학서론』, *Post-Reformation Reformed Dogmatics: Prolegomena to Theology*, 조호영 역 (서울: 부흥과 개혁사, 2018), 238.

5) McGrath, 『신학이란 무엇인가』, 206, 209.

6) 하버드대학교의 M.Div. 입학 조건에 성경 언어 선행 학습은 없으며, 불신자나 불가지론자의 입학도 가능하다. Harvard Divinity School, *Handbook for Students 2023-2024*, 62.

작했다. 약 40년의 이 기간에, 신학교가 복음과 근본 교의와 송영으로서의 신학을 고수하면서도 새로운 상황에 새로운 방법으로 설득력 있는 해법을 제시해 왔는지 자문해야 한다.

## 1.2. 신학교의 역사

최초의 기독교 신학교는 AD 1세기 알렉산드리아의 교리학교였는데, 개종자에게 2-3년간 성경, 교리, 윤리 등을 가르쳤다.[7] AD 5세기까지 오늘날 신학교에 해당하는 교육기관은 없었으며, 중세 신학의 자리(locus theologicus)는 대성당 부설 학교와 수도원이었다. 이탈리아 볼로냐대학교(since 1088)와 '주의 집에 빛나는 등불'이라 불린 파리대학교(since 1150) 등 대학에서 신학 고등교육이 본격적으로 이루어졌는데, 점차로 신학은 하나님에 대한 교리를 넘어 기독교 교리 전체를 포괄하는 '성스러운 학문 분과'를 의미하게 되었다.[8] 중세 초에 동방 신학과 서방 신학이 나뉘었는데, 학문의 주체와 객체이신 하나님 때문에 신학은 '학문의 여왕'이었다. 그래서 그 당시는 인문학 등을 섭렵한 후에 최고의 학문인 신학에 입문했다. 오늘날 기독교대학에서 신학교육은 간학제 방식으로 포괄적 주제들을 학적으로 다룰 수 있기에,[9] 교회와 더 밀접하여 고백적 신학을 추구하는 '세미너리'(신학교)와 차별성을 보인다.[10] 기독교대학에서 신학과는 기타 학과들에 성경적 기초를 제공한다.[11]

---

7) W. H. Oliver, "The Catechetical School in Alexandria," *Verbum et Ecclesia* 36/1 (2015), 2-11.

8) J. M. Womack & J. Pillay, "From the Tower to the Pews: A Call for Academic Theology to re-engage with the Local Context," *HTS Teologiese Studies* 75/4 (2019), 1; A. E. McGrath, 『신학이란 무엇인가』, *Christian Theology: An Introduction*, 김기철 역 (서울: 복있는 사람, 2020), 210.

9) 생명을 불어넣는 신앙의 학문인 신학은 원천인 성경으로 돌아가서 현재에 참여하면서 창조적이며 새로운 방법으로 과학, 문학, 종교, 그리고 공적 삶에 접맥되어야 한다. J. Beyers, "How Scientific is Theology Really?: A Matter of Credibility," *HTS Teologiese Studies* 72/4 (2016), 5-8.

10) M. Nel, "Teologie as Wetenskap: Noodsaak van Dialoog," *Koers* 83/1 (2018), 4-5. 미국 칼빈신학교의 멀러는 "헌신에 대한 감각을 가진 신학교 모델은 교육과 이해의 함양에 대한 관심을 상당 부분 상실한 반면, 종합대학 모델은 어디에도 얽매이지 않는 객관성을 추구하면서 교육과 이해의 함양에 대한 관심을 유지하고 있다는 것은 유감스러운 일이다."라고 신학 교육을 평가했다. R. A. Muller, 『신학 공부 방법』, *The Study of Theology*, 김재한 역 (서울: 부흥과 개혁사, 2011), 51.

11) 캄펀신학교(since 1854; 현재는 캄펀·위트레흐트신학대학)를 모델로 하여 설립된 미시간 칼빈신학교(since 1876)가 일반은총과 학문성을 강조하는 암스테르담 자유대학교(since 1880)와 교회를

오늘날 신학교는 어떤 곳인가? 목회자는 누구인가라는 물음은 교과과정의 방향타와 같다. 언어, 성경, 비평적 논리, 그리고 설교에 익숙한 신학자로서 목회자여야 한다. 동시에 목회자는 교회당과 사회 중간의 담장 위를 걷는 공적사역자이다.[12] 따라서 사람, 사회, 시대의 흐름의 본질을 꿰뚫어 볼 수 있어야 한다. 이와 더불어, 목회자 후보생은 성품 형성, 경건과 공동체성을 함양하여 실천할 수 있는 사역자여야 한다. 따라서 신학교육은 통전적이고 간학제적 연구가 요청되는데, 현재 신학 교과과정은 이를 효과적으로 담아내지 못하고 있다. 오늘날 신학교는 공적신학자와 실천가인 목회자 양성소여야 한다.

### 1.3. 요약

신학교육에 있어 개혁주의 신학과 신앙의 본질에 충실한 유능한 목회자 양성이 핵심 과제이다. 다시 말해, 신앙의 정통과 생활의 순결과 더불어 시대를 간파하는 통찰을 가진 섬김의 리더를 양성하는 신학교육이 바람직하다. 이를 위해, 신학 연계교육이 열쇠가 될 것이다.

## 2. 해외와 국내의 신학 학사와 목회학 석사 연계 교육 현황
### 2.1. 해외 현황

국내보다 해외에서 신학 연계 교육이 더 활발하다. 여기서는 아프리카, 유럽, 북미의 개혁주의 성향의 신학대학들을 선정하여 교과를 소개하고 분석 및 평가한다.

### (1) 남아프리카공화국

포쳅스트룸 소재 기독교종합대학교를 지향하는 노쓰-웨스트대학교는 목회자 후보생을 두 가지 코스로 훈련하는데, 각각 6년 과정이다. (1) 신학사(B.Th. 고전어 전공) 3년, 심화 신학사(B.Th. Honors) 1년, 목회학석사(M.Div.) 1년, 그리고 교회 사역에 중점을 둔 1년 교육(성경, 성례, 설교, 교회법, 지역 교회에서 목회실습). 이 6년 과정

---

위한 신학을 강조하는 캄펀신학교의 중간에 위치한다는 논의는 J. Bolt, "Grand Rapids between Kampen and Amsterdam: Herman Bavinck's Reception and Influence in North America," *Calvin Theological Journal* 38 (2003), 263-80; 강영안, "Reformed Identity," https://www.youtube.com/watch?v=5xgTA4pqdlg (2024년 2월 9일 접속)를 보라. 칼빈신학교는 1920년대에 독일 할레대학교에서 수학한 박사를 교수로 채용한 후에 신학 논쟁에 휩싸였으며, 1980년대까지 반지성주의 바이러스에 감염되었다는 비판을 받기도 했다.

12) K. J. Vanhoozer and O. Strachan, 『목회자란 무엇인가?』, *The Pastor as Public Theologian*, 박세혁 역 (서울: 포이에마, 2016).

은 성경 언어에 특화된 학습에 집중하는 장점이 있다. (2) 목회학사(B.Div; 전문학위, 4년), 목회학석사(M.Div.) 1년, 그리고 교회 사역에 중점을 둔 1년 교육. 참고로 남아공 개혁교회의 경우, 학부에서 비신학 전공자가 목회자가 되려면, 신학과 1학년 교과부터 총 6년을 이수해야 한다.

### (가) 신학사(B.Th.)와 심화 신학사(B.Th. Hons.)

신학사(B.Th.) 3년 교과과정은 아래 표와 같다.[13]

| 분류 | 교과목 |
|---|---|
| 언어와문화 | 아프리칸스, 고대문화, 학문적 문해력 개발 1, 2, 컨텍스트 안에서 영어, 독일어 1, 2, 헬라어문법 1, 2, 3, 헬라어 작문, 헬라어 향상, 헬라어 번역과 본문분석 1, 2, 법률과 교회 라틴어, 라틴어, 히브리어 문법 1과 지리, 히브리어 문법 2, 3, 히브리어 문법 4와 개념 언어 체계, 히브리어 기법, 히브리어 구조와 본문연구, 히브리어와 아람어 비교 연구, 언어철학과 신학적 해석, 언어학, 번역의 이론과 실제 |
| 성경신학 | 신약서론, 성경석의서론, 신약의 사회-역사 배경, 사도행전-바울서신, 일반서신-히브리서, 요한문헌-계시록, 구약서론, 오경서론, 초기예언서, 후기예언서 해석서론, 시가서와 지혜서 |
| 조직신학 | 신학서론, 성경론-죄론, 기독론-종말론, 기독교강요, 오순절신학의 기초, 윤리학, 윤리주제 연구, 교리문답의 성경적 기초, 신학적 해석학 서론 |
| 역사신학 | 교회-교의-선교 역사, 남아공 교회-교의-선교 역사, 라틴저자와 로마 역사 |
| 선교학 및 실천신학 | 설교학 서론, 가정 및 청소년 사역의 성경적 기초, 아프리카 주도의 선교, 아프리카 상황에서 봉사로서 선교, 선교적 변증학, 복음의 상호문화 소통, 구약과 목회, 목회상담, 성경적 목회 모델, 생애 주기에 맞춘 목양, 결혼과 가정 목회, 상담에서 목회 사례, 스트레스-트라우마-내적치유, 목회상담 실습, 심리학 서론, 사회-공동체 심리학, 개발심리학, 개인심리학, 긍정심리학, 정신병리학, 연구와 정신측정, 기초 도움과 윤리 행위, 공동체와 고유심리학, 예전의 요소, 세계관과 세계 종교, 선교와 신학의 관계 |

---

13) Faculty of Theology, *2024 Yearbook* (North-West University, 2024), 77-80. 참고로 문학사(B.A. 고전어 전공) 교과는 총 156학점인데, 성경, 헬라어, 히브리어, 그리고 라틴어를 집중적으로 학습한다. 전공 선택 과목은 아래와 같다. 아프리칸스, 화란어, 독일어, 불어, 고대 근동, 그리스-고대 로마, 헬라어 문법 1, 2, 헬라어 구문과 신약 본문비평, 헬라어 번역과 본문 분석, 역사학, 현대 역사 주제 분석, 히브리어 문법, 히브리어 구조와 본문 연구, 성경 히브리어와 아람어 비교, 라틴어, 라틴 저자와 로마 역사, 학문적 문해력 개발, 아람어, 이집트어, 세스와나어, 성경고고학, 현대 맥락 안에서 구약개론, 현대 맥락 안에서 신약개론, 현대 생명 윤리, 목회 기술 개발, 구약성경의 개론 및 목회 적용을 염두에 둔 해석, 신약성경의 목회 적용을 염두에 둔 해석, 문학 장르 서론, 문학과 역사 언어와 스타일에 있어 주요 시기, 남아공과 세계, 지리학, 고전어 연구를 위한 언어 방법론, 번역학, 해석학 개론이다. 위의 교과목을 분석해 보면, 성경과 언어 학습을 통해 문법적 해석과 문해력을 향상하는 데 주력한다.

위의 교과과정을 분석해 보면, 성경 언어와 현대 언어, 성경, 신학 세부 분과의 서론, 그리고 심리학에 집중한다. 동시에 실천적 교과목도 비중이 크다. 신학사(B.Th.)의 3년 과정을 이수한 후, 준 석사과정에 해당하는 심화 신학사(B.Th. Hons.) 1년 과정으로 진학하면, 70인 역과 중급 고전어(라틴어, 헬라어, 히브리어, 고대 근동어)를 연구한다.14) 신학사와 심화 신학사, 이 두 교과과정을 분석해 보면, 언어(아프리칸스, 영어, 독일어, 라틴어, 헬라어, 히브리어, 라틴어), 성경신학을 비롯한 세부 전공의 서론, 그리고 목회학과 심리학 그리고 선교학이 강조된다. 이 두 학위 과정은 성경의 문법적이며 문예적 해석에 특화되어 있으면서도, 목회-선교-실천적이다. 덧붙여 남아공개혁교회(GKSA) 차원에서 추진 중인 선교적 교회도 반영한다.

### (나) 목회학사(B.Div.)

전문학위 과정인 목회학사(B.Div.) 4년 교과목은 아래 표와 같다.15)

| 분류 | 교과목 |
|---|---|
| 언어와문화 | 아프리칸스-영어, 학문적 문해력 개발1,2, 독일어1,2, 라틴어, 헬라어문법1,2, 헬라어 구문론, 히브리어 1, 2, 3, 4, 언어 철학과 신학적 해석학 |
| 성경신학 | 성경해석학 서론, 신약개론, 신약의 사회-역사 배경, 신약석의방법론, 공관복음, 계시사, 구약개론, 오경 개론, 구약석의 |
| 조직신학 | 기독교 변증학 개론, 교의학 서론, 기독론-종말론, 교리문답과 성경 교수, 윤리학(십계명), 신조학, 세계관과 세계 종교, 신학적 해석학 서론 |
| 역사신학 | 아프리카 기독교, 현대교회사, 교회-교의-선교 역사 |
| 선교학/실천신학 | 설교학 1, 2, 설교학 서론, 개혁주의 예배학, 선교학과 선교적 교회, 성경적 목회 모델, 청소년 목회, 연구 방법론, 연구 프로젝트(논문 계획서) |

위 교과과정을 분석하면, 4년에 걸친 목회학사(B.Div.) 과정은 3년 과정의 신학사(B.Th.)보다 더 간단하며, 전문학위 과정의 특성상 언어보다 성경과 목회 관련 과목들의 비중이 더 높다.

### (다) 목회학석사(M.Div.)

목회자가 되려면 4년 과정의 목회학사(B.Div.) 학위 또는 3년 과정의 신학사(B.Th.)와 1년 과정의 심화 신학사(B.Th. Hons) 학위를 취득한 후에, 목회학석사(M.Div.) 1년 과정에 진학해야 한다.16) 목회학석사의 필수 교과목은 아래 표와 같다.

---

14) Faculty of Theology, *2024 Yearbook*, 90-93.
15) Faculty of Theology, *2024 Yearbook*, 70-72.
16) Faculty of Theology, *2024 Yearbook*, 104-106.

| 분류 | 교과목 |
|---|---|
| 성경신학 | 성문서 해석, 바울서신, 예언서해석(선택), 사도행전-일반서신-바울서신(선택) |
| 조직신학 | 윤리 기초와 사회 윤리, 에큐메니칼과 개혁 신앙고백서, 개혁교회법 개론, 개혁교회법에 관한 역사적 개요, 소논문(선택) |
| 선교학 및 실천신학 | 적용 설교학, 예전학, 도시목회와 선교, 회중 목회 모델, 선교적 변증학(선택), 현대신학자들과 실천 목회(선택) |

위의 교과과정을 분석해 보면, 목회자 후보생에게 마지막으로 신학교육을 제공하기 위해 실천적 교회 프로그램과 목회에 직결되는 성경해석, 교회법, 윤리학, 선교학에 집중한다.

### (2) 네덜란드

네덜란드 개혁교회 역사에서 중요한 도르트회의(1618-1619)는 목회자 후보생을 선발할 때, 국가, 학교, 부모, 교회가 협력했다. 신학생의 조건으로 경건한 부모를 두고, 건강하며, 정신적 능력이 충분하고, 윤리적 자질을 갖추는 것이다. 그리고 장학금을 통해 '5-6년'간 신학교육을 할 것을 제안했다.[17] 따라서 이 시스템은 한국이나 미국의 목회학 석사 3년 과정을 통해 목회자를 속성으로 배출하는 체제와 사뭇 다르다. 도르트회의의 결정 사항을 계승하려고 애쓰고 있는 네덜란드 개혁신학교인 아플도른 신학대학과 캄펀·위트레흐트신학대학의 목회자 양성을 위한 교과과정은 신학사(B.Th.) 180학점과 신학석사(M.Th.) 180학점으로 구성된다.[18] 여기서 한국에서 학부 졸업생이 진학하는 목회학석사(M.Div.) 과정이 아니라, 그보다 상위 학위인 신학석사 학위를 곧바로 수여하는 점이 눈길을 끈다. 따라서 한국의 장로교 교단 신학교와 달리, 네덜란드 개혁교회 신학교들의 경우 6년 수학 후, 곧바로 박사 과정에 진학할 수 있다. 따라서 학생은 최종 학위를 취득하기 위해 경비와 시간을 절감한다.

두 신학대학의 학사 과정의 목적은 성경과 삶을 개혁신학의 본질적 관점에서 이해하고 열매 맺는 삶을 위한 통찰력을 제공하는 데 있다. 이를 위해 각 신학 분과인 성경신학, 조직신학, 교회사, 실천신학에 대한 기본 지식과 통찰력을 가지게 한다. 이 과정을 이수한 학생들은 신학적으로 훈련받은 직원, 목회자 또는 교회 사역자, 선교사 또는 전도 사역자, 교사, 청소년 사역자로 일할 수 있다.

---

17) 홍주현, "도르트 총회가 제시하는 목회자 세움 방안과 예배 회복," (개혁신학회 제36차 학술대회 발제 논문, 총신대학교, 2022년 4월 9일), 59-83.
18) https://www.tua.nl/en/about-tua/profile (2024년 1월 4일 접속).

신학석사 목회자 과정의 목적은 개혁주의 목회자 및 개혁주의 신학자의 임무를 학문적, 영적, 실천적 차원에서 실천할 수 있는 전문가로 훈련하는 데 있다. 신학석사 학위 과정을 통해 학생은 각 분과 신학에 대한 철저한 지식과 통찰력을 통해 관련 개념을 독립적으로 다룰 수 있도록 한다. 또한 자신의 신학 지식을 신학적으로 전문화되지 않은 청중을 위한 구두 또는 서면 발표를 할 수 있는 방법을 습득하도록 훈련한다. 개혁파 목회자 및 개혁파 신학자로서 학문적, 영적, 실천적 양성을 목표로 하고 있다.

신학석사 학위 과정은 신학학사 학위와 연계되어 있다. 목사가 되기 위해서는 반드시 신학사 3년과 신학석사 3년, 이렇게 총 6년간의 360학점을 취득해야 한다. 특별히 석사과정에서는 전공과목을 선택하여 최소 45학점에서 최대 70학점까지 이수해야 하며, 25,000-35,000자 학위 논문을 작성해야 한다. 캄펀·위트레흐트신학대학의 신학사 교과목은 아래 표와 같다.[19)

| 1학년 | 1학기 | 2학기 | 3학기 | 4학기 |
|---|---|---|---|---|
| 핵심 교과 | 한 분 하나님 | 신앙을 위해 서라 | 다양한 주제 | 오늘날 그리스도를 따름 |
| | 교회와 세상을 위한 신학, 조직신학 1, 실천신학 1, 종교학 | 성경 히브리어 1, 신약 헬라어 1, 신약성경 1, 성경 경청 1, 간문화신학, 개인 전문 교육 1 | 성경히브리어 2, 신약 헬라어 2, 구약성경 1, 성경 경청 2, 문화철학 | 성경 히브리어 3, 신약 헬라어 3, 교회사 1, 윤리와 영성 1 |
| 2학년 | 1학기 | 2학기 | 3학기 | 4학기 |
| 핵심 교과 | '하나님의 죽음' 이후 인간 | 다루기 어려운 성경 | 다양한 주제 | 그리스도를 위해 세상을 얻으라 |
| | 조직신학 2, 철학적 인간학, 종교심리학 | 실천신학 2, 구약성경 2, 성경 경청 3 | 신약성경 2, 성경 경청 4, 개인전문교육 2 | 선교학, 교회사 2 |
| 고전 신학 | 성경히브리이 4, 신약 헬라어 4 | 성경 히브리이 5, 신약 헬라어 5 | 성경히브리어 4, 신약 헬라어 4, 성경 해석학, 성경 경청 5 | 성경 히브리어 5, 신약 헬라어 5, 구약과 신약의 관계 |
| 신학과 사회 | 현대와 의미 | 현대와 의미 | 디지털 사회 | 디지털 사회 |

---

19) Theologische Universiteit Kampen|Utrecht, *Studiegids Bachelor Theologie (2023-2024)*, 74-75, 86-87.

| 3학년 | 1학기 | 2학기 | 3학기 | 4학기 |
|---|---|---|---|---|
| 핵심 교과 | 부전공 (15학점)[20] | 부전공(15학점) | 다양한 주제 | 졸업을 위하여 |
| | | | 개인전문교육 3, 윤리와 영성 2 | B.Th. 논문 |
| 고전 신학 | | | 실천신학 3, 성경히브리어 6, 신약 헬라어 6 | 구약과신약의 관계, 성경 히브리어 7, 신약 헬라어 7 |
| 신학과 사회 | | | 정치와 법 | 조직학과 리더십 |

위의 신학사 교과과정을 분석해 보면, 언어, 성경, 개인 경건 훈련, 조직신학(교의학), 교회사, 사회 이해 등에 집중한다. 따라서 성경 석의, 성경신학, 설교학, 예배학, 상담학, 실천신학, 교리문답, 선교학, 목회학 교과목은 없거나 미미하기에, 신학석사 과정에서 본격적으로 이런 교과들을 학습한다.[21] 실천신학과 조직신학의 심화된 교과 배정도 마찬가지이다. 이와 유사하게 아플도른신학대학의 신학석사 교과과정은 성경신학, 성경 석의, 조직신학, 교회사, 교회와 이스라엘, (선교적) 설교학, 윤리학, 교회법, 교리교육, 신조학, 예전학, 목회심리, 목회학 등이다. 신학석사 과정에서 학습하는 언어 교과 비중이 낮은 것은 신학사 과정에서 이미 이수했기 때문이다.[22]

아플도른신학대학의 학사와 석사의 교과과정 연계는 다음의 예를 통해 이해할 수 있다. 조직신학의 경우 신학사 3년 동안 8학점, 그리고 신학석사 3년 동안 12학점(윤리학 8학점 미포함)으로 총 20학점을 이수하게 된다. 교회사의 경우 신학사 3년 16학점, 그리고 신학석사 3년 12학점으로 총 28학점을 이수하게 된다. 아래 표는 아플도르신학대학의 조직신학과 교회사의 연계 교과과정을 보여준다.[23]

---

20) 부전공은 암스테르담 자유대학교나 다른 신학대학과 협력하며 진행한다. Theologische Universiteit Kampen|Utrecht, *Studiegids Bachelor Theologie (2023-2024)*, 156.

21) Theologische Universiteit Kampen|Utrecht, *Studiegids Master Theologie Predikant 2023-2024*, 68-70.

22) Theologische Universiteit Apeldoorn, *Studiegids TUA: Algemene Studie-Informatie 2023-2024*, 29, 127-28.

23) https://www.tua.nl/media/studiegids-2023-2024/documents/studiegids_20232024_1.pdf (2024년 1월 4일 접속); Theologische Universiteit Apeldoorn, *Studiegids TUA: Algemene Studie-Informatie 2023-2024*, 29.

| | B.Th. 1학년 | | | | B.Th. 2학년 | | | | B.Th. 3학년 | | | |
|---|---|---|---|---|---|---|---|---|---|---|---|---|
| | 1학기 | 2학기 | 3학기 | 4학기 | 1학기 | 2학기 | 3학기 | 4학기 | 1학기 | 2학기 | 3학기 | 4학기 |
| 조직신학 | 2 | | | | 2 | | 2 | | | | | 2 |
| 교회사 | | 2 | 2 | 2 | 2 | | | 2 | 2 | 2 | 2 | |

| | M.Th. 1학년 | | | | M.Th. 2학년 | | | | M.Th. 3학년 | | | |
|---|---|---|---|---|---|---|---|---|---|---|---|---|
| | 1학기 | 2학기 | 3학기 | 4학기 | 1학기 | 2학기 | 3학기 | 4학기 | 1학기 | 2학기 | 3학기 | 4학기 |
| 조직신학 | 2 | | 2 | | 4 | | 2 | | | | 2 | |
| 교회사 | 4 | | 2 | | | 2 | | | | | 2 | |

이상에서 확인할 수 있는 바와 같이 학사 과정과 석사과정은 상호관계 학문적 연계가 되어 있으며, 이 모든 과정을 이수해야만 목사가 될 수 있는 자격이 주어진다.

### (3) 미국

루이빌 소재 보이스대학(Boyce College) 신학과 학부에서 4년 수학 후, 동일한 캠퍼스에 위치한 남침례신학교(SBTS)의 목회학석사는 1년 만에 마치는 4+1시스템을 진행 중이다. 이 시스템을 통해, 학생은 수학 기간을 2-3년을 단축하고, 약 17,000달러에 달하는 학비도 절약할 수 있다. 총 150학점으로 구성된 커리큘럼은 아래와 같다(참고. 학기말 시험을 통해 취득하는 50학점은 별도임).[24]

---

24) 보이스대학에서 4+1시스템을 원하지 않는 학생은 4년 만에 B.A. 학위를 취득할 수 있다. https://boycecollege.com/academics/seminary-track/ (2024년 1월 4일 접속). 참고로 텍사스침례대학(Texas Baptist College)은 사우스웨스턴침례신학교(SWBTS)와 5년 연계 과정을 제공하는데, 154학점을 이수하면 B.A. 학위와 M.Div. 학위를 동시에 취득한다. 이 경우 M.Div. 과목은 히브리어 구문, 헬라어 구문, 조직신학 1, 2, 3, 기독교 윤리, 강해 설교, 종교 철학, 리더십, 멘토링 등이다. https://texasbaptistcollege.com/degree/bachelor-of-arts-in-christian-studies-master-of-divinity-theology/ (2024년 1월 3일 접속). 그리고 시카고 트리니티 국제 대학

| 구분 | 학점 | 교과목 |
|---|---|---|
| 선행 과목 | 2 | 협동 프로그램 |
| 일반 연구 | 33 | 영어 작문 1, 2, 고대 근동 역사, 고전 1, 2, 수학, 철학 개론, 세계관 분석, 윤리학 개론, 공적 영역에서 종교, 심리학 개론 |
| 목회 연구 | 12 | 성경적 상담개론, 기독교 교육 개론, 설교 1, 2 |
| 목회 연구(석사) | 12 | 선교학 개론, 개인 전도, 제자도와 가정 사역, 목회 사역 |
| 성경 및 신학 연구 | 15 | 성경 역사, 헬라어 1, 2, 히브리어 1, 2[25] |
| 성경 및 신학 연구(석사) | 39 | 구약성경 1, 2, 신약성경 1, 2, 성경 해석학, 교회사 서론, 침례교 역사, 조직신학 1, 2, 3, 히브리어 구문과 석의, 헬라어 구문과 석의 |
| 일반 선택 과목 | 9 | 구체적 과목명은 인터넷 홈페이지에 소개 안 됨 |
| 석사 추가 과목 | 28 | 개인 경건 훈련, 적용 목회 신학 외 |

위에서 살핀 바와 같이, 150학점 중 학사 과정은 71학점이며, 석사과정은 79학점이다. 보이스대학 신학과 3-4학년생이 남침례신학교 목회학 석사과정 수업을 수강하되, 과제는 석사과정 학생과 다를 수 있다. 이렇게 5년간 계단식으로 체계적으로 신학을 연마한다면, 한국의 3년 속성 목회학 석사과정과는 상당한 차별성을 확보할 것이다.[26] 참고로 댈러스신학교는 기존의 목회학석사를 개편하여, 헬라어와 히브리어 등을 강화하여 4년만에 신학석사(Th.M., 120학점; 학비는 3년만 납부) 교과과정을 제공한다.[27]

교와 트리니티 복음주의 신학교는 3(B.A.)+2(M.Div.)시스템을 적용하고 있다. https://www.tiu.edu/undergrad/programs/advance-ba-in-pre-seminary-mdiv (2024년 1월 6일 접속).

25) 캐나다 개혁신학교(CRTS, since 1969)의 경우, B.Th.(3년)에서 해석학과 석의 서론, 교의학, 목회와 설교 서론, 복음 전달 1, 2, 설교학, 중급 선교학, 현장 인턴십 등이 필수 교과이다. 그리고 최소 4년이 소요되는 M.Div.(127학점)의 입학 자격은 헬라어 2년과 히브리어와 라틴어 1년을 선행 이수하는 것이다. 그리고 영어, 역사, 철학 과목의 이수도 입학 조건에 포함된다. 따라서 목사가 되려면 수학 기간만 최소 6년이 소요된다. 이 신학교의 M.Div.과정에 헬라어와 히브리어 교과목 비중은 높으므로, 성경 언어를 학습하는 학부와의 연계 교육은 적절히 이루어진다고 보기 어렵다. https://www.canadianreformedseminary.ca/programs-of-study/Master-of-Divinity.html (2024년 1월 8일 접속).

26) 남침례신학교의 총장 알버트 몰러는 "신학교들이 교회에 책임을 다하는 신실한 종들로서 변명하지 않고 교회를 위해 목회자를 효율적으로 양성하기 위해, 목회를 위해 가장 포괄적인 배경은 약 3년 기간에 모아질 수 있다"라고 주장했다. 심지어 2019년경 미네소타 소재 루터신학교는 약 200억 원의 기부금을 받아 무상으로 1년 과정의 목회학석사를 시도했다. 하지만 남아공이나 유럽 개혁교회는 3년에 성경적으로 신실하고, 신학적으로 깊고 넓으며, 목회적으로 민감한 사역자 양성이 가능하다고 보지 않는다. 참고. C. Smith, "Why Every Pastor should get an MDiv?" *Christianity Today* 61/8 (2017), 94.

## 2.2. 국내 현황

박정근은 목회자 양성으로 3년은 부족하며, 신학 전공자와 비 신학전공자를 동일한 3년 과정으로 교육하는 것을 불합리하다고 보면서 1951년경에 한국장로교신학교가 잠시 시행한 7년 연계 과정의 중요성에 다시 주목했다. 구체적으로 소개하면, 예과 2년은 기숙사 생활을 하면서 영성 훈련, 고전어, 신학 세부 전공의 개론을 학습하고(실천신학은 제외), 본과 3년은 성경해석과 신학과 실천신학 개론을 학습하며, 마지막으로 목회 연구 과정 2년은 실천신학을 중심으로 목양 훈련을 쌓는다[28] 그런데 여전히 국내 개혁주의 성향의 신학대학에서 연계 과정은 활발하지 않다. 여기서는 나름대로 연계 교육을 진행 중인 한신대학교와 장로회신학대학교를 분석한다.

### (1) 한신대학교

1986년부터 신학대학원 목회학 석사를 졸업해야 목사 안수가 가능했기에, 그해부터 신학과 4년과 신대원 2년, 총 6년 교과목을 적용해 오고 있다. 신대원에 진학한 비신학과 출신은 기초과정을 1년 거치는데, 어학 및 기초 필수 과목이다.[29] 기초과정을 마치면 4학기에 걸친 세미나 과정에서 학습한다. 참고로 기독교장로회 총회는 신학과 3학년부터 목회자 후보생 자격을 부여하여 관리한다. 비신학과 출신과 타 교단 출신 신대원 1학년생에게 첫 학기는 교회 탐방을 위한 기간을 허락한다. 그다음 학기부터는 전도사 사역을 병행해야 한다. 경기도 오산 소재 대학본부에 신학과 학부가 운영 중인데, 대학의 서울 집중 방지 정책 때문에, 서울 소재 대학원으로 신학과 학부를 옮기지 못하는 형편이다. 한신대학교의 신학과와 신대원의 연계과정은 아래 표

---

27) https://www.dts.edu/academics/degrees-programs/master-of-theology/ (2024년 1월 5일 접속).

28) 박정근, 『신학 교육 개혁과 교회 갱신』(서울: CLC, 2017). 172-77.

29) 한신대 신대원의 비신학 전공자들이 수강해야 할 어학 필수과목은 그리스어문법과 히브리어문법이다 어학 선택 과목은 성서아람어문법, 칠십인경강독, 구약원전 1, 2, 신약원전 1, 2, 라틴어 1, 2, 독신학독습 1, 2, 3, 4, 영신학강독 1, 2이다. 그리고 기초 필수과목은 채플, 목회실습(신앙수련회/현장실습), 영성수련, 성서통독, 논문, 구약학개론, 신약학개론, 조직신학개론, 교회사개론, 기독교윤리학개론, 기독교교육학개론, 목회신학개론, 예배와 설교학개론, 그리스도교 신학과 문화이다. https://www.hs.ac.kr/gradseoulcampus/13493/subview.do?enc=Zm5jdDF8QEB 8JTJGYmJzJTJGZ3JhZHNlb3VsY2FtcHVzJTJGMjY3MyUyRjE0MDY3OSUyRmFydGNsVmlldy 5kbyUzRnBhZ2UlM0QxJTI2c3JjaENvbHVtbiUzRCUyNnNyY2hXcmQlM0QlMjZiYnNDbFNl cSUzRCUyNmJic09wZW5XcmRTZXElM0QlMjZyZ3NCZ25kZVN0ciUzRCUyNnJnc0VuZGRl U3RyJTNEJTI2aXNNaWV3V3TWluZSUzRGZhbHNlJTI2cGFzc3dvcmQlM0QlMjY%3D (2024년 1월 8일 접속).

와 같다.[30]

| 학년 | 전공 필수 | 전공 선택 |
|------|-----------|-----------|
| 학부 1 | 교양 | |
| 2 | 교회봉사 1, 2, 신앙수련회, 신학영어, 기독교신학과 문화, 한신신학의 기초 | 성서헬라어문법, 구약학개론, 조직신학개론, 기독교윤리학개론, 목회신학개론, 기독교신앙과 자기확립, 발달심리학, 성서히브리어문법, 신약학개론, 교회사개론, 기독교교육개론, 예배와 설교학개론, 성정의와 교회, 인간관계심리학 |
| 3 | 목회실습 1, 2, 신앙수련회 | 복음서이해, 사회문제와 기독교윤리, 한국교회사, 교육신학, 기장교회와 예전, 기독교생태교육, 심층심리학과 종교, 성문서연구, 성서인물과 성격심리, 현대신학연구, 예배의 전통과 역사, 신학과 과학, 기독교평화교육, 신학적 인간이해 |
| 4 | 목회실습 3, 4, 신앙수련회, 졸업논문 | 민중신학, 현장교회와 미디어교육, 현대선교학, 한국교회논쟁사, 기도와 영성훈련의 실제, 상담심리와 영성, 상담윤리, 예배와 설교실연, 서양기독교사상사, 교재집필과 교회교육, 여성주의와 상담, 다문화이해와 상담 |
| 신대원 1-2 | 성서주석방법론연구 1, 2, 성서주석과 설교1, 2 | 성서의 형성과 해석사, 성서신학, 오경연구, 예언서연구, 역대기사가연구, 성서의 사회적배경과 문화, 지혜문학연구, 신명기사가연구, 묵시문학연구, 창세기주석과 설교, 성서와 현대사회주제, 한글성서번역과 해석, 신약의 구약해석, 제2성전시대문헌, 초대교부들의 성서해석과 설교, 종교개혁가들의 성서해석과 설교, 성서와 현대사회윤리, 성서해석과 성서교수법, 성서와 선교, 성서강해설교와 예배, 성서와 교회의 성경공부교재연구, 성서와 갈등해결과 평화, 성서와 여성, 성지순례 1, 2, 하나님 이해, 그리스도론, 성령론, 교회론, 종말론, 구원론, 개혁신학연구, 중세신학연구, 바르트신학연구, 과정신학, 신학과 철학, 해석학과 신학, 민중신학과 교회, 신학의 공공성, 기장의 역사와 신학, 김재준의 신학연구, 북한교회사, 아시아교회사연구, 존칼빈신학세미나, 마르틴루터신학세미나, 교회와 성경해석사, 종교개혁사세미나, 기독교사회운동사, 에큐메니칼사회윤리, 공공신학, 정의론세미나, 환경윤리, 디트리히 본회퍼의 윤리, 성서적조직신학, 교회와 공공신학, 교회사와 공적신학, 신학과 현대사회, 성평등과 교회, 설교학총론, 예배학총론, 기독교상담, 지역사 |

30) https://www.hs.ac.kr/kor/5046/subview.do (2024년 1월 8일 접속); 『2023년 한신대학교 전공 소개 책자』 (한신대학교, 2023), 10.

| | | 회와 선교, 통일과 북한선교, 목회자탈진과 치유목회, 심방/교인면담과 목회, 성서학과 심리학의 만남, 신학과 과학 1, 2, 종교와 과학 1, 2, 학제간 신학연구, 교회건축과 신학, 사회법과 교회법 등 |
|---|---|---|

위의 교과목을 평가하면, 전공필수 학점은 대폭 낮추고, 선택 교과의 폭을 확대함으로써, 학생들의 수업 참여도와 흥미를 높일 수 있을 것으로 보인다. 하지만 성경언어가 선택 과목이기에, 심도 있는 학습을 기대하기 어려워 보인다.[31]

선택 교과에 최근에 주목받고 있는 제2성전시대문헌를 비롯하여, 기장교회와 예전, 민중신학, 에큐메니칼사회윤리, 성평등, 갈등해결, 평화교육, 통일과 북한선교, 공공신학, 사회윤리, 환경윤리, 사회운동사, 갈등해결, 성평등, 사회법과 같은 과목에 기장 한신의 특성이 진하게 묻어난다. 하지만 학부 3-4학년 과목과 신대원 1-2학년 과목 간의 연계성은 분명하지 않은 한계가 노출된다.

### (2) 장로회신학대학교

장로회신학대학교는 자원하는 신학과 학생에 한하여, 2018년부터 학부(Th.B.) 3년 그리고 신대원(M.Div.) 3년, 즉 3+3시스템을 운영해 오고 있다. 학부의 계절학기 등을 활용하여 학부를 3년 만에 조기 졸업하면 가능하다(참고. 졸업학점은 약 115학점). 참고로 학부를 4년에 마치기 원하는 학생을 위해 4년 과정을 운영한다. 신학과 3-4학년 학생은 아래 교과목을 2년에 걸쳐 두 번 반복한다.[32]

| 전공 필수 | 전공 선택 |
|---|---|
| 구약성경 1, 2, 신약성경 1, 2, 신학입문 1, 2, 히브리어, 헬라어, | 기독교윤리학, 조직신학개론, 기독교교육, 교회사개관(택 3), 영어신학강독 1, 2, |

---

31) 1950년대에 MIT가 시작한 디지털 게임에 기반한 학습(DGBL)을 성경 및 현대 언어 학습에 적용한다면, 학생의 팀웍 강화와 호기심을 자극할 수 있다는 분석은 E. Oliver, "Digital Game-Based Learning and Technology-Enhanced Learning for Theological Education," *Verbum et Ecclesia* 39/1 (2018), 6을 보라.

32) https://www.puts.ac.kr/www/sub/haksa_db/sub.asp?m1=2&m2=2&m3=undefined (2024년 1월 4일 접속). 참고로 총신대는 신학과 학부(B.A.)와 신대원(M.Div.)의 연계 과정을 계획했지만 시행하지 못하고 있다. 몇 년 전에 신학과 4학년생이 목회학석사 1년 과정을 잠시 이수했지만 결실을 맺지 못했다. 왜냐하면 신학과 출신이 목회학 석사 3년을 이수하면 목회학 석사와 신학석사 두 학위를 주려고 시도하다, 교과부 규정상 불가능했기 때문이었다. 그리고 목회학 석사 3년 만에 목회학 석사 학위가 아니라 신학석사 학위를 주려고도 계획했지만, 신학 석사 학위는 목회에 별 의미가 없다고 판단하여 무산되었다. 그러나 네덜란드 신학교들과 달라스신학교의 경우를 볼 때, 신학 석사 학위는 유의미하다.

| 구약원전강독, 신약원전강독, 신학과 인문학, 신학과 과학 | 독어신학강독1, 2(택 1), 신학고전강독 1, 2, 구약개론, 신약연구개론 |

신학과 과정을 3년에 마치기 위해 전공 교과에 집중한다. 전공 필수 교과는 성경, 성경언어, 그리고 신학입문을 강조한다. 전공 선택 교과는 세부 분과의 개론 그리고 고전과 현대 언어를 강조한다. 따라서 이 대학교는 나름대로 학부와 신대원의 연계 교육을 시도하고 있다.

### 3. 개혁주의 성경 주해와 공적-선교적 신학에 중점을 둔 연계 교육 제안

1987년에 고신대 신학과 재학생은 신대원과 연계 교육을 요구하며 자퇴서에 서명했다. 다음 날, 신학과 학생이 수업에 참여하지 않으면 모두 유급 처리되는 상황까지 갔다. 그때 교수진은 연계성을 살리겠다고 하여 신학대학원 M.Div를 학부에게 약 70% 배정하겠다고 약속하였고, 더불어 학부 신학과 입학 인원은 축소하여 50명 정도를 목표로 하여 매년 줄이기로 제안했다. 하지만 교수회의 이런 결정에 반대하고 실질적인 연계 커리큘럼을 다시 요구했던 87학번 1학년생들은 자퇴서에 서명한 대로 학교를 그만두거나 입대했다. 약 8년이 지나 신학과 87학번 학생들이 신대원에 진학한 때도 교과과정의 개편은 이루어지지 않았다. 예를 들어, 구약학의 경우 학부에서 구약개론(안영복교수), 구약개론 1, 2(한정건교수), 신대원에서 구약개론(신득일교수)이었다. 종교개혁사의 경우, 학부에서 종교개혁사(한정건교수), 종교개혁사(이상규교수), 신대원에서 종교개혁사(양낙흥교수)였다. 이렇게 동일 교과가 세 번이나 중복된 교육의 최대 피해자는 신학과 출신 목회자요 그들이 목회하는 교회가 아닐 수 없다.[33]

개혁주의 성경 주해와 공적-선교에 중점을 둔 교과과정이 필요한 이유는 목회자는 말씀을 해석하고 공적으로 전파할 수 있는 성도를 양성하는 사역자이기 때문이며, 교회의 신뢰도 하락과 복음과 신앙의 사사화가 심화되고 있기 때문이다. 신학의 기초를 연마하는 신학과와 신대원 과정에서부터, 예수 그리스도 중심의 석의를 위한 예비 교과는 물론이거니와, 공적목회학과 공적선교학과 같은 교과가 필수로 요청된다.[34]

---

33) 1986-87년에 신학과 학생들의 자퇴서 작성 사건은 그 당시 신학과에 재학했던 복수의 목회자들의 증언으로 확인되었다.
34) 남아공 노쓰-웨스트대학교는 M.A.(무논문), Th.M.(논문 필수), Th.D.(논문 필수), Ph.D.(논문 필수) 과정에 '공공실천신학'을 개설하는데, 약 10년 전에 남아공 개혁교회는 총회 차원에서 선교적 교회를 지향하면서 교과과정을 개편했다.

## 3.1. 신학과 학사 졸업자를 위한 4+2 교과과정 제안

4+1시스템은 연계 교육이 거의 이루어지지 않는 한국 실정에 무리가 있어 보인다. 그러나 교육 혁신을 이루려면 이 시스템을 터부시하기도 어렵다. 먼저 고신대 신학과와 신대원의 교과목 현황을 살펴보자. 아래 표는 현행 고신대 신학과 전공 교과과정이다(졸업요건은 128학점).[35]

| 학년 | 전공 필수(26학점) | 전공 선택(70학점) |
|---|---|---|
| 1 | 철학개론(2) | 구약산책(2), 신학독일어(2), 서양철학사 1(드림, 2) |
| 2 | 신학영어(2), 신학영어와 진로(2), 헬라어문법 1(3), 2(3) | 독문신학강독(2), 모세오경(2), 바울서신(2), 역사서의 이해와 티칭(2), 고대철학(2), 신조학(2), 복음서 연구 이론과 실제(2), 교회교육과 제자훈련(2) |
| 3 | 신약총론 1(2), 2(2), 초대교회사(2) | 중세철학(2), 시가서(2), 윤리학개론(2), 실천신학개론(2), 이단사상연구(2), 요한서신(2), 교회와 진로(2), 교의학원강(2), 예배학(2), 중세교회사(2), 현대신학개론(2), 베드로전후서-유다서(2), 요한계시록(2), 히브리어문법 1(3) |
| 4 | 구약총론 1(2), 2(2), 교의학서론(2), 기독교와 과학(2) | 실천신학실습(3), 종교개혁사(2), 헬라어강독 1(2), 2(2), 현대사상사(3), 히브리어문법 2(3), 기독교철학, 히브리어강독(2), 교부와 고전 기독교문화(2) |

위의 도표에 나타난 교과과정을 분석해 보면, 전공 필수는 언어(영어, 헬라어)와 서론(철학개론, 신약총론, 교의학서론) 그리고 기독교와 과학이다. 따라서 언어와 서론을 코어 과목으로 둔다. 그런데 기독교와 과학은 4학년보다는 1학년에 적절한 과목으로 조정이 필요하다.

전공 선택은 언어 16학점(신학독일어, 독문신학강독, 히브리어문법 1, 2, 히브리어강독 1, 라어강독 1, 2), 철학 10학점(서양철학사 1, 고대철학, 중세철학, 현대사상사, 기독교철학), 성경 18학점(구약산책, 모세오경, 역사서의 이해와 티칭, 시가서, 복음서 연구 이론과 실제, 바울서신, 요한서신, 베드로후서-유다서, 요한계시록), 교회사 4학점(중세교회사, 종교개혁사), 교의학 10학점(신조학, 윤리학개론, 이단사상연구, 교의학원강, 현대신학개론), 실천신학 10학점(교회교육과 제자훈련, 실천신학개론, 교회와 진로, 예배학, 실천신학실습), 그리고 기타 2학점(교부와 고전 기독교문화)이다. 이 가운데 서론 과목은 6학점이다(윤리학개론, 실천신학개론, 현대신학개론). 따라서 언어, 철학, 성경, 교의학, 그리고 실천신학에 집중한다.

아래 표는 현행 고신대 신대원 교과과정이다(신학과 출신에게 구약학, 신약학, 역사

---

35) https://best.kosin.ac.kr/th/?pCode=MN6000021#n (2024년 1월 4일 접속).

신학, 교의학, 실천신학 교과에서 한 과목씩 총 10학점을 면제함).36)

| 구약학(18학점) | 신약학(17학점) | 역사신학(10학점) | 교의학(14학점) |
|---|---|---|---|
| 히브리어 문법(3), 구약총론(2), 오경(3), 역서(3), 시가서(2), 선지서(3), 구약강독석의(2) | 헬라어 문법(3), 신약총론(2), 복음서(2), 누가-사도행전(2), 바울서신(2), 공동서신과 계시록(2), 성경해석과 설교(2), 신약강독석의(2) | 고대중세교회사(3), 종교개혁사(3), 현대교회사(2), 한국교회사와 고신정신(2) | 신조교의학(3) 신론(2) 인간론-기독론(3) 성령론-구원론(3) 교회론-종말론(3) |
| 윤리학(4학점) | 실천신학(22학점) | 선교학(4학점) | 기타(6학점) |
| 기독교윤리학(2), 현대교회와 윤리문제(2) | 목회상담학(3), 예배학(2), 목회학실천신학(2), 교회교육(2), 설교학(2), 주일학교설교이론과 실제(1), 설교실습(1, 총3회), 교회정치(2), 상담실습(1), 유초(2), 중고(2), 대학청년(2) 중 택 2 | 선교학(2), 전도학(2) | 경건과 공동체훈련(6) |

위의 교과과정을 분석해 보면, 구약학, 신약학, 교의학, 실천신학 교과목의 비중이 크다. 윤리학을 교의학에 포함한다면, 교의학의 비중은 더 커진다. 그리고 역사신학과 선교학과 기타 교과목이 뒤따른다. 신학과와 신대원 교과목 간에 중복되어 조정되어야 할 과목은 아래와 같다.

| 구약학 | 신약학 | 역사신학 | 교의학 |
|---|---|---|---|
| 히브리어문법, 구약총론, 오경, 역사서, 시가서, 구약히브리어강독 | 헬라어문법, 신약총론, 복음서, 바울서신, 공동서신-계시록, 신약헬라어강독 | 초대중세교회사, 종교개혁사 | 신조교의학 |
| 윤리학 | 실천신학 | 선교학 | 기타 |
| 윤리학 개론 | 목회학실천신학, 예배학 | 없음 | 없음 |

---

36) "2023학년도 고려신학대학원 졸업가이드," (신대원 교무처, 2023), 3-4. 참고.
https://www.kts.ac.kr/home/content/c1616283785 (2024년 1월 4일 접속).

위의 논의를 염두에 둔 채, 아래 표와 같이 4+2 연계 교과과정을 제안할 차례이다. 이때 교회는 물론 세상을 복음과 개혁신학으로 섬기고 변혁하기 위한 교과목을 수립해야 한다. 그리고 거듭난 지성과 기독교 세계관을 확립함으로써, 신학을 연마할수록 신앙이 성장하도록 도모해야 한다. 또한 하나님의 성품을 닮고, 영생과 성령으로 충만한 선교적 목회자 후보생을 양성하는 데 중점을 두어야 한다.[37] 신대원은 신학적 소양을 갖추지 못한 초보 학생과 신학을 이미 학습한 학생을 동일선상에 두고 교육해 온 관행을 과감하게 혁신해야 한다. 물론 신학 연계 교육을 위해 신학과 학부의 기존 교과과정도 혁신해야 서로 '윈윈'할 수 있다. 아래의 표와 같이 융합 교과목의 중요성을 반영하여,[38] 교과과정을 제시해 본다.

| 학년 | 전공 필수 | 전공 선택 |
|---|---|---|
| 1 | 철학개론,[39] 인문학개론, 성경개론 1, 2, 신학영어 1, 2, 헬라어문법 1, 2,[40] 경건회, 개인 성장을 위한 멘토링 1(팀티칭),[41] | 그리스도인의 성품 계발, 논리학,[42] 논문 작성법, 고대중세철학, 현대 및 기독교철학, 그레코-로마세계, 기독교와 과학 |
| 2 | 히브리어문법 1, 2, 경건회, 기독교세계관, 신학서론, 개인 성장을 위한 멘 | 신약 헬라어 구문론 1, 2, 라틴어, 기독교고전, 70인역 서론, 고대근동세계, 논문작성 |

---

37) 캄펀·위트레흐트신학대학은 교과과정을 결정할 때, 필수 코어 교과, 고전적 신학, 그리고 신학과 사회로 범주화한다. 그리고 이 세 범주를 하나님, 신앙, 제자도, 성경, 전도, 사회, 여러 신학 주제와 접맥하려고 애쓰나 다소 혼선이 있다. 참고로 세속 정부로부터 후원을 받는 대학교 안의 신학과가 교회와 세속 사회의 구성원을 동시에 섬기기 위해 상황화, 간문화 및 간종교적이며 후기토대주의 신학을 추구해야 한다는 주장은 J. Beyers, "Theology and Higher Education: The Place of a Faculty of Theology at South African University," *HTS Teologiese Studies* 72/4 (2016), 7-8을 보라. 그러나 이런 신학은 종교학으로 전락할 수 있다.

38) 대체로 신학교과는 서론에서 중급으로 '수직적 통합'에 치중하다 보니, 다른 세부 전공 교과목들과 융합이 쉽지 않다. 그리고 실천적인 목회자를 양성하는 M.Div. 과정에서 너무 전문화된 전공교과들이 상호 연계되지 못한 채 분리되고, 실천신학 교과는 성경과 교리와 역사 교과와 비교하여 가장 낮은 자리에 위치하며, 학적 이론이 실천적 지혜를 지배하고 있기에, 학교와 교회의 괴리가 커져만 간다. 이를 극복하려면 문제 기반의 통합적 교과가 필요하다. 통합 교육의 목표, 과정, 전략을 수립해야 하며, 간학제 및 현장 현장실무를 반영한 '통합 신학 세미나'도 유용하다. H. Madueme and L. Cannell, "Problem Based Learning and the Master of Divinity Program," *Theological Education* 43/1 (2007), 49-50; K. Cahalan, "Introducing Ministry and Fostering Integration: Teaching the Bookends of the Masters of Divinity Program," *Teaching Theology & Religion* 11/2 (2008), 66-67.

| | 토링 2(팀티칭) | 법, 학문적 문해력 개발, 선교학 서론 |
|---|---|---|
| 3 | 성경해석학 1, 2, 신약총론 1, 2, 경건회, 선교적 교회,43) 초대중세교회사, 개인 성장을 위한 멘토링 3(팀티칭) | 구약 히브리어 구문론 1, 2,44) 공관복음 개론과 구속사, 요한문헌 개론과 구속사, 바울서신 개론과 구속사, 일반서신 개론과 구속사, 요한계시록 개론과 구속사, 이단의 역사 |
| 4 | 구약총론 1, 2, 신조교의학서론 1, 2, 현대 및 한국교회사 1, 2, 웨스트민스터 표준문서 1, 2, 연구 방법론, 경건회 | 오경 개론과 구속사, 역사서 개론과 구속사, 시가서 개론과 구속사, 선지서 개론과 구속사, 청소년-노인사역, 교회와 사회복지, 신약의 구약 사용, 성경적 성화론 |
| 5 | 성경신학 1, 2, 기독교윤리학, 선교해석학, 공적목회학, 현대사상과 변증학, 교리문답과 교수법, 예수님 중심의 공적-선교적 설교학, 신약강해설교, 경건회 | 교리사, 청교도신학, 제2성전기 유대문헌, 교회교육, 전도학, (문제 기반의) 교회갈등관리, 개혁주의와 현대 문화, 개혁주의 공적신학, 가정사역, 설교실습 1,45) 선교 및 종교개혁지 답사, 찬송가학과 교회음악,46) 생애주기에 맞춘 목회학, 지역 교회 목회자의 멘토링 1(조별 활동, 온라인)47) |
| 6 | 고신 신학의 역사, 고신 교회의 역사, 예배학,48) 교회법,49) 교회교육, 목회실습(인턴십), 상담학, 신학의 통섭, 선교적 변증학, 구약강해설교, 종합시험, 학위논문, 경건회 | 설교실습 2, 상담실습, 개혁주의 공적선교신학, 석의와 설교, 성경과 현대 이슈, 기독교윤리학과 현대 이슈,50) 교회회의 진행법, 사회법과 고신헌법, 교회행정 및 성경소프트웨어 활용법, 성경적 교리설교법, 지역 교회 목회자의 멘토링 2(조별 활동, 온라인),51) 다차원적 목회적 신학 통합세미나52) |

---

39) 미국 천주교 신학교의 목회학 석사과정의 입학 조건 중 하나는 학부에서 철학을 2년 이수한 것이다. J. L. Seymour, "Best Practices in Master of Divinity Curriculum Revision: A Research Report," *Theological Education* 43/1 (2007), 29.

40) 아플도른신학대학의 B.Th.의 3년 교과는 예비 과정, 언어, 성경신학을 거쳐, 역사신학, 실천신학, 그리고 조직신학 순서로 전개된다. Theologische Universiteit Apeldoorn, *Studiegids TUA: Algemene Studie-Informatie 2023-2024*, 26.

41) 아플도른신학대학과 캄펀·위트레흐트신학대학의 '개인 전문 교육'(Persoonlijke Professionele Vorming) 교과목을 벤치마킹하여, 교수가 학생을 만나 학생의 학습 스타일을 점검하여 개인의 학습 방법의 약점과 장점을 인지하고, 효율적인 학습전략을 수립하며(인지적 측면, 동기적 측면 등), 자신의 인풋(input)과 독자적 해석을 정립하고, 하나님과의 관계(영성, 소명)를 정립하며, 학사 학위를 마치기 위해 자신의 학문적-영적-심리적 태도를 점검하고, 교수와 학생의 1:1 상담/멘토링과 토론과 피드백을 활용한다. 캄펀·위트레흐트신학대학의 경우, 1년 4학기에 걸쳐 두 멘토교수는 한 학생을 18시간 면담한다. 그리고 '성경 경청'(Luisteren naar het Woord) 교과목을 벤치마킹하여, 학생이 하나님의 역사적 계시인 성경 본문을 경청하면서, 본문의 취지와 문맥을 고려하여 스스로 질문을 제기하여 답을 서술하고, 학습 내용을 학습자 개인의 상황에 적용하여 영

적 성장을 도모하고, 선교 및 변증적으로 진술하도록 한다. Theologische Universiteit Kampen|Utrecht, *Studiegids Bachelor Theologie (2023-2024)*, 101-102, 106: Theologische Universiteit Apeldoorn, *Studiegids TUA: Algemene Studie-Informatie 2023-2024*, 30.

42) 가톨릭대학교(성신교정)는 학부(B.A) 1학년 1학기에 철학개론, 고대철학사, 자연철학, 논리학, 심리학개론, 신학입문 I, 라틴어 I을 필수 교과로 지정한다. 이 과정의 졸업 요건은 130학점과 졸업논문이다. 가톨릭대학교의 사제 양성을 위한 다른 학부 과정(S.T.B)은 대부분 전공필수로 구성된 180학점을 이수하고 졸업논문을 작성하는 '5년' 과정이다. 참고로 대전가톨릭대학교는 7년 연계를 진행 중이다(전체 학점 수 196인데, 학부 129, 대학원 67: 참고. 학사 학위 논문과 석사 학위 논문은 필수). 인천과 수원 그리고 광주가톨릭대학교도 '7년' 연계 과정을 진행 중이다. https://songsin.catholic.ac.kr/site/songsin/sub.do?Key=50 (2024년 2월 8일 접속); https://www.dcatholic.ac.kr/univ/s3/curriculum.php (2024년 2월 8일 접속); https://www.gjcatholic.ac.kr/sub/2211 (2024년 2월 8일 접속).

43) 네덜란드 개신교신학대학(PThU)의 경우, B.Th. 3년 과정(180힉점; 신앙의 원천, 선과 악, 예전과 성례, 하나님을 경험하고 사고함, 부전공, 논문)을 암스테르담 자유대학교나 흐로닝언대학교에서 수학한 후, 신학석사 과정에 진학하면 선교적 신학 전공이 중요하다https://www.pthu.nl/en/education/master-theology/missional-communities/(2024년 1월 9일 접속); https://www.pthu.nl/onderwijs/bachelor/theologie-amsterdam/(2024년 1월 9일 접속).

44) 노쓰-웨스트대학교의 심화 신학사(B.Th. Hons) 과정을 벤치마킹한다면, 4+2시스템에서 성경 언어를 결코 간과할 수 없다.

45) 남아공 개혁신학교는 설교 실습을 강의실은 물론, 교단 교회의 오후 예배에서 시행하고 평가한다.

46) St. Vladimir정교회신학교는 음조 맞추기, 악보 읽기, 노래 등을 테스트하는 '음악능력시험'을 시행한다. https://www.svots.edu/academics/degrees/master-divinity-mdiv (2024년 2월 9일 접속).

47) 코어 교과에 변증학을 강조하는 웨스트민스터신학교(필라델피아)의 목회학 석사 과정에서 학생 10명이 한 조가 되어 총 4회에 걸쳐 지역 교회 목회자를 멘토로 삼아 목회 세미나(Mentored Ministry Seminar, 온라인)에 참여한다. 일종의 신학 현장 실무실습에 해당한다. 참고로 2021년경 통계에 따르면, ATS(북미신학교연합) 소속 276개 신학교 가운데, 듀크대학교를 비롯하여 200개 이상 신학교가 온라인 과정을 신청하거나 운영 중이다. 참고. *2023-2024 Academic Catalog* (Philadelphia: Westminster Theological Seminary, 22 Nov. 2023), 59-61.

48) 신학교육이 교회와 세상을 향한 하나님의 자기 계시를 묵상하고 설명하며 경험하도록 훈련하는 것이라면, 또한 그것은 거룩하시고 신비로운 하나님께 매료되어 떨며 주님을 예배하도록 만든다. 이런 의미에서 예배학이야말로 통합적 연구이다. J. S. Pobee, "Comments on the Future of Theological Education in Africa," *Scriptura* 28 (1989), 14.

49) 가톨릭대학교는 학부 과정에 '교회법입문', '한국교회법', '교회혼인법'을 개설 중이다. https://shin.iccu.ac.kr/menu_03/menu03_03_01.php (2024년 2월 8일 접속).

50) 인천가톨릭대학교는 학부 과정에 'AI(인공지능) 시대의 신학'을 교양필수로 개설 중이다.

51) 해외 선교사나 한인교회 목회자를 멘토로 초대한다면, 선교사 지망생은 다양하고 실제적인 해외 현장성을 온라인으로 학습할 수 있다.

52) 6년간 학습한 총체적 지식을 총동원하여 1년 목회계획을 설정하고, 세부 목표와 실행 방안과 전

위의 교과과정은 먼저 성경 언어와 석의 그리고 실천에 집중한다.[53] 신학교육에서 기초 도구인 언어 교육이 중요한 몇 가지 이유는 다음과 같다.[54] (1) 영감되고 무오한 하나님의 말씀의 가치를 존중하고 분명히 이해하기 위함이다. 성경 언어를 강조하지 않는 교과목은 신학교육의 질적 하락을 초래하고, 말씀의 용사인 목사에게 기관총 대신에 새총을 쥐어주는 격이다. (2) 성경의 원래 의미를 적절하게 가르치고 설교하기 위함이다. 성경 원어를 1시간 연구하는 것이 2차 자료를 5시간 공부하는 것보다 더 낫다. (3) 성경 언어를 학습하여 스스로 석의하는 역량을 갖추면, 신학의 다른 세부 전공을 연구하는데 깊이를 더한다. (4) 새롭고 효율적인 언어 학습은 목회자 후보생에게 기대감과 근면성을 향상시킨다. (5) 성경 언어 교육은 성경 소프트웨어를 더 쉽게 활용하도록 돕는다. 그리고 신학 연계 교육은 신학생의 성품과 경건 훈련은 물론, 목회자와 교회의 사역과 관심 사항(교육, 선교, 예배, 목회 돌봄, 행정, 대사회 사역 등)과 선교에 더 적절하게 연관되어야 한다.[55] 언어 교육을 습득한 신학과 3-4학년은 신학 세부 전공의 개론과 목회 관련 교과를 충분히 학습할 수 있다.[56]

신학생이 학습한 신학 지식은 그 자체가 목적이 아니라, 오늘날 회중이 산 믿음을 가지고 살도록 현실을 목회적으로 다각도로 해석하고 위로하고 도전하기 위한 지혜의 원천과 같다.[57] 위의 6년 연계 교과목에서 인성 계발을 위한 과목은 개인 성장을 위

---

략 그리고 행정-기술적 지원을 건설적이고 창조적으로 모색하는 교과이다. 참고로 고신대 신학대학장 신경규교수는 '제4차 산업혁명 시대의 이해', '미래 시대의 교회와 목회', '온라인 교회(메타버스 교회)의 목회'와 같이 시대의 변화를 반영한 교과목과 전통적인 교의학 세부 과목(인간론, 신론, 종말론, 기독론, 교회론 등)을 제시하기도 했다.

53) 신학과 상관없이 일반 대학을 마치고 신학대학원에 진학한 학생들에게는 성경 언어와 기초소양 등 기본 신학을 1년간 이수하면서 목회자 후보생으로 자질을 갖도록 배려해 할 것으로 판단된다. 그들에게는 1+3시스템이 적절할 것이다.

54) R. L. Plummer, "The Necessity of Biblical Languages in Ministerial Training," *SBJT* 25/3 (2021), 198-204.

55) Seymour, "Best Practices in Master of Divinity Curriculum Revision," 28-32.

56) 남아공 피터마리츠버그에 소재하는 성 요셉신학교(SJTI)는 일반 성도를 위한 B.A.Th.와 천주교 사제 양성을 위한 B.Th.를 각각 3년 과정으로 개설 중이다. B.Th. 교과목 중 심리학, 철학, 커뮤니케이션, 남아공의 상황, 남아공노동법, 확산하는 에이즈와 같은 상황을 염두에 둔 목회신학세미나 등이 관심을 끈다. 다시 말해, 학부생은 언어와 교양은 물론, 목회학도 심도 있게 연구한다. R. M. Mwangala, "Developing a Theology Curriculum in Southern Africa: Opportunities and Challenges," *Grace & Truth* 33/2 (2016), 38-42.

57) Cahalan, "Introducing Ministry and Fostering Integration," 67. 성경 언어는 물론 고전어를 강조하고 학업의 엄밀성을 강조하는 경향은 개혁파 교회와 청교도의 전통이다. S. C. Henry,

한 멘토링 1, 2, 3(팀티칭), 그리스도인의 성품 계발, 가정사역, 그리고 교회와 사회복지이다. 그리고 영성(경건) 계발을 위한 교과목은 목회실습, (문제 기반의) 교회갈등관리, 지역 교회 목회자의 멘토링 1, 2(조별 활동, 온라인), 생애 주기에 맞춘 목회학, 상담실습, 다차원적 목회적 신학 통합세미나, 성경적 성화론, 그리고 경건회이다.58)

지난 수 세기 동안 신학교수는 자신의 전공 칸막이와 우물에 갇혀 외로움을 느껴왔는데, 이제 신학 세부 전공 간의 융합이 필수 고려 사항이 되고 있다.59) 이에 관해 예를 든다면, '하나님 나라'라는 과목을 성경과 교회사 그리고 실천적 관점에서 함께 교수하기도 한다.60) 그리고 요일이나 주간마다 교수할 '핵심 통합 모듈'을 달리하되 (예. 하나님 나라, 하나님, 성경해석학, 선교적 교회, 제자훈련, 회복된 공동체, 교회와 사회, 상담, 설교, 교회개척, 교회성장, 교회법, 소통, 리더십), 성경과 교회사와 교리와 실천적 관점을 그 주제에 함께 모으는 것이 효율적일 것이다.61)

---

"A Puritan Ideal for a Seminary Student," *Duke Divinity School Bulletin* 24/3 (1959), 69-71.

58) 신학교수는 신학생의 신학형성은 물론, '숨겨진 교과목'인 영성형성에도 헌신해야 한다. 현유광, "한국 신학교육 이대로 좋은가?: 실천신학 커리큘럼과 교육방법을 중심으로," 『성경과 신학』 40 (2006), 139-40. 그런데 현유광은 연계교육에는 주목하지 못한다. 참고로 이문장(2011)은 신학 교육에 있어 인지적 지식 습득을 넘어 영성 계발을 강조했다. 참고. Mwangala, "Developing a Theology Curriculum in Southern Africa," 38. 남아공 크와줄루나탈대학교(UKZN)는 1980 년대부터 조직적 부정의와 같은 사회 이슈에 대한 예언자적 신학을 표방하면서, '개발신학'을 유엔과 에든버러대학교와 협력하여 진행 중이다. B. Haddad, "Curriculum Design in Theology and Development: Human Agency and the Prophetic Role of the Church," *HTS Teologiese Studies* 72/4 (2016), 1-7. 고신 신학은 한국의 어떤 상황을 집중적으로 염두에 둘지 설정할 필요가 있다.

59) N. Richardson, "The Future of South African Theology: Scanning the Road Ahead," *Scriptura* 89 (2005), 557. 참고로 신학 세부 전공 간의 벽 허물기를 넘어, 신학이 소통 대상으로 삼는 사회를 이해하기 위해 신학과 사회과학 간의 통합 연구를 제시한 경우는 Pobee, "Comments on the Future of Theological Education in Africa," 13을 보라.

60) 베이루트 소재 아랍침례신학교(ABTS, since 1960)는 아랍 상황에서 도출된 문제를 성경과 (선교)신학적으로 해결하기 위해서 통합적이며(신학 세부 전공 간의 융합과 사회-문화를 고려한 사역적 적용) 다차원적인(인지, 감성, 실천) 신학교육 교과목을 수립했다. 이 신학교의 경우, 전통적인 신학 4분과(성경신학, 교회사, 교의학, 실천신학)는 그 자체로 교과과정이 되기보다는 교과목을 관찰하는 랜즈 역할을 한다. https://www.youtube.com/watch?v=bxoDBXeLSmQ (2024년 2월 9일 접속).

61) 참고. *Curriculum for the Bachelor of Theology Program Academic Year 2023-2024* (Arab Baptist Theological Seminary, 2024), 12, 18-20. 참고로 아랍침례신학교에서 신학사와 목회학 석사 간의 연계 교육은 이루어지고 있지 않다.

### 3.2. 연계 교육 과정의 유익과 고려 사항

(1) 신학과 교과목에서 신대원 진학 예정자와 비진학자 (그리고 타 신대원 진학 예정자)를 위한 투 트랙이 필요하다. 그리고 신학과에 편입한 학생이나 신학을 복수 및 부전공하는 학생 중에 신대원 진학 예정자를 위해, 신학사 전공 과목 중 일부를 면제하는 방안은 신중한 검토가 필요하다(참고. 장로회신학대). 신학과 3학년생 가운데 신대원 진학예정자들은 목회자 후보생으로 지정하여 총회 차원에서 감독하는 것은 여러 유익이 있다(참고. 한신대). 한 예로, 신학과 3학년 학생부터 교단 인준 교육전도사로 사역한다면, 일찍부터 소명 의식을 강화할 수 있고, 현재 부교역자 수급 부족 문제를 해결하는 데 유익할 것이다. 그리고 신대원 진학을 앞두고 고민이 많은 신학과 4학년 시절에, 연계 교육이 이루어지는 신대원에 진학하도록 안내하기 용이하다. 그리고 연계 6년 교육은 신학과에 입학한 비 고신 출신들이 고신대 신대원에 진학하는 동기 부여가 될 것이다.

2024년에는 처음으로 고신대 신학과 드림 과정(만학도) 재학생이 1-4학년 전체 학년에 수학하고 있다(참고. 2024년 5월 22일 현재 신학과 드림 학생은 38명). 2024년 신학과 신입생 40명 중에서 드림 학생의 비율은 약 28%였다. 그만큼 신학과 졸업 예정자 중에서 신대원에 진학할 예정자가 줄어들게 되었다.

(2) 학부와 신대원의 캠퍼스 통합을 통한 수업 장소의 일원화가 필수이다. 그리고 신학과와 신대원의 교차 강의와 팀티칭도 바람직하다. 단일 교수진이 학부와 신대원 과정 전체에 걸쳐 교수한다면, 풍성하고 다양한 강의를 제공하고 연계 교육이 시너지 효과가 증가할 것이다. 현재 교육 체제로는 신대원 학생이 신학과 교수진의 강의를 전혀 접하지 못하는 형편이며, 그 역도 마찬가지다. 덧붙여 신학교육의 장소가 일원화 되어 기숙사 생활을 한다면, 신대원 학생이 학부 학생을 멘토링할 수 있다.[62]

기독교교육과 학생이 신학을 복수전공 내지 부전공한다면 그에 상응하는 혜택 또한 고려해 볼 필요가 있다. 이렇게 하면 기독교교육과 재학 초기부터 순차적으로 신학대학원에 대한 희망을 갖고 체계적으로 준비할 수 있도록 유도할 수 있을 것으로 보인다.[63]

---

62) 중세 후기의 이상적인 사제는 정결하고 절제하며 다정하고 상냥하며 친절하고 신중하며 순수했다. 이를 위해 예비 사제를 양성하는 기숙사와 같은 가정집에서 시행된 공동체 교육을 간과할 수 없다. A. G. Weiler, "The Requirements of the Pastor Bonus in the Late Middle Ages," *Nederlands Archief voor Kerkgeschiedenis* 83/1 (2003), 77-82.

63) 기독교교육과의 주요 교과인 '교육과정 개발', '교재 개발', '교사 교육', '교수학습 전략', '주일 학교 실습'과 같은 현장 과목들이 추가 될 필요가 있다. 이렇게 하면 신학대학원 수학 기간 현장

(3) 신대원은 신학과 졸업생을 위해 M.Div.를 2년 과정으로 따로 개설할 여력이 있을까? 그런 여력을 만들어 내야 하는 시대적 상황이다. 수업 장소의 일원화와 하나의 교수회를 구성한다면 큰 무리가 없다. 그리고 별도의 2년 과정을 신대원의 비신학과 출신 학생들도 일정 부분 수강할 수 있도록 조정할 수 있다.

(4) 신학교육의 정상화를 위해 장소의 일원화 못지않게, 연계 교과를 수행하는 신학교수의 경건과 목양 마인드와 교수법을 개발하는 것이 중요하다(참고. 캄펀·위트레흐트신학대학의 '개인 전문 교육'). 한 예로, 케임브리지대학교(임마누엘칼리지, 크라이스트칼리지, 펨브로크칼리지, 트리니티칼리지)의 존 스미쓰(John Smyth, d. 1612)와 같은 청교도 교수는 학생들과 매일 기도하면서 멘토링에 심혈을 기울였고, 지역교회에서 깊이 있는 교훈적 설교와 강연으로 (예비) 목회자들의 경건과 심령을 깨우치고 교화했다.64) 신학교육은 지식을 축적하는 것, 훨씬 그 이상이다. 신학생들이 교재와 교수의 성품이라는 두 텍스트를 읽으면서 성령 충만과 믿음의 성숙을 경험한다면, 그들 자신의 사역 현장으로 달려가 거기도 변화시킬 수 있을 것이다. "교수진이 커리큘럼이다"(Perry Shaw). 따라서 신학 교수가 되려면 부교역자 경력이 아니라 담임목사 경력 3-5년 이상을 요구하는 방안이 필요하다.

(5) 온라인 수업 및 교환학생 그리고 타 대학과의 학점 상호 인정을 일정 비율 안에 활용하여, 학문의 폭을 넓힐 수 있다(참고. 캄펀·위트레흐트신학대학의 부전공). 온라인 교육은 외국인 신학교와 국내외 교회를 연결하며, 해외 신학생 유치에도 도움이 된다. 참고로 19세기 방식의 강의실에서 지식 전달에 집중하는 방식을 극복하려면, 사역의 현장에서 일어나는 초연결 시대의 흐름을 읽어야 하고, 인공지능과 정보통신기술(ICT)을 선용하는 교과과정의 수립도 중요하다.65)

### 3.3. 연계 교육에 관해 제기될 만한 주장

(1) 지금도 연계 과정을 잘하고 있다는 주장이 제기될 수 있다. 그러나 신대원이 신학과 출신에게 감면해 주는 10학점으로는 국내외의 모범적인 언세 교육 사례에 비추어 보면 실제로 의미가 없고 유명무실하다.66)

---

사역에 대한 사역자들 역량 강화에 유익할 것이고, 기독교교육과를 이미 수학한 학생들에게는 교육과정 연계에 대한 장점도 있을 것이다.

64) G. R. Craggs, "Training the Ministry: The Older Tradition," *Andover Newton Quarterly* 8/4 (1968), 226-27.

65) 오경환, "인공지능(A.I.) 시대의 신학 교육의 방향성 재고," 『신학과 실천』 81 (2022), 633-38.

66) 석사과정 이상만 운영 중인 웨스트민스터신학교(필라델피아)는 신학과 출신에게 최대 44학점을

(2) 장로회신학대학교처럼 학부를 3년으로 줄이면 연계 교육이 가능하다는 주장이 제기될 수 있다. 하지만 이것은 방학 중 계절학기 등으로 인해 신학생들의 여름 봉사와 사역에 지장을 초래할 뿐 아니라, 신대원과의 연계 교육과 관련이 없다.

(3) "교육부 규정상, 신대원은 목회학 석사를 2년으로 조정할 수 있는가?"라는 질문도 있을 수 있다. 한신대학교의 경우에서 보듯이, 신대원을 2년으로 줄여도 문제가 없다. 원래 대학원 석사과정은 기본이 6학기가 아니라 4학기이다.

(4) 교수가 다르면 동일 교과목을 반복해도 문제없다는 주장도 있을 수 있다. 이런 주장은 학생의 계단식 학습에 도움이 되지 않을 뿐 아니라, 행정과 재정에 있어 낭비이다. 목회학 석사과정은 신학과 학부와 마찬가지로 신학 입문이자 기초 과정이다. 이런 입문 과정에서 교과목의 반복은 무의미하다.

(5) 신입생 모집에 어려움을 겪는 단설대학원대학교인 합동신학대학원대학교는 졸업 요건 106학점 중에서 신학과 학부 출신에게 학점 감면을 하지 않아 신학과 출신에게는 다소 매력이 떨어진다.

(6) 신학과 출신이 신대원 목회학 석사 과정을 2년만 수학하고 졸업하면, 3년을 수학하고 졸업하는 신대원 입학 동기와의 유대감을 형성하는데 어려움을 우려하기도 한다. 하지만 2년만에 졸업하더라도 신대원 입학 동기는 물론 졸업 동기와도 유대관계를 잘 형성할 수 있고, 사역하는 교회의 교역자들과 팀워크를 이루어 동역자 네트워크를 확대할 수 있다.

(7) 학생들의 휴학은 연계 과정에 저해 요소라는 주장도 있다. 그러나 신학과 학생의 휴학은 대개 신학과 1학년을 마친 후에 군 복무를 위한 것이므로, 연계 교육에 저해 요소가 될 여지는 거의 없다.

(8) 해외 개혁신학교와 비교하면서, 국내 신학과의 교과목은 신학 예비에 집중해야 한다는 주장이 있다. 하지만 남아공, 영국, 화란의 학부는 3년 과정으로 짧기에, 한국의 학부 4년 과정을 통해 해외의 수준을 따라잡을 수 있다. 그리고 신대원 목회학 석사과정은 신학 일반의 입문 기초 과정이므로, 비신학과 출신에게는 요구하지 않고 신학과 학부생에게만 신학 예비 과정에 집중하라고 요구하는 것은 형평성에 맞지 않다. 해외 개혁신학교의 경우 학부 3학년이 되면, 본격적인 신학에 입문한다.

(9) 신학과 출신이 신대원을 2년간 수학한다면, 경건훈련이 소홀할 수 있다는 우려가 있다. 하지만 신학과 학부에서 대학교 교목실이 시행하는 경건회, 신학과 자체경건

인정한다. *2023-2024 Academic Catalog*, 52-53.

회, 기숙사 아침기도회, 1학기 초의 마르투스수련회, 고신대경건훈련원(무척산기도원) 산기도, 기독동아리 활동 등을 통해 경건을 훈련하고 있다. 그리고 신학과 3-4학년의 경우, 적지 않은 학생이 교육전도사로 봉사하고 있다.

(10) 학부 신학과에서 신대원 진학자와 비진학자로 교과목을 나누어 투 트랙으로 운영할 여력이 없다는 예측이 있다. 신대원 교수보다 강의를 많이 담당하는 신학과의 경우, 구약학 정년교수와 같이 교수진이 보충되어야 마땅하다. 신학 연계 교육을 염두에 둔 교과과정을 학부 신학과가 운영하더라도, 신대원에 진학하지 않는 학생들을 만족시킬 뿐 아니라, 타 신대원에 진학하려는 신학생들을 고신대 신대원으로 진학하도록 격려하는 방안이 될 수 있다.

(11) 고신대 신대원 신입생 중 고신대 출신 비율이 매우 높은 점을 감안한다면, 신대원은 고신대 신학과 및 고신대 출신 학생을 진지하게 배려해야 한다.

## 나오면서

학습 동기를 유발하는 체계적인 '학습 동기'가 뿌리라면, 꾸준한 학문적 호기심과 뜨거운 학업적 자기 효능감이라는 긍정적 '학업 몰입'은 줄기와 가지이며, 그 줄기와 가지에서 '학업 성취'라는 성과의 열매가 맺힌다. 신학생이 주도적으로 교과목을 설계하는데 한계가 있다. 따라서 교과과정이라는 외부로부터의 조정으로써 학습자 자신이 기대한 수준의 학습을 수행하는 능력과 학습 동기를 높임으로, 새롭고 어려운 과제에 도전하여 성취하려는 동기를 유발하는 원동력인 학업 몰입과 성취가 나타난다.[67] 그리고 학업 몰입은 학습 과정에서 습득한 지식과 기술을 교육전도사라는 직무 상황에서 창의적이고 통합적 방식으로 적용할 수 있는 학습 전이라는 성과와 비례한다. 이처럼 학습 동기, 효능감, 몰입도, 성취, 그리고 전이라는 다섯 톱니바퀴는 맞물려 돌아간다.

역사직 징통 개혁교회의 목회사 양성 훈련은 3년 속성 과정의 목회학 석사과정이 보편화된 미국이나 한국과 다르다. 남아공과 네덜란드 개혁교회는 물론 미국 침례교회와 한국 천주교도 영혼의 의사인 목회자 후보생의 신학교육을 위해 최소 5-7년을 아낌없이 투자한다.[68] 한국의 독립개신교회신학교(교장 김헌수목사)는 대졸 신입생을

---

67) 이런 교육학적 원리는 신학이 아닌 타 전공에도 마찬가지로 적용된다. 참고. 최규환 외, "관광전공 대학생들의 학습동기와 학업적 자기효능감이 학습몰입, 학업성취도 및 학습전이에 미치는 영향," 『관광레저연구』 26/8 (2014), 452-54.

모집하는데, 예과(豫科) 2년 동안에 성경 원어, 신조학, 구약 정독과 신약 정독, 기타 인문학 몇 과목을 철저히 공부한다. 그 위에 본과 3년 과정을 진행하는데, 이 3년 과정은 다른 신학교의 목회학 석사와 유사하다.[69]이렇게 오랫동안 검증된 개혁주의 신학교육 전통과 보조를 맞추어 본 연구자도 6년 연계 교육과정을 제안해 보았다.

신학교육의 정상화는 어느 한 편의 헤게모니와 유익을 대변하는 차원이 될 수 없는 현재와 미래 교회의 생명력과 품질을 좌우하는 중대 사안이다. 이는 고려신학교 설립취지서가 이미 밝힌 사안이다. "우리는 이로부터 교회(教會)의 품질(品質)을 좌우(左右)하는 정통신학운동(正統神學運動), 곧 명백(明白)한 정통체계(正統體系)를 잇는 진리운동(眞理運動)을 급요(急要)하는 바임니다."[70] 그리고 고려신학교 설립취지서에 따르면, 12세기에 설립된 영국 기독교대학교를 모델로 삼아 신학과가 모체가 된 기독교대학을 세워 하나님 나라를 위한 문화변혁운동을 폭넓게 도모하려고 소망했다. "대학제도(大學制度)는 어데서 왔슴닛가? 그것은 구주(歐洲)서 기독교회(基督教會)가 창립(創立)한 것이 안닙닛가? 역사(歷史)가 오랜 켐부리지, 옥스포드 대학(大學) 등(等)이 지시(指是) 교회대학(教會大學)으로 출발(出發)한 것입니다. 고로 우리는 문화운동(文化運動)도 몬저 천국(天國)을 구(求)하는 정통신학운동(正統神學運動)에 수반(隨伴)되어 가장 참되게 일워진다고 믿는 바임니다." 불행하게도 고신교회와 신학교의 설립자들도 염원했던 공공-선교적인 고품질 개혁주의 신학 연계 교육을 위한 골든 타임은 저만치 지나가 버렸다.[71]

---

68) 쳇지피티에 따르면, 유대 랍비가 되려면 평균 교육 기간은 6-10년이다. https://chat.openai.com/c/8ebd4028-6195-4c6a-a178-359f4af5f64e (2024년 2월 10일 접속).

69) https://ircacademy.cafe24.com/xe/ircseminarykr/xe/ (2024년 3월 12일 접속).

70) 고신대학교는 특별은총으로써 만유와 일반은총을 공공-선교적으로 변혁하기 위한 칼빈주의에 입각한 기독교대학의 이상을 추진해야 한다. "우리는 물론(勿論) 하나님의 나라를 구(求)하는 의미(意味)에서 정통진리(正統眞理)의 운동(運動)을 필요(必要)로 하는 바이지만 보통은혜원리(普通恩惠原理)의 영역(領域)에서 조국(祖國)을 주님의 진리(眞理)대로 밧들어야 합니다."(고려신학교 설립취지서 중).

71) 고신대가 추구하는 기독교대학과 선교적 교회의 관련성은 2010년 10월 16-25일에 케이프 타운에서 열린 '세계복음화에 관한 제3차 로잔 회의'의 '신학교육과 선교 분과'에서 기독교대학의 커리큘럼이 통합적이고 선교적 방향으로 재정립되어야 대학이 교회와 사회에 긍정적으로 기여할 수 있다는 논의에 나타난다. 기독교대학은 기독교적 환경을 넘어 더 넓은 사회를 고려해야 하고, 캠퍼스를 사회 변혁의 센터로 삼아 오프라인은 물론 특히 온라인 강좌를 통해서 교회와 사회를 봉사해야 하며, 지적 훈련과 더불어 미전도 지역민과 가난한 자를 위한 기도와 관심과 사랑 실천을 신학 교육의 목표로 설정해야 한다. 신학 커리큘럼은 삼위 하나님의 선교를 반영해야 하는데, 성부의 사랑과 성자의 겸손과 사랑 실천 그리고 성령의 인도와 능력을 통하여 복음의 아름다움을 현시하는 내용을 담아야 한다. 진리와 위로의 성령의 능력을 받아 수행되는 복음 전도 및 교회

본 논의가 관심 있는 몇몇 사람에게 변죽만 울리는 토론으로 끝나지 않기 바란다. 연계 교육을 반드시 실행할 수 있도록 실제적인 조치가 중요하다. 이런 조치를 위해, 양 기관의 신학교수는 신학교육의 핵심 가치와 목표를 자신의 전공에 녹일 수 있어야 하며, 타 전공 교수들과 간학제적으로 협업할 열린 자세를 갖추어야 한다. 그리고 신학교육의 주체들인 고신대 신학과 학생들과 사역자들, 그리고 두 곳의 신학교수들과 직원들의 의견을 취합하는 절차가 있어야 한다.72) 여기에 예장 고신 리더십의 전폭적 지원과 '숨겨진 커리큘럼'도 중요하다.73) "문제는 말로 끝나는 것이 아니라 얼마나 실천에 옮기느냐인데, 교수들이 한 마음 되는 것이 커리큘럼 개혁의 성패가 될 것이다 ."74) 고신 총회 차원에서 신학의 연계 교육은 더 이상 지체함 없이 신속히 실천되어야 마땅하다. "신학이 변해야 교회가 산다"(Philip Clayton). 목회학 석사 과정의 성장과 수확의 기쁨은 건실한 모판인 신학과에서 나온다.75)

신학생과 목사 지망생이 급격히 줄어드는 상황에서도 고등학교를 졸업하자마자 고신대 신학과에 진학하기로 결심하는 학생들은 얼마나 귀한가! 이 글의 독자들은 이런 신학생들을 더 귀히 여겨 격려해 주시고, 학업에 전념하도록 기도와 물질의 후원을 아끼지 않기를 바란다.76)

---

개척은 사회적 행동과 상호 배타적이지 않다. 사회 변혁은 '죽은 복음 전도'에서는 찾아볼 수 없으며, 살아 있는 복음 전파에 동반되는 자연스러운 성장의 열매이다. 선교적 공동체인 교회에게 *ita, missa est*(go, you are sent)는 자연스런 모토이다. K. P. du Preez, H. J. Hendriks, and A. E. Karl, "Missional Theological Curricula and Institutions," *Verbum et Ecclesia* 35/1 (2014), 1-8에서 요약.

72) 본 연구는 고신대 [신학대학 교수진은] 물론, 신학과 재학생과 졸업생 및 목회자들의 피드백을 반영했으며, 신학 연계 교육은 비신과 출신 목회자들도 공감하고 있다.

73) "숨겨진 커리큘럼(hidden curriculum) 즉 커리큘럼 내에서 가르쳐지고 있는 교육 내용 외에 강의자의 자세와 태도나 학교의 경영하는 방식, 스텝들 그리고 다른 학생들 및 교육 환경으로부터 은연중에 배우게 된 것들에 대한 반성도 하였다." 한상화, "한국 신학 교육 개혁의 필요성과 구체적인 제안," 157.

74) 한상화, "한국 신학 교육 개혁의 필요성과 구체적인 제안," 160.

75) 신학과는 신대원의 모판이다. 흥미롭게도 'seminary'의 라틴어 'seminarium'의 어원은 'semen'(씨)과 '모판'이다.

76) 신학과 전학생 전액 장학생화가 필요하다. 2023년 신학과 229학생의 등록금 수입은 1,023,045,384원인데, 국가장학금 수입은 722,546,360원이었다. 국가장학금 수혜 학생은 114명이며, 등록금 대비 국장 수혜율은 71%였다. 신학과 재학생 중 국가장학금 수혜율은 금액에서 70%이다. 신대원에 진학할 수 있는 20대 신학과 학생은 한 학년에 30명 정도이므로 총 120명이다. 그들에게 전액 장학금을 지급할 경우(연간 등록금 560만 원 x 120명 x 0.4), 국가장학금을 포함하면 매년 약 3억이 소요된다.

**부록: 목회학 석사 과정(M.Div.)의 장학금**

### 1. 국내
### (1) 한신대학교
한신대학교 목회학석사 과정에 전액 장학금을 지급한다. 학기마다 노회가 목사후보생 한 명당 약 120만 원을 장학금으로 지원한다면, 학교는 외부 장학금을 유치하여 나머지 140만 원을 지급한다. 입학금은 학생이 별도로 납부해야 한다.

### (2) 독립개신교회신학교
독립개신교회신학교는 예과와 본과를 합쳐 총 5년 과정을 운영하는데, 등록금은 노회와 교회가 전액 장학금을 지급한다.

### (3) 합동신학대학원대학교
합동신학대학원대학교는 한 학기 등록금 330만 원인데, 가난한 학생이 장학금을 학교에 신청하면 100만 원을 지원한다. 노회가 장학금을 신학생에게 지원하는 경우는 없다. 따라서 학생 개인의 형편이나 학생이 전도사로 사역하는 교회의 후원에 등록금이 달려있다.

### 2. 해외
### (1) 프린스턴신학교
프린스턴신학교의 경우, 목회학 석사 과정에서 미국 장로교(PCUSA) 소속 학생에게 전액 장학금을 지급한다. 그리고 면접을 통해, '장로교(PCUSA)리더십 장학생'을 선발하여, 학비 전액에다 매년 8,000달러를 추가로 지급한다.[77] 미국 장로교 총회가 프린스턴신학교에 장학금을 후원하고, 신학교가 학생을 선발하여 장학금을 지급하는 것으로 보인다.

### (2) 고든-콘웰신학교
고든-콘웰신학교는 'Partnership Program 전액 장학금'을 신청을 받아 지급한다. 이 장학금은 신학생이 속한 교회와 파트너들이 신학교를 후원하는 사람들과 협력

---

77) https://www.ptsem.edu/admissions/financial-aid/masters (2024년 4월 25일 접속).

하여 제공하는 기금이므로, 노회와 총회 차원의 장학금은 아니다.[78]

### (3) 남침례신학교

남침례신학교의 경우, 침례교국제선교부(IMB) 소속 전임선교사와 은퇴선교사의 자녀는 4년간 등록금 전액을 면제 받는데, 신학생은 30세 이하여야 한다. 파트타임 혹은 온라인 과정의 신학생은 이 장학금을 받을 수 없다.[79]

### (4) 캄펀/위트레흐트신학대학

캄펀/위트레흐트신학대학의 학부(B.Th. 3년) 학생은 국가 장학금으로 등록금을 일부 충당하며, 신학 석사(M.Th. 3년) 학생은 교회에서 장학금을 일부 받는다. 그러나 학생이 등록금을 해결해야 한다.

### (5) 남아공 노쓰-웨스트대학교

남아공 노쓰-웨스트대학교의 5년에 걸친 신학 교육과정(B.Div. 4년과 M.Div. 1년) 동안 남아공 개혁교회(GKSA) 총회나 노회는 신학생의 장학금에 관여하지 않는다. 하지만 신학생을 위해 '신학 캐비넷'(Teologiese Kas)이라는 장학 기금이 운영되고 있다. 신학생이 출석하는 교회에서 신학생에게 일정 장학금을 지급하지만 그것으로는 등록금으로 부족하기에, 신학생은 휴가철에 아르바이트로 학비를 충당한다.

---

78) https://www.gordonconwell.edu/admissions/tuition-financial-aid/scholarships/ (2024년 4월 25일 접속).

79) https://www.sbts.edu/financial-aid/scholarships-and-grants/missions-grants/ (2024년 4월 25일 접속).

## [참고문헌]

『2023년 한신대학교 전공 소개 책자』. 한신대학교, 2023.

강영안, Reformed Identity." https://www.youtube.com/watch?v=5xgTA4pqdlg (2024년 2월 9일 접속).

박정근. 『신학 교육 개혁과 교회 갱신』. 서울: CLC, 2017.

송영목. "좋은 신학교수는 누구인가?" 『개혁교회와 신학』 37 (2023): 315-29.

송영목·정찬도. "신학 6년 연계 과정의 필요성: 고신대를 중심으로." 『개혁논총』 38 (2016): 113-41.

오경환. "인공지능(A.I.) 시대의 신학 교육의 방향성 재고." 『신학과 실천』 81 (2022): 619-43.

이동영. 『송영의 삼위일체론』. 서울: 새물결플러스, 2017.

최규환 외. "관광전공 대학생들의 학습동기와 학업적 자기효능감이 학습몰입, 학업성 취도 및 학습전이에 미치는 영향." 『관광레저연구』 26/8 (2014): 451-69.

한상화. "한국 신학 교육 개혁의 필요성과 구체적인 제안." 『ACTS 신학저널』 43 (2020): 135-65.

현유광. "한국 신학교육 이대로 좋은가?: 실천신학 커리큘럼과 교육방법을 중심으로." 『성경과 신학』 40 (2006): 130-57.

홍주현. "도르트 총회가 제시하는 목회자 세움 방안과 예배 회복." 개혁신학회 제36 차 학술대회 발제 논문. 총신대학교, 2022년 4월 9일: 59-83.

*2023-2024 Academic Catalog.* Philadelphia: Westminster Theological Seminary, 22 Nov. 2023.

Beyers, J. "How Scientific is Theology Really?: A Matter of Credibility." *HTS Teologiese Studies* 72/4 (2016): 1-9.

_____. "Theology and Higher Education: The Place of a Faculty of Theology at a South African University." *HTS Teologiese Studies* 72/4 (2016): 1-11.

Bolt, J. "Grand Rapids between Kampen and Amsterdam: Herman Bavinck's Reception and Influence in North America." *Calvin Theological Journal* 38 (2003): 263-80.

Cahalan, K. A. "Introducing Ministry and Fostering Integration: Teaching the Bookends of the Masters of Divinity Program." *Teaching*

*Theology & Religion* 11/2 (2008): 65-74.

Craggs, G. R. "Training the Ministry: The Older Tradition." *Andover Newton Quarterly* 8/4 (1968): 222-34.

*Curriculum for the Bachelor of Theology Program Academic Year 2023-2024.* Arab Baptist Theological Seminary, 2024.

Du Preez, K. P., Hendriks, H.J., and Karl, A. E. "Missional Theological Curricula and Institutions." *Verbum et Ecclesia* 35/1 (2014): 1-8.

Faculty of Theology. *2024 Yearbook.* North-West University, 2024.

Gould, P. M. et als. 『선교적 교수, 터무니없는 생각인가』. *The Outrageous Idea of the Missional Professor.* 홍병룡 역. 서울: SFC출판부, 2023.

Haddad, B. "Curriculum Design in Theology and Development: Human Agency and the Prophetic Role of the Church." *HTS Teologiese Studies* 72/4 (2016): 1-8.

Harvard Divinity School. *Handbook for Students 2023-2024.*

Henry, S. C. "A Puritan Ideal for a Seminary Student." *Duke Divinity School Bulletin* 24/3 (1959): 68-72.

https://best.kosin.ac.kr/th/?pCode=MN6000021#n (2024년 1월 4일 접속).

https://boycecollege.com/academics/seminary-track/ (2024. 1. 4. 접속).

https://ircacademy.cafe24.com/xe/ircseminarykr/xe/ (2024. 3. 12. 접속).

https://shin.iccu.ac.kr/menu_03/menu03_03_01.php (2024. 2. 8. 접속).

https://songsin.catholic.ac.kr/site/songsin/sub.do?Key=50(2024. 2. 8. 접속).

https://texasbaptistcollege.com/degree/bachelor-of-arts-in-christian-studies -master -of-divinity-theology/ (2024년 1월 3일 접속).

https://www.canadianreformedseminary.ca/programs-of-study/Master-of-Div inity.html (2024년 1월 8일 접속).

https://www.dcatholic.ac.kr/univ/s3/curriculum.php (2024년 2월 8일 접속).

https://www.dts.edu/academics/degrees-programs/master-of-theology/ (2024년 1월 5일 접속).

https://www.gordonconwell.edu/admissions/tuition-financial-aid/scholarship s/(2024년 4월 25일 접속).

https://www.hs.ac.kr/kor/5046/subview.do(2024년 1월 8일 접속).

https://www.kts.ac.kr/home/content/c1616283785(2024년 1월 4일 접속).

https://www.pthu.nl/en/education/master-theology/missional-communities/ (2024년 1월 9일 접속).

https://www.pthu.nl/onderwijs/bachelor/theologie-amsterdam/ (2024년 1월 9일 접속).

https://www.ptsem.edu/admissions/financial-aid/masters (2024년 4월 25일 접속).

https://www.puts.ac.kr/www/sub/haksa_db/sub.asp?m1=2&m2=2&m3=undefined(2024년 1월 4일 접속).

https://www.sbts.edu/financial-aid/scholarships-and-grants/missions-grants/ (2024년 4월 25일 접속).

https://www.svots.edu/academics/degrees/master-divinity-mdiv(2024년 2월 9일 접속).

https://www.tiu.edu/undergrad/programs/advance-ba-in-pre-seminary-mdiv (2024년 1월 6일 접속).

https://www.tua.nl/en/about-tua/profile (2024년 1월 4일 접속).

https://tuu.nl/wp-content/uploads/2023/08/TU-KampenUtrecht_Studiegids_Master_Theol_Predikant_23-24-1.pdf (2024년 1월 6일 접속).

https://www.youtube.com/watch?v=bxoDBXeLSmQ (2024년 2월 9일 접속).

Louth, A. "What is Theology?: What is Orthodox Theology?" *St Vladimir's Theological Quarterly* 51/4 (2007): 435-44.

Madueme, H. and Cannell, L. "Problem Based Learning and the Master of Divinity Program." *Theological Education* 43/1 (2007): 47-59.

McGrath, A. E. 『신학이란 무엇인가』. *Christian Theology: An Introduction*. 김기철 역. 서울: 복있는 사람, 2020.

Muller, R. A. 『신학 공부 방법』. *The Study of Theology*. 김재한 역. 서울: 부흥과 개혁사, 2011.

_____. 『신학서론』. *Post-Reformation Reformed Dogmatics: Prolegomena to Theology*. 조호영 역. 서울: 부흥과 개혁사, 2018.

Mwangala, R. M. "Developing a Theology Curriculum in Southern Africa: Opportunities and Challenges." *Grace & Truth* 33/2 (2016): 31-48.

Nel, M. "Teologie as Wetenskap: Noodsaak van Dialoog." *Koers* 83/1 (2018): 1-21.

Oliver, E. "Digital Game-Based Learning and Technology-Enhanced Learning for Theological Education." *Verbum et Ecclesia* 39/1 (2018): 1-8.

Oliver, W. H. "The Catechetical School in Alexandria." *Verbum et Ecclesia* 36/1 (2015): 1-12.

Plummer, R. L. "The Necessity of Biblical Languages in Ministerial Training." *SBJT* 25/3 (2021): 197-211.

Pobee, J. S. "Comments on the Future of Theological Education in Africa." *Scriptura* 28 (1989): 1-23.

Richardson, N. "The Future of South African Theology: Scanning the Road Ahead." *Scriptura* 89 (2005): 550-62.

Seymour, J. L. "Best Practices in Master of Divinity Curriculum Revision: A Research Report." *Theological Education* 43/1 (2007): 27-38.

Smith, C. "Why Every Pastor should get an MDiv?" *Christianity Today* 61/8 (2017): 79-96.

Theologische Universiteit Apeldoorn. *Studiegids TUA: Algemene Studie-Informatie 2023-2024.*

Theologische Universiteit Kampen|Utrecht. *Studiegids Bachelor Theologie (2023-2024).*

_____. *Studiegids Master Theologie Predikant 2023-2024.*

Vanhoozer, K. J. and Strachan, O. 『목회자란 무엇인가?』. *The Pastor as Public Theologian.* 박세혁 역. 서울: 포이에마, 2016.

Weiler, A. G. "The Requirements of the Pastor Bonus in the Late Middle Ages." *Nederlands Archief voor Kerkgeschiedenis* 83/1 (2003): 57-83.

Womack, J. M. & Pillay, J. "From the Tower to the Pews: A Call for Academic Theology to re-engage with the Local Context." *HTS Teologiese Studies* 75/4 (2019): 1-8.

[Abstract]

A Proposal of a Linked Theological Curricula for Bachelor of Theology (B.Th.) and Master of Divinity (M.Div.) at Kosin University: Focusing on Reformist Public-Missional Theological Education

Prof. Dr. Youngmog Song
(Faculty of Theology)

If theological education is abnormal, the question naturally arises, "Does not a 21st century theology professor teach in a 16th century way with a 20th century curricula?" If theological education over a long period of 7 years is inefficient or unsystematic, it is difficult to motivate students to study, and as a result, academic achievement would be declined. In the end, the damage goes directly to the students and the church for her they will serve in the future. In a situation where students and churches have become victims because a linked education has not been implemented, we must keep in mind that professors exist for students and churches. The normalization of theological education is solved through the linked curricula of the Bachelor of Theology (B.Th.) course and the seminary's Master of Divinity (M.Div.) course. Systematic linked education between the Department of Theology and seminary has been a long-cherished wish for about 40 years since Kosin University headquarter moved from Songdo to Yeongdo. However, considering theological curricula of reformed seminaries, this task is not difficult to solve but an easy one. This article (1) examines the relationship between theology (θεολογία) and pastors through the essence of theology and the definition of a theological school, (2) sequentially examines the current status of theological education in foreign and domestic countries, and (3) concludes with a proposal for a public-missional six-year linked education based on the sound biblical exegesis.

Keywords: Kosin University, theological seminary, linked education of theology, curricula, normalization of theological education

# 엔데믹 시대 교회와 가정의 올바른 관계:
## 에베소서를 중심으로

주기철(고신대학교, 조교수, 신약학)

**[초록]**

지난 수년간 코로나 19(Covid-19)로 인해서 야기된 펜데믹 시대를 지나면서 한국교회는 말할 수 없는 어려움을 겪었다. 사회적 거리두기로 인해 대면 예배가 중단되면서 주일학교 교육을 할 수 없는 상황에 이르기도 했다. 이로 인해 가정에서의 신앙교육이 시행될 수밖에 없었고, 이는 교회와 가정이 자녀 신앙교육을 위해 협력하는 긍정적인 결과를 얻기도 했다. 그러나, 엔데믹 시대가 되고 다시 이전의 상황으로 돌아가면서, 교회와 가정이 교회 교육에 지속해서 협력할 수 있을지 고민하게 되었다. 또한, 펜데믹 이후 다양한 형태의 교인이 등장하면서 교회와 성도가 그들의 정체성에 관한 혼란을 겪고 있기도 하다.

본 글의 목적은 에베소서에서 제시하는 가정과 교회의 관계를 살피면서 한국교회가 앞서 언급한 어려운 상황을 어떻게 해결할 수 있을지 살피는 것이다. 그리고 교화와 가정은 필연적 협력 관계로서 성도가 그들이 속한 모든 곳에서 복음의 비밀을 전하는 역할을 감당할 때 그리스도를 중심으로 한 온 우주의 통일을 이룰 수 있음을 논할 것이다. 이를 위해서 에베소 지역 및 성도의 상황을 살피고, 그리스도의 비밀이 무엇이며 이를 통해 이루려는 하나님의 뜻이 무엇인지 살필 것이다. 그리고 교회와 가정의 관계성을 보면서 성도에게 주어진 영적 씨름에서 승리할 때 하나님의 뜻을 온전히 이룰 수 있다는 주장을 할 것이다.

키워드: 엔데믹 시대, 엔데믹 시대 교회와 가정, 에베소서 가정 준칙, 그리스도의 비밀, 영적 씨름

## 들어가면서

그 누구도 교회와 가정의 밀접한 관계에 대해 부정하는 사람은 없다. 교회 교육의 관점에서 볼 때도 가정이 신앙교육의 최우선적이면서도 핵심적인 역할을 하는 곳임을 부인하는 이도 없다.1) 이 같은 주장은 구약시대에 하나님께서 이스라엘 백성에게 그들의 역사와 율법의 계명과 규례를 자녀에게 가르치라고 명령하신 것에 근거한다(출 12:26-27; 신 4:9-10; 6:6-7; 11:19. 참고. 잠 22:6). 제시된 구절에서 교회를 직접적으로 언급하지는 않지만, 가정이 하나님의 백성을 이루는 가장 작은 집단이므로 가정의 중요성을 강조하는 것이 지나친 일이 아니다.

신약성경에도 교회와 가정의 관계에 관한 직접적인 언급은 없지만, 바울이 그의 서신 몇몇 곳에서 수신자들을 권면하며 '가정 준칙'(Household code)을 제시하는데(엡 5:22-6:9; 골 3:18-4:1; 딤전 2:1, 8; 3:1, 8; 5:17; 6:1; 딛 2:1-10. 참고. 벧전 2:13-3:7), 그중 대표적인 성경이 에베소서이다. 본 글에서는 에베소교회 성도들이 당면한 상황을 살피면서, 바울이 교회와 교회를 구성하는 성도의 가정에 주는 교훈과 그 의미가 무엇인지 살피려 한다.2) 에베소서가 주는 교훈은 세속적 가치관과 접하며 살 수밖에 없는 현대 기독교인들에게 교회와 가정의 관계가 어떠해야 하는지에 대한 통찰력을 제공할 것이다.3)

## 1. 에베소교회의 상황
### 1.1. 에베소 지역의 영적 상황

클린튼 아놀드(Clinton E. Arnold)는 그의 책에서 에베소에 관한 유용한 정보를 제공한다. 에베소의 주 신은 아데미 여신인데, 아데미 신전은 은행 역할까지 했기에

---

1) 참고. 신현광, "교육 목회와 가정의 신앙교육에 대한 고찰,"『신학과실천』 47(2015), 373-99; 전병철, "한국교회학교의 위기의 내적인 요인 심층분석,"『ACTS 신학저널』 30(2016), 141-77; 김성중, "코로나19 시기 이후의 기독교 교육의 방향,"『기독교교육논총』 63(2020), 39-64; 이정관, "가정에서 자녀교육을 위한 의사소통,"『기독교교육논총』 68(2021), 113-40; 신승범, "엔데믹 시대, 가정신앙교육의 방향에 관한 연구,"『신학과 실천』 82(2022), 613-36.

2) 가정 준칙이 가지는 변혁적 기능에 관해서는 다음 글을 참고하라. 김병권, "에베소서에 나타난 바울 윤리의 특징,"『복음과실천』 42(2008), 113-16.

3) 조미영, "엔데믹 시대의 포용과 연대를 지향하는 기독교교육 연구,"『기독교교육정보』 79(2023), 403-37. 조미영은 펜데믹 시대가 초래한 여러 가지 사회현상을 진단하면서, 이에 대한 기독교의 공적 역할과 대안을 제시한다. 그중 하나는 '포용과 연대의 교육'이다. 그가 '가정과 교회'에 집중하지는 않지만, 기독교 교육을 하면서 더 넓은 의미의 연대는 매우 중요하다.

에베소인의 영적인 면과 경제적이면, 그리고 삶의 모든 부분에 지대한 영향을 미쳤다. 에베소에는 주술과 마술이 흥행했고, 많은 이가 부적을 써서 몸에 지니고 다녔다. 그들은 태어날 때부터 아데미를 섬기며 그를 구원자(saviour), 주(Lord), 우주의 여신(Queen of the Cosmos)으로 부를 정도였다. 에베소는 교통과 소통의 허브 도시로서 소아시아 지역에 큰 영향력을 미쳤고, 에베소인뿐 아니라 타지의 많은 이들이 매일, 매월, 매해 상업적 이유 외에 아데미를 예배하기 위해 왕래했다.4) 이러한 사실은 대부분의 에베소인은 아데미 여신의 절대적인 영향 아래 있었음을 보여준다.

이상의 설명은 바울의 에베소 사역이 기록된 사도행전 19장 내용과 많은 부분에서 일맥상통한다. 에베소에는 돌아다니며 마술하는 자들이 있었고(행 19:13, 19), 악귀 들린 자들이 많았으며(19:14-16), 데메드리오와 같이 은으로 아데미 여신의 신상을 만들어 먹고사는 은장색이 많았다(19:24-25). 심지어 에베소인들은 그들 스스로를 신전지기라고 할 정도로 종교심이 강했다(행 19:35). 사도행전 19:11-12에는 바울이 에베소에서 복음을 전할 때 하나님께서 그를 통해 많은 기적, 심지어 바울의 손수건이나 앞치마를 가져다가 병든 사람에게 얹어도 그 병과 악귀가 떠나가는 기적 행하심을 기록한다. 이 구절의 주어가 하나님인 것, 바울의 손수건과 앞치마조차 능력의 도구로 사용된 것은 에베소 지역에서 하나님의 능력이 얼마나 큰지를 보여줘야 할 필요성이 있어서일 것이다.5) 즉, 에베소에서 악한 영의 영향력도 크지만, 그보다 하나님의 능력이 더 큰 것임을 강조한다는 말이다. 확실히, 에베소서도 하나님의 능력과 악한 영의 능력을 나타내는 표현을 많이 사용하고(엡 1:19-20, 21, 22; 2:2; 3:7, 10, 16, 20; 4:6, 27; 5:5-6, 8; 6:10-12), 각 세력을 따르는 자들을 대조시킨다(참고. '하나님의 아들들'과 '불순종의 아들들' 및 '본질상 진노의 자녀들').

이상의 상황을 고려해볼 때, 에베소서의 수신자들은 아데미 여신 외에 온갖 영적 세력이 강하게 활동하고 있는 지역에서 태어나서 악한 영들의 영향력 아래서 자라다가 바울의 복음을 듣고 개종한 자들이다. 사도행전 19장에서 기록하듯이 그들은 바울이 행하는 기적을 보고 하나님의 능력을 시각섭적으로 경험했다. 만약 이것이 사실이라면, 그들이 기독교로 개종한 이후에도 여전히 그 지역에 머물렀으므로 여러 방면에서 악한 세력이나 그것을 따르는 자들의 영향을 받은 것이 분명하다. 그리고 바울은 하나님의 능력이 악한 영들보다 크다는 사실을 다시금 상기시킬 필요가 있었다.

---

4) Clinton E. Arnold, *Power and Magic: The Concept of Power in Ephesians*(Eugene: Wipe&Stoke, 2001).
5) 참고. Eckhard J. Schnabel, *Acts* (ECNT; Zondervan: Grand Rapids, 2012), 795-96.

## 1.2 에베소교회 교인들의 상황

에베소서에서 발견할 수 있는 독특한 것 중 하나는 저자인 바울이 '그때'(ποτέ)와 '지금'(νῦν; νυνί)이라는 표현을 사용하면서 수신자들의 과거와 현재를 세 번씩이나 대조하고, 이를 통해 현재 변화된 모습을 상기시키는 것이다(엡 2:1-10, 11-22; 5:1-10). 이는 수신자들이 예수님을 구주로 영접했을 때, 그들에게 일어난 급격한 정체성의 변화를 고취해야 할 필요가 있었기 때문이다.[6] 에베소서 2:1-10에서는 과거 세상 풍속을 좇고 공중의 권세 잡은 자를 따르면서 육체와 마음이 원하는 것을 따라 사는, 본질상 진노를 받을 수밖에 없던 자에서 그리스도 예수 안에서 함께 하늘에 앉은 존재가 되었다고 한다.[7] 2:11-13에서는 이전에는 유대인들로부터 무할례당으로서 그리스도와 이스라엘 나라 밖의 사람들, 약속의 언약에 대해서 외인들, 세상에서 소망도 없고 하나님도 없는 자들로 여김을 받았지만, 지금은 예수 그리스도의 피로 인해서 이제는 성도들과 같은 시민이며 하나님의 권속이 되었다고 한다. 5:1-10에서는 과거 어두움으로 살던 자들에게 이제는 주 안에서 빛, 곧 빛의 자녀가 되었다고 말한다. 이러한 내용을 거울 독법(Mirror-Reading)으로 반추해 볼 때, 에베소서의 수신자들은 그들의 변화된 정체성을 제대로 인식하지 못했거나 정체성은 인식했지만, 그들과 다른 정체성을 가진 절대다수의 주변인들로 인해 정체성에 대한 혼란이 있었을 수도 있다. 바울이 서신의 본문을 시작하는 단락(1:3-14)에서부터 하나님께서 수신자들을 창세 전부터 택하시고 구원하시고 하늘의 복을 주신 사실에 관해 다루는 것 또한 바울이 수신자들의 정체성을 명확히 하려는 의도가 있었다고 볼 수 있다.

흥미로운 사실은 바울이 수신자들의 정체성에 관해 언급할 때마다 새로운 정체성을 가진 자들로서 그들이 어떻게 행해야 할지 말하거나 하나님께서 그들에게 주신 사명이 무엇인지 언급한 것이다. 에베소서 5:1-10에서는 어둠이었을 때의 모습들(음행; 온갖 더러운 것; 탐욕; 누추함; 어리석은 말; 희롱의 말)을 버리고 오히려 감사의 말을 하고, 주께 기쁘시게 할 것인 무엇인지 항상 살피라고 권한다.[8] 2:11-22에서는

---

6) Clinton E. Arnold, *Ephesians* (ECNT; Zondervan: Grand Rapids, 2010), 327-28. 아놀드는 에베소서 5:7-8을 주석하면서, "이전에 도덕적 권면에서는 이 정체성의 변화를 '옛 자아'를 '새로운 자아'로 대체하는 것으로 설명했지만, 여기서는 그것을 어둠에서 빛으로의 변화로 표현한다."라고 바르게 지적한다.

7) 수신자들의 정체성 변화는 오직 하나님의 능력과 은혜에 의한 것이다. 이는 1:15부터 시작되는 기도와 이어지는 단락인 2:1-10에 잘 나타난다. 참고. 박영진, "에베소서 2:1과 2:5의 kai.에 대한 해석과 문맥적 의미," 『선교와신학』 45(2018), 79-109.,

직접적으로 무엇을 해야 하는지 말하는 대신 하나님의 권속이요 주 안에서 성전의 일부로서 하나님이 거하실 처소가 되기 위해 그리스도 안에서 함께 지어져 가는 존재라고 설명한다. 이어지는 3:1-11, 특히 3:10에서 교회에 주어진 사명은 "하늘에 있는 통치자들과 권세들에게 하나님의 각종 지혜를 알게 하려" 하는 것으로 묘사한다. 2:1-10에서도 구체적으로 밝히지는 않지만, 하나님의 구원 은혜를 경험한 수신자들은 "그 은혜의 지극히 풍성함을 오는 여러 세대에" 나타내고(2:7), "그리스도 안에서 선한 일을 위하여 지으심을 받은 자"임을 주지시킨다(2:10).

이상의 서술을 볼 때, 바울은 에베소서의 수신자들에게 하나님의 능력이 얼마나 큰지를 상기시키는 것 외에 그들의 변화된 정체성이 무엇인지 알려주려 했다고 볼 수 있다. 만약 수신자들이 정체성 혼란을 겪고 있었다면, 하나님의 능력과 그들의 정체성을 바로 깨닫는 것은 이방 지역에서 그리스도인으로 살아가는 수신자들에게 큰 위로와 격려가 되었을 것이다.

## 2. 그리스도의 비밀(μυστήριον)과 하나님의 뜻

### 2.1. 그리스도의 비밀

앞서 제시한 하나님의 능력과 에베소서 수신자들의 정체성은 그들에게 주어진 사명, 곧 복음의 비밀을 이방 세계에 알리는 것과 이를 계획하신 하나님의 뜻과 밀접한 연관이 있다. 먼저 바울은 '비밀'(μυστήριον)이라는 단어의 반복적 사용(엡 1:9; 3:3, 4, 9; 5:32; 6:19)을 통해 하나님께서 자기와 교회에 주신 사명은 '그리스도의 비밀'을 이방 세계에 알리는 것이라고 가르친다. 이 '비밀'이 무엇인지는 에베소서 3:6에 나타난다. 즉, "이는 이방인들이 복음으로 말미암아 그리스도 예수 안에서 함께 상속자가 되고 함께 지체가 되고 함께 약속에 참여하는 자가 됨이라." 바울이 말하는 비밀의 핵심은 도저히 하나 될 수 없는 유대인과 이방인이 그리스도 안에서 함께 상속자, 지체, 약속에 참여하는 자가 되는 것이다. 이 그리스도의 비밀이 바울에게 계시로 주어졌고, 그는 이것을 깨달았다(3:3-4). 바울은 이 비밀을 이방 세계에 전하기 위해 일꾼이 되어 측량할 수 없는 그리스도의 풍성함을 전한 것이다(3:8). 이 비밀은 다른 세대에게는 알려지지 않았으나 거룩한 사도들과 선지자들에게 성령으로 나타났다(3:5). 그리고 이제는 교회에 주어져서 영적 세력인 "하늘에 있는 통치자들과 권세들에게 하나님의 각종 지혜를" 알리도록 하셨다(3:10).[9]

---

8) 에베소서 5:11 이하에서는 계속해서 어둠의 일에 참여하지 말고 도리어 책망하라고 하면서 지혜를 가진 자들로서 어떻게 행해야 할 것인지에 대해서 권한다.

바울은 옥에 갇혀 있으면서도 이 사명을 잘 감당할 수 있도록 노력한다. 서신의 본문을 마무리하는 단락 마지막에 바울이 수신자들에게 기도를 요청한다. 그것은 "내게 말씀을 주사 나로 입을 열어 복음의 비밀을 담대히 알리게 하옵소서"라는 기도이다 (엡 6:19). 바울은 지금 옥에 갇힌 상황에서 서신을 쓰는데, 어쩌면 이러한 상황은 에베소서의 수신자들이 처한 상황보다 더 어렵고 힘들다고 할 수 있다. 이런 상황 속에서도 바울은 오직 복음의 비밀을 담대히 알릴 수 있도록 기도를 요청한다. 바울이 이와 같은 기도를 부탁한 것은 "이 일을 위하여 내가 쇠사슬에 매인 사신이 된 것"이라는 자기 정체성에 기인한다. 하나님께서 이방인들에게 복음의 비밀을 전파하기 위해서 자신을 부르셨다는 확신이 있었기에 감옥에서조차도 그 일을 잘 감당할 수 있도록 기도를 부탁한 것이다. 바울의 의도는 자신의 이러한 모습을 통해서 그를 걱정하던 수신자들을 위로하고, 자기와 같이 복음의 비밀을 세상에 전하는 사명을 받은 그들도 그들의 자리에서 그 일을 잘 감당하도록 하기 위한 것이다.

바울은 서신 본문의 첫 단락에서 그리스도의 '비밀'의 궁극적인 목적은 온 세계가 그리스도 앞에 복종하여 하나가 되도록 하는 것임을 밝힌다. 앞서 살핀 것같이 바울은 제일 먼저 하나님이 수신자들을 창세 전에 택하시고 그리스도를 통해 당신의 아들들이 되게 하셨다는 사실을 말한다(1:3-5). 하나님은 그리스도의 피로 말미암아 그들을 속량하셨고 당신의 은혜를 누리게 하셨으며 이를 통해 당신의 은혜의 영광을 찬송하도록 하셨다(1:6-7). 그리고 하나님께서 그들에게 지혜와 총명을 주셔서 그리스도를 통해 계획하신 '비밀'이 무엇인지 알려주셨다(1:9). 그 비밀의 궁극적인 목적은 "하늘에 있는 것이나 땅에 있는 것이 다 그리스도 안에서 통일되게 하려"(1:10)는 것이다.[10] 이러한 개념은 에베소서 3:6에서 밝힌 비밀의 궁극적인 목적이 무엇인지를 잘 보여준다. 즉, 그리스도의 비밀은 단순히 유대인과 이방인이 그리스도 안에서 하나가 되는 것을 넘어, 온 우주가 그리스도를 중심으로 하나가 되는 것이다.[11]

---

9) 바울 서신의 우주적이며 보편적 교회론에 관해서는 다음 글을 참고하라. 김상수, "에베소서의 교회론적 특징에 관한 연구," 『성서마당』 110(2014), 189-209.

10) 개역 개정에서 '통일되게 하려 하심이라'(ἀνακεφαλαιώσασθαι)로 번역된 부정사의 기본적인 의미는 '요약하다'(sum up; recapitulate)이고 번역하기가 쉽지 않아서 영어 번역본에서는 다양하게 번역된다. '하나되게 하다'(to unite; ESV), '함께 모으다'(gather together; KJV), '요약하다'(summing up; NASB), '함께 데려오다'(bring...together; NIV; NLT) 등이 아놀드는 "모든 것을 하나의 머리, 곧 그리스도 아래에 모으는 것"(to bring all things...together under one head, even Christ)으로 번역한다(Arnold, *Ephesians*, 88-89).

11) 조경철, "에베소서 윤리의 교회론적 성격과 근거에 관한 연구," 『기독교사상』 409(1993), 88-108. 조경철은 "에베소서의 신앙과 사랑은 온 우주의 창조자 하나님(3:9; 4:6)과 그리스도의

요약하면, 바울은 에베소교회 교인들에게 하나님께서 그리스도의 비밀을 통해 궁극적으로 이루시고자 하신 일이 무엇인지 1장에서 밝힌다. 그것은 그리스도를 중심으로 온 우주를 하나 되게 하는 것이다. 그리고 이 비밀은 그리스도 안에서 이방인과 유대인이 하나 되는 것에서부터 시작된다. 그리고 교회로 부름을 받은 이들(이방인이나 유대인)은 그리스도 안에서 하나 됨을 이루어 복음의 비밀이 무엇인지 온 세상에 알려야 한다.12)

## 2.2. 하나님의 뜻

앞서 제시한 것처럼 복음을 따라 교회로 부름을 받은 자들이 그리스도 안에서 하나가 되고 온 우주가 그리스도 아래서 하나를 이루는 하나님의 궁극적인 계획은 하나님의 뜻에 의한 것이다. 에베소서에서 하나님의 '뜻'(θέλημα)이라는 표현이 6회 나타나는데, 그중 4회가 1장에 나타난다(1:1, 5, 9, 11).13) 바울은 서신을 여는 단락에서 발신자인 자신을 사도로 소개하면서 사도가 된 것이 '하나님의 뜻'에 의한 것이었다고 말한다.14) 이는 바울이 이방인들을 위해 복음의 비밀을 전파해야 할 사명을 위해 사도로 부름을 받은 것이 전적으로 하나님의 뜻임을 밝히는 것이다. 바울이 이처럼 서신을 시작하면서부터 하나님의 뜻에 관해 언급한 것은 이어지는 본문에서 수신자들을 부르시고 사명을 맡기신 것 역시 하나님의 뜻에 의한 것이라고 말하는 것과 관련이 있다.

에베소서 1:3-14에서 바울은 하나님께서 그리스도 안에서 하늘에 속한 모든 신령한 복을 신자들에게 주셨다고 말하면서, 세 번 반복해서 하나님의 뜻을 강조한다. 하나님은 그들을 거룩하고 흠이 없게 하시려고 창세 전에 택하셨고, 당신의 뜻의 목적을 따라 예수 그리스도를 통해 양자로 삼을 것을 미리 정하셨다(1:3-5). 그리고 예수

---

우주적 통치와 평화에 근거하기 때문..."이라고 말하면서, 교회의 활동은 단순히 내부에만 영향을 미칠 것이 아니라 세상, 그리고 더 나아가서 하늘과 땅의 모든 세력에게 그리스도의 통치를 전해야 한다고 바르게 주장한다(108). 참고. 조경철, "에베소서의 윤리와 신학에 대한 개론적 고찰," 『신약논단』 2(1996), 133-48.
12) 에베소서에 나타난 다차원적 교회의 모습을 기술한 글은 다음을 참고하라. 서동수, "에베소서에 나타난 심층-구조적인 교회론," 『신학논단』 92 (2018), 187-220.
13) 에베소서에서 '뜻'(θέλημα)이라는 표현이 7회 사용되는데, 그중 1회는 '육체와 마음의 원하는 것'(τὰ θελήματα τῆς σαρκὸς καὶ τῶν διανοιῶν)을 나타내는 것으로 사용되었다.
14) 고대 서신에서 서신의 발신자를 밝히는 것이 일반적이었듯이 바울이 서신마다 자신의 사도 됨을 밝히는 것은 특별하지 않다. 단, 자신을 사도로 소개하면서 서신마다 다르게 사용한 수식어는 서신의 상황을 반영하는 것이기 때문에 중요하다.

그리스도의 구속 사역과 관련하여 하나님께서 그리스도 안에 두신 그의 뜻의 비밀은 "하늘에 있는 것이나 땅에 있는 것이 다 그리스도 안에서 통일되게 하려"는 궁극적인 목적이 있다고 밝힌다(1:10). 계속해서 바울은 신자는 하나님의 목적하심을 따라 당신의 기업을 얻을 수 있도록 예정하심을 입었다고 말하면서, 이 모든 일은 "그[하나님]의 뜻의 결정대로 일하시는 이의 계획을 따라" 이루어진 것이라고 한다(1:11). 간단히 말해서 바울은 신자에게 일어난 모든 일이 하나님의 뜻을 따라 이루어진 것이고, 앞으로 신자가 해야 할 일 또한 하나님의 뜻에 의한 것이라고 말하는 것이다. 이를 통해서 바울은 수신자들이 하나님의 능력이 얼마나 큰지, 그들에게 주어진 부르심의 소망이 무언인지, 그리고 그들이 얻게 될 기업의 영광이 얼마나 풍성한지 깨닫기를 원한다. 이를 깨달을 때 수신자들은 현재의 삶 속에서 그들에게 주어진 복음의 비밀을 전하는 사역을 잘 감당할 수 있기 때문이다.

### 3. 가족 관계와 그리스도의 비밀
### 3.1. 에베소서 본문 서술의 독특성과 교회와 가정의 연관성

바울서신은 일반적으로 여는 단락(Opening section), 본문(Body), 닫는 단락(Closing section)으로 구성되고 에베소서도 예외는 아니다. 에베소서의 여는 단락과 닫는 단락을 차치하고 본문을 고려해볼 때, 그 서술 방식에 있어서 독특한 점이 있다. 그것은 본문 대부분의 단락이 일반 접속사나 추론적 관계를 나타내는 접속사나 대명사로 시작한다는 것이다. 즉, 1:15의 '그러므로'(διὰ τοῦτο; for this reason), 2:1의 '그리고'(καί; and), 2:11의 '그러므로'(διό: therefore), 3:1의 '이러므로'(τούτου; for this reason), 3:14의 '이러므로'(τούτου; for this reason), 4:1의 '그러므로'(οὖν; therefore), 4:17의 '그러므로'(οὖν; now/so/therefore), 4:25의 '그런즉'(διό; therefore), 5:1의 '그러므로'(οὖν; therefore), 5:15의 '그런즉'(οὖν; then/therefore)이 그것이다. 이와 같은 글의 구성은 다른 서신 어디에서도 볼 수 없는 독특한 것이다. 이는 에베소서 각 단락의 내용이 무엇이든지 간에 모든 단락이 논리적으로 연결되어 있다는 말이다.[15]

앞서 지적한 것처럼 에베소서 모든 단락의 내용이 논리적으로 연결되어 있다면, '가정 준칙'(household codes)으로 명명되는 에베소서 5:22-6:9의 내용도 그 이전

---

15) 조호영, "에베소서의 정황에서 바라본 뉴노멀 시대의 '변화'에 대한 재고(再考)," 『신학지남』 87/3(2020), 215-29. 조호영이 필자가 제시한 구조를 다루지 않지만, "바울은 신자들이 그리스도의 통치를 받는 영역 그 자체로서, 그분의 통치를 교회만이 아니라, 가정과 각자의 처소에까지 적극적으로 재현하도록 권면한다(엡 4-6장)"라고 주장함으로 각 단락의 연결성을 암시한다(227).

내용과 논리적 연관성을 가진다.16) 다시 말해서, 가정 준칙이 포함하는 아내와 남편의 관계, 자녀와 부모의 관계, 종과 상전의 관계는 하나님께서 에베소교회 교인들을 부르신 것과 그들의 정체성, 그리고 그들에게 맡겨진 사명, 곧 복음의 비밀을 전파하여 그리스도를 중심으로 온 우주적 하나 됨을 이루는 것과도 관계가 있다는 말이다. 바울은 아내와 남편에게 각각 권면한다. 아내는 교회가 그리스도께 복종하듯 남편에게 복종해야 하고 남편은 그리스도께서 교회를 사랑하시고 교회를 위해 자신을 주심 같이 하는 것이다. 주목할 만한 사실은 아내와 남편 간의 관계를 다루는 단락의 결론 부분에서 '비밀'(μυστήριον)이라는 단어를 사용하여(엡 5:32) 부부가 한 육체가 되는 것과 그리스도와 교회의 관계를 연관 지어 설명하는 것이다. 5:32과 관련하여 많은 학자적 논의가 있지만, 분명한 것은 부부의 하나 됨과 교회의 하나 됨은 분명 밀접한 관계가 있다는 것이다. 아놀드는 다음과 같이 잘 요약한다. "그러므로 '이 비밀'은 그리스도와 교회 사이의 긴밀하고 친밀한 연합을 보여주기 위해 하나님께서 제정하신 예로서 결혼 안에서 남편과 아내가 연합하는 것을 가리킨다. 이 비밀이 '위대한'(μέγα) 이유는 그것이 매우 심오하고 중요하기 때문이다."17) 교회가 그리스도 안에서 하나를 이루어야 하듯, 부부도 그리스도 안에서 하나를 이루어야 한다.

앞서 제시한 것같이, 자녀와 부모의 관계도 5:22 이전 논의의 연장선에 있으므로 6:1-4의 명령은 자녀와 부모가 하나 되는 것에 필수적 요소이며 성령으로 행하는 것의 결과라 할 수 있다. 주 안에 있는 자녀는 부모에게 순종해야 한다. 왜냐하면, 이렇게 하는 것이 주 안에 있는 자녀에게 옳기 때문이다.18) 그리고 자녀들은 부모를 공경해야 하고, 이렇게 할 때 번영과 이 땅에서의 장수를 누릴 수 있다. 아비들은 자녀를 노엽게 하지 말아야 하고, 오직 주의 교훈과 훈계로 양육해야 한다. 6:4에서 두 개의 명령이 대조되는데, '노엽게 하지 말라'(μὴ παροργίζετε)는 것과 '양육하라'(ἐκτρέφετε)는 것이다. 후자의 명령형 동사에 '주의 교훈'과 '훈계'라는 수식어가 추가된 것을 보면, 전자의 '노엽게 하는 것'은 이러한 수단 외 다른 방법을 사용했을 때 유발되는 결

---

16) Arnold, *Ephesians*, 380. 아놀드는 5:22에 정동사(finite verb)가 없이 5:21의 현재 분사(ὑποτασσόμενοι)로부터 '복종하다'(submit)라는 동사를 추론해 내는 것 역시 5:22부터 시작되는 가정 준칙의 내용과 앞의 단락을 연결하는 역할을 한다고 본다. 그는 가정 준칙은 앞서 언급한 성령 충만과 연결되고 "부적절하게 정돈된 가족 관계는 공동체 안에서의 성령의 역사를 방해한다."라고 바르게 지적한다.

17) Arnold, *Ephesians*, 397.

18) 영어 번역본 중 NLT는 '주 안에서'(in the Lord)를 "너희가 주님께 속했기 때문에"(because you belong to the Lord)로 번역한다.

과라 볼 수 있다.19) 6:1-4에서 기록된 것같이 하지 않을 때, 자녀와 부모와의 관계는 깨어질 수밖에 없고 따라서 가족은 하나 될 수 없다. 6:5-9에서 다루는 종과 상전과의 관계도 마찬가지이다.

요약하면, 바울은 서신의 여는 단락에서 자기가 하나님의 뜻을 따라 사도가 된 것을 밝히는 것에서부터 시작하여 가정 준칙에 관해 말하는 5:22-6:4에 이르기까지 논리적으로 글을 전개하면서 그리스도 안에서 하나 됨과 성령 충만한 삶에 대해서 가르친다. 아내와 남편, 자녀와 부모, 그리고 종과 상전 모두 주어진 지침을 따라 성령으로 행할 때 가정이 하나가 될 수 있다.

## 4. 하나 됨과 영적 씨름

앞서 서술한 것처럼 에베소서는 여는 단락에서부터 시작해서 가정 준칙을 제시하는 단락에 이르기까지 논리적으로 매우 잘 구성되어 있다. 흥미로운 것은, 이어지는 단락인 6:10도 이전 단락과 논리적으로 연결된 것이다. 6:10의 첫 표현인 '투 로이푸'(τοῦ λοιποῦ)는 일반적으로 '끝으로'(finally)라고 번역되지만, 때때로 이전 논의를 요약하면서 끝맺는 기능을 하기도 한다. 따라서 6:10-20은 서신의 본문에서 다루었던 문제를 요약하면서 본문을 마무리하는 기능을 한다고 볼 수 있다. 만약 이것이 사실이라면 여기서 마귀의 간계를 대적하는 '영적 씨름'에 관해 말하면서 전신 갑주를 입으라고 명령하는 것은, 이전에 다룬 모든 문제가 혈과 육을 상대하는 것이라고 하더라도 궁극적으로는 악한 영들을 상대하는 영적 씨름이라는 말이다.20) 이 씨름에서 이기기 위해서는 하나님의 전신 갑주로 무장해야 하는데, 이를 구성하는 대표적인 것 두 가지는 말씀과 기도이다. 6:19-20에서 수신자들에게 바울 자신이 '복음의 비밀'을 담대히

---

19) 에베소서 5:22부터 시작되는 가정 준칙이 제시하는 것은 그 이전 단락에서 말하는 성령 충만과 관련이 있다. 따라서, 6:1-4에서 명시하지는 않지만, 자녀를 노엽게 하는 것은 주의 교훈이나 훈계가 아니라 성령을 경험하지 못했거나 성령 충만하지 않은 상태에서 자녀를 대하여 얻은 결과라고 할 수 있다. 에베소서의 배경에서 본다면, 수신자들이 예수님을 알지 못할 때의 이방인으로서 행하는 것이나 아니면 예수님 영접 이후에도 성령 충만하지 않은 상태로 자녀를 대하는 것을 가리킬 수 있다.

20) 류호성, "전인적 치유: '성령의 전신갑주를 입어라'-에베소서 6:10-20," 『성서마당』 136 (2020), 60-72. 류호성은 인간이 사람들과의 갈등이나 그들이 속해 있는 사회, 문화적 가치체계 등으로 인해 고통과 아픔을 경험하는데, 이를 치유하는 유일한 방법이 하나님의 전신 갑주를 입는 것이라고 주장한다. 참고. 고재봉, "에베소서 6장 10~20절의 하나님의 전신갑주," 『복음과실천』 15(1993), 11-29.

알릴 수 있도록 기도해 달라고 부탁하는 것 또한 말씀과 기도에 대한 강조라고 볼 수 있다. 바울은 자신이나 수신자들 모두 말씀과 기도로 무장하여 주어진 영적 씨름에서 승리하기를 바라는 것이다.

## 5. 성경적 교회와 가정의 올바른 관계: 결론 및 적용

에베소교회가 온갖 세속 풍속과 영적인 세력에 둘러싸여 살아간 것처럼 현대 교회도 그와 같은 상황에 놓여 있다. 결혼하지 않으려는 독신주의 비율이 늘고 결혼의 개념을 허물어뜨리는 비혼주의나 동성 결혼이 자연스러운 사회가 되어가고 있다.21) 결혼하더라도 자녀를 가지지 않으려는 경향으로 2024년도 출산율은 0.65%이고, 당사자 둘만의 삶을 즐기자는 딩크족(DINK)도 늘고 있다.22) 이와 더불어 팬데믹 시대를 거치면서 교회도 사회적 거리 두기로 인해 대면 예배와 교회 교육이 중단되는 아픔을 겪었다. 그러나, 또 다른 한편으로 교회 신앙교육이 불가능해지면서 그동안 말로만 강조되어 오던 가정 신앙교육이 시행되는, 그래서 교회와 가정이 자녀 신앙교육을 위해 협력하는 긍정적인 결과를 얻기도 했다. 이제 팬데믹 시대가 끝나고 다시 교회가 교회 교육의 주체로 나서면서 많은 이들이 가정 신앙교육을 지속할 수 있을지 걱정을 한다.23) 팬데믹 이후 다양한 특성을 가진 교회와 교인이 등장하면서 전통적 교회와 이에 출석하는 성도들조차 교회와 교인으로서의 정체성에 심한 혼란을 겪고 있기도 하다.24) 외부적으로는 세속의 영향을 받고, 내부적으로는 팬데믹 후유증을 앓고 있는 한국교회는 어쩌면 에베소교회 교인들처럼 모종의 정체성 혼란을 겪고 있을 수 있다. 이러한 한국교회를 향해서 에베소서는 교화와 가정은 선택적 협력 관계가 아니라 필연적 협력 관계이며, 양쪽 모두에서 복음의 비밀을 실천해야만 하나님께서 교회와 개인에게 맡기신 사명을 잘 감당할 수 있다는 메시지를 던져준다.

---

21) 2023년 18세 이상 1,000명을 대상으로 실시한 '동성결혼 법제화 친반 동향' 자료를 보면 동성 결혼 법제화에 '찬성'한다고 밝힌 사람은 전체의 40%에 해당한다. 이는 지난해 같은 조사 38%보다 2% 증가한 것이다.

22) 2023년 통계에 의하면 초혼 부부를 기준으로 자녀가 없는 부부는 46.4%로 전년 대비 0.6%가 증가했다.

23) 신승범, "엔데믹 시대, 가정신앙교육의 방향에 관한 연구," 615-16.

24) 한국교회 트렌드를 분석한 『한국교회 트렌드 2023』은 2023년 한국교회 트렌드 키워드로 다음과 같은 열 가지를 제시했다. 플로팅 크리스천, SBNR, 하이브리드처치, 몰라큘 라이프, 액티브 시니어, 쫓아가면 도망가는 세대, MZ, 올라인 교육, 퍼블릭 처치, 격차 교회 서바이벌 목회, 기후 교회.

에베소서는 하나님께서 성도를 부르신 것은 영원 전부터 계획하신 당신의 예정에 근거한 것을 보여준다. 그러나 모든 성도는 항상 교회로만 모이는 것이 아니라 일상의 삶을 살아야 하므로 세상과 접하면서 세속적 삶의 방식과 맞닥뜨릴 수밖에 없다(엡 2:2). 성도의 삶이 이렇다 보니 때때로 성도로서의 정체성을 망각하거나 상실하기도 한다. 에베소서는 이러한 성도에게 "너희는 예수 그리스도와 함께 죽음에서 살아나 구원받았고, 함께 하늘에 앉힌 자들로서 세상 풍조의 영향을 받는 존재가 아니라 그리스도인으로서 이 세대에 영향을 미쳐야 할 존재"라고 가르친다(엡 2:7). 성도는 하나님께서 맡기신 복음의 비밀을 따라 교회의 일치를 이루어야 하고, 이를 통해서 모든 영적 세력에게 하나님의 각종 지혜를 알게 하고, 궁극적으로 그리스도 안에서 온 우주가 하나 되게 하는 역할을 해야 한다.

교회가 이러한 역할을 감당하기 위해서는 각 성도의 개인적인 삶과 성도 간의 상호관계도 중요하지만, 무엇보다도 교회를 구성하는 가정 구성원 간의 상호 관계가 중요하다. 왜냐하면, 각 가정의 구성원이(아내와 남편, 부모와 자녀) 하나 되지 못하면 교회가 하나 될 수 없고, 교회가 그리스도 안에서 하나 됨의 비밀을 세상에 보여주지 못한다면 온 우주가 그리스도를 중심으로 하나 되는 복음의 비밀 속에 담긴 하나님의 궁극적 목적을 구현해 낼 수 없기 때문이다. 이를 위해서 아내는 남편의 권위를 인정하고 자발적으로 복종해야 한다. 성도가 하나님의 은혜에 감사하여 그리스도께 자발적으로 복종하듯이 남편을 대해야 한다. 남편은 아내 사랑하기를 그리스도께서 자신을 주심같이 해야 한다. 남편에게는 아내가 남편에게 복종하는 것보다 더 큰 희생과 사랑이 요구된다. 예수님이 목숨을 아끼지 않고 십자가에서 죽으신 것처럼, 남편도 그와 같이 아내를 사랑해야 한다. 그렇게 할 때, 부부가 하나 됨을 이룰 수 있다.

자녀는 부모에게 순종하고 부모를 공경해야 한다. 현대 많은 젊은이는 부모의 가르침이나 지도를 무시하고 자기 뜻대로 하려고 한다. 심지어 성경적으로 바르게 양육해도 부모의 조언을 잔소리나 간섭으로 치부할 때가 많다. 모든 부모는 완벽하지 않다. 때로는 부모가 부족한 모습을 보일 수도 있다. 그러나 부모의 모습이 어떠하든지, 자녀는 예수님을 믿기 때문에 부모에게 순종해야 한다. 부모는 주의 교훈과 훈계로 자녀를 양육하여 자녀를 노엽게 하지 말아야 한다. 많은 경우 부모는 자기 분을 못 이겨 자녀에게 함부로 대하거나 부모에게 주어진 권위를 남용하는 경우가 많다. 이 때문에 자녀는 부모를 신뢰하지 못하고 그 말에 불순종하며, 그 관계가 단절된다.

이 모든 관계가 혈과 육의 문제인 것 같지만, 자칫 아내나 남편 그리고 자녀와 부모 중 누구든지 상대를 영적으로 실족하게 할 수 있으므로 이러한 관계는 영적인 문제이다. 그리고 이 영적인 문제에서 승리하기 위해서는 항상 말씀과 기도로 무장해야 한다. 그렇게 할 때, 가정과 교회를 통해 하나님의 지혜가 얼마나 풍성한지 세상에 보이고, 이를 통해 그리스도를 중심으로 한 우주적인 하나 됨을 이룰 수 있다.

[참고문헌]

고재봉, "에베소서 6장 10~20절의 하나님의 전신갑주,"『복음과실천』15(1993), 11-29.
김병권, "에베소서에 나타난 바울 윤리의 특징,"『복음과실천』42(2008), 93-120.
김상수, "에베소서의 교회론적 특징에 관한 연구,"『성서마당』110(2014), 189-209.
김성중, "코로나19 시기 이후의 기독교 교육의 방향,"『기독교교육논총』 63(2020), 39-64.
류호성, "전인적 치유: '성령의 전신갑주를 입어라'-에베소서 6:10-20,"『성서마당』 136 (2020), 60-72.
박영진, "에베소서 2:1과 2:5의 kai.에 대한 해석과 문맥적 의미,"『선교와신학』 45(2018), 79-109.
서동수, "에베소서에 나타난 심층-구조적인 교회론,"『신학논단』 92 (2018), 187-220.
신승범, "엔데믹 시대, 가정신앙교육의 방향에 관한 연구,"『신학과 실천』 82(2022), 613-36.
신현광, "교육 목회와 가정의 신앙교육에 대한 고찰,"『신학과실천』 47(2015), 373-99
이정관, "가정에서 자녀교육을 위한 의사소통,"『기독교교육논총』68(2021), 113-40.
전병철, "한국교회학교의 위기의 내적인 요인 심층분석,"『ACTS 신학저널』 30(2016), 141-77.
조경철, "에베소서 윤리의 교회론적 성격과 근거에 관한 연구,"『기독교사상』409(1993), 88-108.
조경철, "에베소서의 윤리와 신학에 eog나 개론적 고찰,"『신약논단』 2(1996), 133-48.
조미영, "엔데믹 시대의 포용과 연대를 지향하는 기독교교육 연구,"『기독교교육정보』 79(2023), 403-37.
조호영, "에베소서의 정황에서 바라본 뉴노멀 시대의 '변화'에 대한 재고(再考),"『신학지 남』87/3(2020), 215-39.
Clinton E. Arnold, *Power and Magic: The Concept of Power in Ephesians*(Eugene: Wipe&Stoke, 2001).
Eckhard J. Schnabel, *Acts* (ECNT; Zondervan: Grand Rapids, 2012).
Clinton E. Arnold, *Ephesians* (ECNT; Zondervan: Grand Rapids, 2010).

[Abstract]

# The Proper Relationship between the Church and the Home in the Endemic Era: Focusing on Ephesians

Prof. Dr. KiCheol Joo
(Faculty of Theology)

Over the past few years, Korean Churches have faced unspeakable difficulties as they passed through the Covid-19 pandemic era. Social distancing led to the suspension of face-to-face worship, resulting in a situation where Sunday school education could not be conducted. As a result, religious education at home had to be implemented, and this resulted in a positive outcome where churches and homes cooperated for children's religious education. However, as we enter the endemic era and return to the previous situation, the churches are pondering whether they can continue to cooperate in church education. Also, after the pandemic, various forms of Christians have emerged, causing confusion regarding identity as church and Christians.

The purpose of this paper is to examine how Korean Churches can solve the difficult situation mentioned above by looking at the relationship between the home and the church presented in Ephesians. It will argue that when the church and the home as an inevitable cooperative relationship bear the role of preaching the mystery of the gospel everywhere they belong, they can achieve the unification of the entire universe in Christ. To do this, it will examine the situation of the Ephesus region and the saints, what is the mystery of Christ, and what is God's will for us to achieve through it. Furthermore, it will argue that when the saints are victorious in the spiritual warfare given to them, they can fully fulfill God's will by looking at the relationship between the church and the home.

Keywords: Endemic era, Church and home in the endemic era, Ephesians household code, Mystery of Christ, Spiritual warfare

# 루터의 섭리론: 그의 창세기 2-3장 강해를 중심으로

이신열 (고신대학교 교수, 교의학)

**[초록]**

본 논문은 루터의 섭리론을 그의 창세기 2-3장 강해를 중심으로 살펴보았다. 이에 앞서 간략하게 창세기 1장 강해에 나타난 그의 창조론을 고찰했는데 그의 창조론은 보존이라는 섭리의 요소에 의해서 강하게 지배되는 경향을 지닌다. 이런 이유에서 루터는 하나님을 창조자임과 동시에 섭리자로 기술한다. 창세기 2장 강해에 나타난 루터의 섭리론은 하나님의 보존과 통치라는 두 개념으로 구성된다. 먼저 루터는 보존을 피조세계의 보존과 인간의 보존이라는 관점에서 고찰한다. 통치는 주로 교회와 가정이라는 두 가지 수단을 통해서 인간에 대한 통치가 이루어지는 것으로 파악되었다고 볼 수 있다. 여기에서 루터의 섭리론의 범주가 교회론과 윤리의 범주로 확장되는 것을 확인할 수 있다. 창세기 3장 강해에 나타난 루터의 섭리론은 구체적으로 하나님의 통치에 대한 부정으로서 인간의 반항 (죄악)과 이에 대한 하나님의 응답을 다루고 있다. 이 신적 응답의 구체적 내용이 어떻게 섭리의 궁극적 목적으로서 구원으로 나타나는가에 대해서 살펴보았다. 또한 창세기 3장에 나타난 인간 타락 이후의 에덴 동산에서 인간의 축출이 섭리론적으로 어떤 의미를 지니는가를 살펴보았는데 이는 크게 인간의 죄악에 대한 하나님의 경고라는 차원과 인간 구원을 향한 예비적 차원으로 나누어서 고찰되었다는 사실을 살펴보았다.

키워드: 마틴 루터 (1483-1546), 섭리론, 보존, 통치, 창세기 2장, 창세기 3장

## 시작하면서

본 논문에서는 16세기 독일의 종교개혁자 마틴 루터 (Martin Luther, 1483-1546)의 섭리론을 고찰하되 그의 창세기 2-3장 강해에 집중하고자 한다. 루터는 종교개혁의 선두 주자로서 개신교의 시작, 특히 독일 개신교 형성에 지대한 영향력을 행사했던 인물이었다. 그에 대한 수많은 연구들이 진행되었지만 섭리론에 대한 연구는 상당히 찾아보기 힘들다. 2014년에 발간된 『옥스퍼드 마틴 루터 신학 핸드북』(The Oxford Handbook of Martin Luther's Theology)을 살펴보면 교리적 주제로서 섭리론은 이에 포함되지 않았음을 발견할 수 있다.[1]

본 논문에서는 이런 학문적 갭 (gap)을 채우기 위한 노력의 일환으로서 그의 섭리론을 고찰하되 개혁주의적 관점에서 이를 비판하려는 시도도 아울러 포함하고자 한다. 본 논문은 다음의 소단락을 설정해서 고찰하게 될 것이다: 섭리론 이해를 위한 창조론, 창세기 2장의 섭리론, 창세기 3장의 섭리론, 그리고 아담의 에덴동산에서의 축출과 하나님의 섭리.

### 1. 섭리론 이해를 위한 창조론: 창세기 1장에 나타난 창조와 보존의 관계를 중심으로[2]

이 단락은 창조와 섭리 교리의 상호적 연관성에 근거하여 접근한다. 창조론의 후속 (sequel)[3]으로서 섭리론은 창조를 떠나서 상상될 수 없으며 창조를 전제로 삼고 하나님의 모든 사역을 다루는 교리에 해당된다. 종교개혁자 칼빈이 주장한 바와 같이 창

---

[1] Robert Kolb, Irene Dingel and L'ubomír Batka (eds.), *The Oxford Handbook of Martin Luther's Theology* (New York: Oxford University Press, 2016). 비록 톰슨 (Mark Thompson)이 "하나님과 역사 (Luther on God and History)"라는 제목으로 섭리론의 일부를 고찰하지만 이를 본격적인 고찰로 보기에는 어려움이 있다. 이 단행본의 127-42에 실려 있다.

[2] 루터의 창세기 1장 이해에 나타난 창조론에 대해서는 다음을 참고할 것. David Löfgren, *Die Theologie der Schöpfung bei Luther* (Göttingen: Vandenhoeck & Ruprecht, 1960), 21-60; Johannes Schwanke, *Creatio ex nihilo: Luthers Lehre von der Schöpfung aus den Nichts in der Großen Genesisvorlesung* (1535-1545) (Berlin: Walter de Gruyter, 2004), 87-112; 이신열, "루터의 창조론에 나타난 과학적 사고: 창세기 1장을 중심으로", 『창조와 섭리: 종교개혁에서 한국개혁신학까지』 (부산: 개혁주의학술원, 2021), 17-50.

[3] David Fergusson, *The Providence of God: A Polyphonic Approach* (New York: Cambridge University Press, 2019), 1. 파이퍼는 섭리는 창조를 전제로 삼으며 창조는 섭리를 위한 장을 마련한다는 설명을 제공한다. John Piper, *Providence* (Wheaton, IL: Crossway, 2020), 59.

조가 만약 그 자체로서 그친다면 이는 냉랭하고 메마른 사고에 지나지 않을 것이다. "하나님이 만물의 창조주이심을 발견한 다음에는 곧 바로 그가 또한 영원하신 통치자요 보존자시라고 결론을 내리게 되는 것이다."[4] 바빙크는 창조와 섭리의 밀접한 관련성을 창세기 1장의 창조기사에서 발견하여 이를 보존과 통치라는 섭리의 두 요소를 활용하여 다음과 같이 설명한다. "어쨌든 1절에서 하나님이 천지를 창조한 같은 순간에, 천지는 또한 하나님에 의해 보존된다. 창조는 곧 바로 그리고 즉각적으로 '보존과 통치'로 넘어간다."[5]

바빙크는 창조와 섭리의 연결 고리를 사실상 보존으로 보았는데 루터는 창조와 섭리 교리 모두와 관련하여 보존의 교리를 고찰한다. 하나님은 그에게 창조자임과 동시에 보존자로 나타나신다. 루터는 창조와 보존의 상관관계를 설명하면서 창조가 발생한 후에 즉각적으로 보존으로 넘어간다는 바빙크의 사고와 근접한다. 바빙크에게 하나님의 피조물은 섭리를 통해서 보존된다. 루터도 보존을 통하여 창조가 발생한다는 사실을 강조한다. 예를 들면, 둘째 날에 하나님이 궁창을 창조하신 사건에 대해서 궁창이 창조된 후에 하나님의 전능을 동반하는 보존을 통해서 그 이후 지속적으로 존재하게 되었다고 주장한다.

> 그러나 어떤 저자가 이 액체와 불안정한 물질에 그런 단단함을 더할 수 있겠는가? 자연은 확실히 그렇게 하지 않는다. 더 쉬운 상태에서도 자연이 이 성취를 이룩하는 것은 불가능하다. 따라서 이것은 하늘과 그 미끄러운 물질을 향하여 "궁창이 있으라"라고 말씀하신 분의 사역이며 그들 모두에게 힘을 주시고 그것을 자신의 전능으로 보존하시는 그분의 사역이다.[6]

이 인용문을 통해서 하나님은 창조자임과 동시에 보존자로 나타난다는 사실을 확인할 수 있다. 달리 말하면, 이는 그의 창조사역과 보존사역은 동일한 것으로 간주될

---

4) John Calvin, *Institutes of Christian Religion*, 1.16.1. 이하 Inst.로 표기함.

5) Herman Bavinck, *Gereformeerde dogmatiek 2*, 박태현 옮김, 『개혁교의학 2』 (서울: 부흥과 개혁사, 2011), 600.

6) Martin Luther, *Luther's Works*, vol. 1, ed. Jaroslav Pelikan (St. Louis: Concordia Publishing House, 1961), 25. 이하 LW로 표기함 (WA 42, 20, 20-24; 창 1:6 주석): "Sed hunc firmitatem iusti fluxii et vagae substantiae quis Autor addit? Profecto Natura non facit, quae in levioribus id praestare non potest. Igitur istius hoc opus est, qui ad coelum et lubricam istam substantiam dicit: Sis Firmamentum, ac verbo facit, ac verbo ista omnia firmat et conservat pro sua omnipotentia."

수 있음을 의미한다. "우리 기독교인들은 하나님과 함께 창조하는 것과 보존하는 것이 동일함을 안다."[7] 창 1:3을 주해하면서 루터는 만물이 말씀을 통해 창조되었고 지금까지 그 말씀에 의해 보존된다고 주장한다.[8] 그렇다면 어떤 방식으로 창조와 보존의 행위가 구분될 수 있는가? 루터는 창조는 말씀을 통해서 이루어지는 하나님의 행위로 이해한다. "하나님은 소위 창조하시는 화자이시다(Dicit enim Deum esse, ut sic loquar, Dictorem, qui creat, ...)." 이 문장은 창조가 말씀의 행위이며 이 말씀을 통해서 창출된 결과물로서 만물이 존재하게 되었다는 사실을 설명한다.[9] 창조의 첫째 날 하나님의 말씀을 통해 이전에 존재하지 않았던 빛이 존재하게 되었으며 그 결과 어두움은 빛이라는 자연물, 즉 가장 탁월한 피조물로 변화되었다. 창조는 전능한 말씀을 통해서 발생하며 말씀은 이 창조의 도구(medium)이자 수단(instrumentum)에 해당된다.[10] 보존은 하나님의 어떤 행위인가? 루터는 창조와 마찬가지로 보존을 무로부터 비롯되는 하나님의 행위로 이해한다. 보존은 창조에 의존적이며 이를 전제로 삼는 행위에 해당된다. 보존은 창조를 통해 부여된 존재를 지속 가능하게 한다. 첫째 날 피조된 빛에 대해 설명하면서 이 빛이 어두움에서 전환되어 창출된 빛이었기 때문에 태양빛과 같이 분명하거나 찬란하지 않았다고 보았으며 이 빛을 조악하고 (rudis) 거친(crassa) 빛으로 이해했다.[11] 이 원시적 빛이 넷째 날에 태양, 달, 그리고 별들의 창조에 의해서 소멸된 것이 아니라 오히려 그 강도가 증가되었고 완전하게 되었다고 주장한다.[12] 첫째 날에 피조된 빛은 계속해서 보존되었고 넷째 날에 이르러 태양의 창조에 의해서 완전한 모습을 지니게 되었다고 볼 수 있다. 여기에서 첫째 날의 빛이 넷째 날의 태양에 의해서 보존되었을 뿐 아니라 전자는 후자를 위한 씨앗처럼 작용하여 빛이 결과적으로 더 아름답고 더 완전한 모습을 지닐 수 있게 되었다.[13] 여기에서 창조의 개념이 보존의 개념과 중첩되며 두 개념의 동질화를 논의할 수 있는

---

7) LW 4, 136 (WA 43, 233, 24-25, 창 22:13 주석). Schwanke, *Creatio ex nihio*, 141-42.
8) LW 1, 21 (WA 42, 17, 11-13; 창 1:5 주석).
9) LW 1, 16 (WA 42, 13, 31-32; 창 1:3 주석). Oswald Bayer, *Schöpfung als Anrede* (Tübingen: J. C. B. Mohr (Paul Siebeck), 1986), 5-6. 바예르는 루터가 창조를 의사전달 (Anrede)로 간주했다는 설명을 제공한다. 그러나 다른 곳에서 그는 창조를 피조물의 불평 (Klage)에 대한 하나님의 응답 (Antwort)로 제시하는데 이는 루터의 사고와는 다른 것으로 보인다.
10) LW 1, 16 (WA 42, 13, 17; 창 1:3 주석).
11) LW 1, 20 (WA 42, 16, 6; 창 1:3 주석).
12) LW 1, 40 (WA 42, 30, 27-28; 창 1:14 주석).
13) LW 1, 40 (WA 42, 30, 33-34; 창 1:14 주석).

근거가 마련되었다고 볼 수 있다. 그렇다면 보존은 창조를 전제로 삼고 창조의 결과로 생성된 피조물의 장식과 발전을 불러일으키는 하나님의 행위로 간주되는데 보존이 창조 후에 발생하는 하나님의 행위라는 사실에 창조에 대한 차이점이 놓여 있다고 볼 수 있다.[14]

## 2. 창세기 2장의 섭리론

### 2.1. 문자적 해석과 섭리: 오리겐의 우화적 해석에 대한 비판

루터의 창세기 2장 주해에 나타난 두드러진 특징 가운데 하나는 이 장에 기록된 창조의 사건들을 1장과 마찬가지로 문자적으로 이해한다는 사실이다. 그는 오리겐 (Origen)이 에덴동산에 대해서 우화적 해석을 선택한 것에 대해서 비판한다.[15] 그가 동산을 천국으로, 나무를 천사로, 그리고 강들을 지혜로 해석하는 것은 전혀 신학자답지 못한 것인데 그 이유는 모세가 역사를 기록했다는 사실을 망각하고 있다고 보았다.

루터가 창세기 2장에 나타난 인간의 모습을 해석하면서 이를 보존의 관점에서 파악할 수 있었던 근거가 그의 문자적 해석에 놓여 있다. 루터는 문자적 해석을 통해서 아담, 에덴동산, 그리고 동산의 생명나무와 선악을 알게 하는 나무의 존재가 역사적 사실이라고 주장했다.[16] 에덴동산은 탁월하고 모든 여건이 뛰어난 곳에 자리 잡게 되었으며 대홍수까지 남아있었다고 보았다. 대홍수가 끝나고 동산은 천사들에 의해서 사람들의 출입이 차단되었고 그 이후로 이 동산은 사람들의 기억 속에 잊혀지게 되었던 것이다.

### 2.2. 보존과 통치
### (1) 보존

창세기 2장에서 보존의 개념은 크게 두 가시로 나누어진다: 세계의 보존과 인간의 보존.

---

14) Bavinck, 『개혁교의학 2』, 599, 625-27. 바빙크는 이 개념을 보존보다는 '두 번째 창조' (creatio secunda)라는 용어를 사용하여 설명하기를 선호한다. 그는 창조의 6일 가운데 첫 사흘 동안에 발생한 창조를 첫 번째 창조 (creatio prima)로, 그 다음 사흘 동안에 발생한 창조를 두 번째 창조로 간주한다.
15) LW 1, 90 (WA 42, 68, 26-29; 창 2:8 주석).
16) LW 1, 89-92 (WA 42, 67-69; 창 2:8-9 주석).

첫째, 세계의 보존은 에덴동산에서 첫 번째 인간 아담이 행했던 노동을 통해서 파악될 수 있다. 동산에서의 노동은 하나님의 명령에 의해서 인간에게 부과된 임무이기도 했다. 이 노동은 다시 땅의 경작과 동산의 보호 두 가지로 나누어진다.[17] 그러나 이 두 가지는 마치 동전의 양면과도 같은 것으로 아담은 땅을 경작하고 경작한 땅을 지키고 보호해야 했다. 타락 이전의 상태에서 아담에게 주어졌던 노동은 의무보다는 오히려 즐거움에 더 가까웠다고 볼 수 있다. "만약 아담이 무죄(innocence)의 상태에 머물렀다면, 그는 땅을 경작하여 아무런 불편함 없이 향기나는 작은 허브들을 심었을 뿐 아니라 이 일은 그 자체로서 놀이이자 굉장한 즐거움이었을 것이다."[18] 처음에 루터는 이렇게 이 사실을 분명히 인정했지만 그 후에 그는 자신의 주장에서 약간 물러서는 듯한 주장을 내세운다. 왜냐하면 타락 이후에 노동은 더 이상 놀이와 즐거움이 아니라 형벌일 수 있다고 이해했기 때문이다. 그렇다면 노동에 대해서 그는 무죄의 상태에서도 인간은 여가가 아니라 노동을 위해서 창조되었다는 결론을 도출한다.[19] 그는 로마 가톨릭의 신부나 수녀들을 나태한 행태를 비판하면서 인간이 게으름의 죄악에 빠지지 않고 부지런히 자신에게 주어진 임무에 충실해야 한다는 사실을 강조하고자 했던 것이다.

둘째, 인간의 보존을 위해서 하나님께서 동산에 생명나무와 선악을 알게 하는 나무를 두셨다. 인간의 보존에 대한 루터의 논의는 하나님께서 특별히 동물의 거주지 보다 훨씬 더 나은 거주지인 에덴동산을 허락하셨다는 사실에서 출발한다.[20] 이 동산의 존재는 역사적이었으며 이는 인간을 향한 하나님의 특별한 돌보심을 의미할 뿐 아니라 이 돌보심의 특별함을 강조하기 위해서 인간과 동물 사이의 차이점을 강조한다. 동물은 지구상의 모든 땅에서 식물을 섭취하여 생존할 수 있었지만 이와 달리 인간에게는 동산에 특별한 나무들, 특히 보기에 아름답고 먹기에 즐거운 나무들을 제공하셔서 그의 삶이 영위될 수 있도록 하셨다. 이런 맥락에서 루터는 에덴동산에서 인간이 지속적으로 보존되었을 뿐 아니라 더 나아가서 독특한 문화 (singluari cultu)를 발전시킬 수 있었다고 보았다.[21]

---

17) LW 1, 102 (WA 42, 77, 29-30; 창 2:15 주석).
18) LW 1, 102 (WA 42, 78, 3-5; 창 2:15 주석): "Si igitur Adam mansisset in innocentia, coluisset terram, plantasset aveolas aromatum, non solum sine molestia, sed quasi per lusum et cum summa voluptas."
19) LW 1, 103 (WA 42, 78, 26-27; 창 2:15 주석).
20) LW 1, 91 (WA 42, 69, 7-11; 창 2:8 주석).
21) LW 1, 91-92 (WA 42, 69, 35-37; 창 2:9 주석).

이 동산의 중앙에 위치한 생명나무의 열매를 먹음으로서 인간의 육체는 활력을 유지할 수 있었고 질병과 피로에서 벗어나서(sine morbis, sine fatigatione) 자유로울 수 있었다.22) 루터는 생명나무가 인간에게 지속적인 젊음(perpetua iuventa)을 가능하게 했으므로 그는 노령으로 인한 불편함을 감수할 필요가 없었다고 주장한다. 달리 말하면, 이 생명나무는 마치 치료제와 같이 작용하여 인간에게 젊음과 완전한 건강을 지속적으로 유지할 수 있게 해주었다고 볼 수 있다. 어떻게 생명나무의 열매가 인간의 젊음을 유지할 수 있도록 했는가 라는 질문에 대한 루터의 대답은 신적 전능성으로 나타난다. "그가 말씀하셨으니 이루어졌다(ipse dixit et facta sunt)."23)

생명나무와 더불어 선악을 알게 하는 나무가 주어졌는데 이 나무는 아담에게 하나님을 향한 예배와 경외심을 표현하기 위해서 주어졌던 것이다.24) 하나님은 인간의 삶에 필요한 모든 것을 제공하셔서 그의 생명이 안전하게 보존되도록 하셨을 뿐 아니라 즐거움 또한 허락하셨다. 이렇게 하나님께서 그의 선하심 가운데 인간의 삶에 필요한 환경을 넘치도록 완벽하게 조성하신 목적은 그로 하여금 자신의 창조주를 인식하고 그에게 경외감과 순종을 요구하셨던 것이다. 루터는 생명나무를 통해서 인간의 육체적 삶의 보존에 관한 모든 것을 제공하신 하나님께서 이제 선악을 알게 하는 나무를 통해서 그가 경배받을 성전을 건축하셨다고 보았다.25) 아담에게 이 나무는 이제 교회, 제단, 그리고 설교단을 상징했으며 하나님에 대한 경외감과 순종을 표현하는 외적이며 물리적인 방식으로 작용했던 것으로 볼 수 있다. 그러나 루터는 인간이 범죄 타락했을 때 이 나무는 이제 선과 악을 분별하는 나무가 아니라 저주의 나무(arbor maledictionis)가 되었다는 설명을 제공한다.26)

## (2) 통치 (government): 교회와 가정

하나님은 섭리자로서 통치자이신데 그의 통치는 물리적인 측면과 영적인 측면을 모두 지닌다. 루터에게 물리적 통치 또는 우주적 통치는 적어도 창세기 2장에서 주된 관심은 아닌 것으로 보인다.27) 1장에 나타난 통치의 개념은 인간을 통한 세상의 정복

---

22) LW 1, 92 (WA 42, 70, 15-16; 창 2:9 주석).
23) LW 1, 93 (WA 42, 70, 32; 창 2:9 주석).
24) LW 1, 94 (WA 42, 71, 32-34; 창 2:9 주석).
25) LW 1, 94-95 (WA 42, 72, 15-17; 창 2:9 주석).
26) LW 1, 97 (WA 42, 73, 40-41; 창 2:9 주석).
27) LW 1, 94 (WA 42, 72, 14-15; 창 2:9 주석). 이 구절에 대한 주해에서 하나님께서 인간을 다른 피조물들의 왕으로 삼으셨다는 사실이 언급된다.

과 이를 통해서 주어지는 하나님의 통치에 관한 것으로 볼 수 있다.28) 그러나 2장에 나타난 통치는 주로 영적 통치에 해당된다. 이 통치는 교회와 가정에서 이루어지며 말씀을 수단 또는 도구로 삼아 발생하는 통치를 뜻한다. 루터는 이 통치가 가정과 국가보다 교회에서 먼저 시작되었다고 주장한다.29) 왜냐하면 2:16에 아직까지 하와가 창조되지 않았을 뿐 아니라 죄가 발생하기 전에 국가의 통치 필요성 또한 제기되지 않기 때문이다. 그러나 교회가 가정이나 국가보다 먼저 제정된 이유는 인간이 다른 피조물들과는 다른 목적으로 지음 받았다는 사실에 놓여 있다.30) 이 구절을 통해서 하나님께서 아담에게 설교하셨고 그의 말씀을 아담에게 허락해 주셨던 것이다. 만약 아담이 무죄의 상태에 계속 머물렀다면, 이 설교는 마치 성경과 같은 기능을 담당했을 것이라는 추론도 가능해진다.31) 그렇다면 여기에 나타난 통치의 개념은 루터에게 교회와 말씀을 통한 통치를 의미하며 그 대상은 사실상 인간에게 국한된다고 볼 수 있다. 이런 맥락에서 아담이 동물들의 이름을 정하는 행위를 언급하는 2:19-20에 대한 주해에서 루터는 동물을 포함한 피조세계에 대한 인간의 통치라는 개념을 전혀 다루지 않는다. 이 구절들의 강해에 나타난 그의 강조점은 인간이 동물을 포함한 모든 살아있는 생물들에게 이름을 부여한 행위가 인간과 동물의 차별화와 후자에 대한 전자의 우월함을 표현한다는 사실에 놓여 있다.32)

가정에 대한 하나님의 통치는 인간의 육체적 지속이라는 차원과 함께 다루어진다. 하나님께서 아담의 갈비뼈 하나를 취하여 하와를 창조하신 사건에 대해서 루터는 먼저 아담이 깊은 잠 속에 빠졌던 사건을 자세하게 고찰한다. 지금까지 제6일에 발생했던 사건들(아담의 창조, 동물들을 그 앞에 끌어오심, 선악을 알게 하는 나무에 대한 하나님의 명령, 하와의 창조)이 역사적으로 실제적으로 발생했다고 주장해 왔다.33) 그

---

28) 창 1:26, 28에 언급된 다스림의 개념과 하나님의 형상과의 관계에 대한 간략한 고찰로는 다음을 참고할 것. J. Richard Middleton, *The Liberating Image*, 성기문 옮김, 『해방의 형상: 창세기 1장의 이마고 데이 (Imago Dei)』 (서울: SFC출판부, 2009), 62-68. 이 구절에 사용된 히브리어 동사 '라다'와 '카바쉬'가 통치를 의미하는가에 대한 찬반양론도 개괄적으로 소개된다.

29) LW 1, 103 (WA 42, 79, 3-4; 창 2:16 주석). 에덴동산에서 교회의 기원과 기능에 대한 루터의 이해로는 다음을 참고할 것. John A. Maxfield, *Luther's Lectures on Genesis and the Formation of Evangelical Identity* (Kirksville, MO: Truman State University Press, 2008), 151-57.

30) LW 1, 104 (WA 42, 79, 21-23; 창 2:16 주석).

31) LW 1, 105 (WA 42, 80, 3-4; 창 2:16 주석).

32) LW 1, 119-22 (WA 42, 90-92; 창 2:19-21 주석).

33) LW 1, 121-22 (WA 42, 91-92; 창 2:20-21 주석).

러나 아담의 잠과 관련해서 어떤 일이 발생했는가에 대해서는 자신의 추론을 제기한다. 루터는 하나님이 아담이 잠들어 있는 동안에 그의 육체가 아닌 영혼에 변화를 초래했다고 주장했다. 달리 말하면, 그는 아담이 아무런 고통을 경험하지 않고 영적 삶, 즉 무죄의 상태로 변화되었다는 설명을 제공했던 것이라고 볼 수 있다.[34] 그러나 이 추론은 상당한 반대 또는 도전을 부르는 개념에 해당된다. 루터가 비록 이 내용에 대해서 문자적 해석을 표방했지만, 내용적으로 살펴본다면 그의 주장은 사실상 신빙성이 확보되기 어려운 내용이다. 그가 어떤 방식으로 원래 의로운 존재였는데 이 잠을 통해서 무죄의 상태로 들어가게 되었는가에 대한 충분하고 설득력 있는 설명을 제시하지 못한 것으로 보인다.

그럼에도 불구하고 루터의 강조점은 하나님께서 아담에게 하와를 허락해주셔서 가정을 이루게 하셨고 가정을 통치 대상으로 삼으셨다는 사실에 놓여 있다. 루터가 제시한 아담의 다음 표현이 그가 하와와 이루게 되었던 가정이 하나님의 통치 대상이라는 점과 이 통치에 대한 그의 순종을 적절하게 묘사한다. "그러나 이것은 마지막으로 내 살중의 살이며 내 뼈 중의 뼈이다. 나는 그녀와 함께 살아가고 후손을 낳음으로서 하나님의 뜻에 순종하기를 원한다."[35]

## 2.3. 루터의 생명나무 해석에 대한 개혁신학의 비판

개혁신학자들은 대체로 창세기 2장에 언급된 생명나무와 관련하여 하나님이 아담에게 주신 약속 또는 명령을 행위언약(covenant of works)의 관점에서 이해한다. 예를 들면, 칼빈은 성례에 대한 해설에서 창 2:9에 언급된 생명나무를 불멸에 대한 보증물로 주셨다고 말한다.[36] 여기에서 보증물은 사실상 성례로 간주되었던 것이다. 생명나무 자체가 생명을 주는 것이 아니라 이는 하나님의 약속의 말씀이 담긴 언약의 증거물이었다. 이와 유사한 맥락에서 17세기 네덜란드의 개혁신학자 코케이우스(Johan Cocceius, 1603-1669)는 이 생명나무가 생명의 근원이시며 인류의 생명되시는 그리스도를 상징한다고 주장했다.[37] 마스트리히트(Petrus Maastricht,

---

34) LW 1, 130 (WA 42, 97, 35-38; 창 2:21 주석).
35) LW 1, 136 (WA 42, 102, 29-31; 창 2:23 주석): "Haec autem est tandem caro de mea carne et os de meis ossibus, cum qua cupio vivere et voluntati Dei in propaganda posteritate obsecundare."
36) Inst., 4.14.18.
37) Johannes Cocceius, *Summa Theologia ex Scriptura repetita* (Amsterdam, 1665), XXII, 38. Heinrich Heppe, *Reformierte Dogmatik*, 이정석 옮김, 『개혁파 정통교의학 1』, (고양:

1630-1706)는 생명나무의 성례가 순종의 보상으로 가장 축복된 생명을 보증한다고 믿었다. 이와 같이 대부분의 개혁파 신학자들은 이 나무를 상징적 또는 성례전적으로 해석하는데 이는 루터가 취했던 문자적 해석과는 차이가 있다.[38] 바빙크는 개혁파 신학자들이 생명나무의 열매를 먹은 것이 육체적 생명에 영향을 미쳤다는 견해를 로마 가톨릭의 사효적(ex opere operato) 해석과 유사한 것으로 보았기 때문에 이를 거부했다는 설명을 제공한다.[39] 루터의 문자적 해석은 이 점에 있어서 사효적 해석과 유사한 것으로 보인다.

## 3. 창세기 3장의 섭리론

### 3.1. 신적 통치에 대한 부정으로서 인간의 죄악

먼저 2장에서 언급된 아담의 불순종은 3장에서 하와와 아담의 죄로 구체화되며 이 죄의 결과인 타락에 대해서 더욱 구체적으로 설명한다.[40] 2장에서는 이 죄를 아담의 불순종으로 간략하게 언급했다면 3장은 이 죄가 아주 영리한 뱀으로 상징되는 사탄의 음모에서 시작되었다는 사실을 밝힌다. 아담의 불순종이 죽음의 결과를 낳았다는 상대적으로 간략한 서술(2장)은 3장에서 사탄의 꾀임과 속임수에 넘어가서 하나님을 대적하고 대신에 사탄을 새로운 신으로 섬기게 된 하와와 아담의 본격적인 모습으로 묘사된다.

뱀을 통한 사탄의 유혹의 궁극적 목적은 하와에게 하나님의 말씀에 대한 의심을 불어 넣고 결국 이에 대한 신뢰를 상실하도록 만드는데 놓여 있었다. "참으로 모든 죄의 근원은 불신과 의심과 더불어 말씀으로부터 떠나는 것이다." "모든 죄의 근원은

---

크리스챤다이제스트, 2000), 435.

38) Petrus Maastricht, *Theoretico-practica Theologia* (Utrecht/Amsterdam, 1725), III, XII, 20. Heppe, 『개혁파 정통교의학 1』, 435.

39) 바빙크, 『개혁교의학 2』, 717-18. 생명나무가 그 자체 안에 생명의 힘을 지녔다는 주술적이고 신지학적 견해가 일부 초기 개혁신학자들 (파레이우스, 리베투스, 잔키우스 등)에 의해 옹호되었으나 점점 만장치로 거부되었다. 루터는 이 나무 자체에 생명이 깃들여 있다는 견해를 배격했지만 나무의 열매를 취한 결과 인간이 엄청나게 탁월한 건강을 지속적으로 유지했다는 해석을 옹호하여 이를 우화가 아니라 역사적 사실로 간주했다. LW 1, 92-93 (WA 42, 70, 14- 71, 17, 창 2:9 주석).

40) 창세기 2장과 3장에 나타난 인간의 부패 타락에 대한 루터의 견해를 요약적으로 제시한 글로는 다음을 참고할 것. Ulrich Asendorf, *Lectura in Biblia: Luthers Genesisvorlesung (1535-1545)* (Göttingen: Vandenhoeck & Ruprecht, 1998), 327-46.

불신이다; 사탄이 말씀을 몰아내거나 경멸하여 이 불신을 초래했을 때, 그에게 아무 것도 쉽지 않은 것은 없었다."41) 이렇게 사탄의 유혹을 통해 발생한 하와와 아담의 죄악은 엄청난 부패이었고 그들은 하나님의 친구였던 원래 상태에서 하나님의 가장 비참하고(acerbissimum) 가장 완고한(obstinatissimum) 원수로 변화되었다.42) 그들이 하나님의 뜻에 맞서서 사탄에게 복종한 것은 하나님의 통치를 부인하고 그분께 맞서서 반역의 죄를 범하는 것과 동일하다. 루터는 이런 이유에서 이들을 새로운 신을 고안하고 이에 경배하는 우상숭배자들로 간주했던 것을 볼 수 있다.43) 루터는 이들의 죄악을 설명하면서 이를 또한 하나님께서 허락하신 행위로 보았는데 그 결과는 악마가 먼저 뱀에게 들어가도록 허락을 받았고 이 뱀이 하와를 유혹하여 범죄하도록 부추겼다는 사실로 설명된다.44)

여기에서 인간이 범한 죄악에 대한 책임 소재에 관한 질문이 제기될 수 있다. 이는 일반적으로 섭리의 한 요소로서 협력의 교리에 대한 논의에서 일차적 원인과 이차적 원인에 대한 부분으로 볼 수 있다. 바빙크는 하나님이 죄악의 일차적 원인이 아니라고 주장한다. 하나님은 죄악을 방지하시지만 종종 죄를 허용하고 막지 않으신다고 보았다.45)

이 죄악이 인간 자신의 책임인가? 또는 하나님의 책임인가? 루터는 이 문제에 대하여 분명한 대답을 제시한다. 하나님께서 하와에게 "네가 어찌하여 이렇게 하였느냐?"라고 질문하셨을 때 그녀의 대답은 "뱀이 나를 꾀므로 내가 먹었나이다."(창 3:13)라는 대답에 대해서 루터는 이것이 죄책을 하나님께 돌리려는 시도였다고 지적한다.46) 자신의 죄악에 대한 책임을 회피하려는 하와의 태도에서 루터는 그녀가 하나님을 모욕하고 하나님을 죄악의 기원자로 몰아 세웠다고 비판한다.

---

41) LW 1, 149 (WA 42, 112, 20-21; 창 3:1 주석): "Vere enim fons omnis peccati est incredulitas et dubitatio, cum a verbo disceditur."; LW 1, 147 (WA 42, 111, 2-3, 창 3:1 주석): "Fons enim omnium peccatorum est incredulitas; haec cum Satan excusso aut depravato verbo exicitavit, nihil ei non facile est."

42) LW 1, 143 (WA 42, 107, 25-2; 창 3:1 주석).

43) LW 1, 149 (WA 42, 112, 21-22; 창 3:1 주석).

44) LW 1, 151 (WA 42, 114, 12-15; 창 3:1 주석). 루터는 여기에서 뱀이 역사적으로 실존했으며 이 뱀이 실제로 하와에게 말했다고 보았다.

45) Bavinck, 『개혁교의학 2』, 767.

46) LW 1, 179 (WA 42, 133, 30-31; 창 3:12 주석).

### 3.2. 인간의 죄악과 반항에 대한 하나님의 응답

섭리에 대한 인간의 긍정적 반응에 대한 하나님의 응답은 인간에게 지속적 보존을 제공하는 것이었다. 그 결과 인간은 복을 누리고 그는 육체적으로 건강을 유지했을 뿐 아니라 고통이 경감되어 삶의 불편함이 최소화되는 삶을 살 수 있었다. 만약 아담이 에덴동산에서 고통을 겪게 되었다 하더라도, 생명의 나무를 통해서 보호 받을 수 있었는데 이는 섭리에 대한 긍정적 반응을 전제로 하여 이루어졌던 것이다. 그가 하나님의 명령에 지속적으로 순종하는 긍정의 삶을 살아갔다면, 그는 무죄의 상태에 머무를 수 있었을 것이고 이에 대한 응답으로 하나님은 그의 선하심으로 아담의 삶에 풍성함과 편안함, 그리고 생명의 보존을 허락하셨다고 볼 수 있다.[47] 아담이 동산 중앙에 위치한 선악을 알게 하는 나무의 열매를 먹지 말라는 하나님의 명령에 순종하는 것은 곧 하나님에 대한 경외심과 경배를 상징했다. 이런 이유에서 루터가 이 나무 자체가 하나님을 섬기는 성전처럼 작용한다고 거듭해서 주장했던 것을 발견할 수 있다.[48] 이런 긍정적 반응에 대한 응답으로 하나님은 그에게 보존의 은혜를 지속적으로 제공하셨던 것이다.

그러나 아담이 선악을 알게 하는 나무의 열매를 먹지 말라는 하나님의 명령에 지속적으로 순종하는데 실패하여 불순종하게 되었는데 이는 섭리에 대한 그의 부정적 반응을 가리킨다고 볼 수 있다. 이런 부정적 반응에 대한 하나님은 응답은 아담에게 고통과 죽음이라는 형벌을 부과하시는 것으로 나타났다. 그러나 루터는 하나님의 응답이 이렇게 부정적 차원에만 국한된다고 보지 않았다. 하나님께서 하와와 아담에게 형벌을 내리시기에 앞서 먼저 아담을 부르셨다는 사실(창 3:9)에 대해서 루터는 이 부르심이 하나님께서 아담을 심판의 부르심으로 보았다.[49] 이 부르심은 또한 아담에게 죄책을 묻는 질책의 부르심이었으며 영원한 멸망으로의 부르심이었다. 그러나 이 부르심은 그의 자비와 은혜에 근거한 부성적 징계(paterna correptio)의 부르심이었고 하나님은 아담을 면전에서 쫓아내지 않으셨고 오히려 그에게 자신의 부성적 돌보심(paterna cura)과 부성적 마음(paterna animus)을 보여주셨던 것이다.[50] 여기에서 루터가 '부성적'이라는 형용사를 거듭 사용했던 이유는 아담과 하와의 죄악에 대해

---

47) LW 1, 93-94 (WA 42, 71, 24-29; 창 2:9 주석).
48) LW 1, 95 (WA 42, 72, 20-21, 24-29; 창 2:9 주석); LW 1, 154 (WA 42, 116, 7-9; 창 3:1-2 주석).
49) LW 1, 173 (WA 42, 129, 21-22; 창 3:9 주석).
50) LW 1, 181 (WA 42, 135, 11-20; 창 3:13 주석).

서 하나님께서 진노하셨던 것은 마땅하지만, 그 진노 가운데 보존의 섭리를 제공하신다는 사실을 통해서 더 분명하게 드러났다고 볼 수 있다. 루터는 "네가 어디 있느냐?" (창 3:9)와 "누가 너의 벗었음을 네게 알렸느냐?(창 3:11)"는 하나님의 질문에는 이제 온 인류를 향한 그의 사랑이 담겨져 있다고 설명한다.51) 인간의 죄악에도 불구하고 하나님은 그들을 즉시 죽음으로 내몰지 않으시고 그들과 대화하며 그들에게 귀를 기울이시고 부성적 자비를 베푸셨다. 루터는 사탄을 상징하는 뱀은 하나님의 이런 섭리의 대상이 되지 못했으며 그는 단지 하나님의 심판의 자리에 서게 되었을 따름이라고 밝힌다.52)

### 3.3. 섭리의 궁극적 목적: 구원

흔히 원시복음(protoevangelium)53)으로 알려진 창 3:15의 내용은 루터에게 무엇을 의미했는가? 그는 이 구절에 언급된 '여인의 후손'이 누구를 가리키는가에 관해서 명료성과 애매모호함이 함께 존재한다고 주장한다.54) 이 표현은 일반적 의미에서 모든 사람을 지칭함과 동시에 하나의 존재를 지칭하는 이중성을 지니고 있다. 먼저 애매모호함은 모든 사람과 관계된 것이며 명료성은 한 여자의 후손, 즉 마리아의 후손을 가리킨다. 마리아의 후손이라는 표현은 가장 개인적으로 그리고 명료하게 이 후손이 누구인가를 말하는데 이 후손은 구체적으로 하나님의 아들이신 그리스도를 뜻한다. 이런 맥락에서 루터는 사 7:14에 언급된 분명한 약속의 말씀이 마리아가 아들을 낳기까지는 감추어져 있었다고 주장하는데 여기에도 약속의 분명함과 애매모호함이라는 이중성이 작용한다고 볼 수 있다.55)

루터는 "내가 너로 여자와 원수가 되게 하고 네 후손도 여자의 후손과 원수가 되게 하리니"(창 3:15) 라는 뱀을 향한 하나님의 말씀에 그 후손을 통해서 제공되는 하나님의 자비와 은혜가 드러났다고 다음과 같이 선언한다.

---

51) LW 1, 186 (WA 42, 139, 19-21; 창 3:14 주석).
52) LW 1, 186 (WA 42, 139, 15-18; 창 3:14 주석).
53) Claus Westermann, *Genesis 1-11*, trans. John J. Scullion, S.J. (Minneapolis: Fortress, 1994), 260-61. 루터를 포함한 종교개혁자들의 견해를 비교한 글로는 다음을 참고할 것. Tibor Gallus, *"Der Nachkomme der Frau" (Gen 3,15) in der altlutheranischen Schriftauslegung, Bd. 1: "Der Nachkomme der Frau" (Gen 3,15) in der Schriftauslegung von Luther, Zwingli und Calvin* (Klagenfurt: Carinthia, 1964).
54) LW 1, 195 (WA 42, 146, 6-7; 창 3:15 주석).
55) LW 1, 193 (WA 42, 144, 32-36; 창 3:15 주석).

여기에 죄와 불순종이 야기시켰던 진노 가운데서 은혜와 자비가 빛나기 시작한다. 여기에서 가장 심각한 위협 가운데 성부가 그의 마음을 드러내신다; 그는 아들의 죄 때문에 그를 내칠 정도로 화가 난 성부가 아니라, 구원을 보여주시고, 실제로 인간 본성을 속이고 정복했던 원수에 대한 승리를 약속하신 분이시다.56)

여자의 후손으로 오신 하나님의 아들이 뱀의 후손의 머리를 상하게 하셨고 그 결과 아담과 하와의 죄가 용서함을 받았고 그들은 이제 은혜의 영역으로 완전히 들어가게 되었다.57) 아담과 하와에게 주어지는 구원은 구체적으로 무엇을 가리키는가? 이 구원은 여자의 후손이 그의 모든 능력으로서 뱀의 후손을 쳐부수는 행위에서 비롯된다.58) 루터는 이 행위가 하나님의 선하심의 깊이를 드러내는 행위라고 부른다.59) 구원은 하나님이 아담과 하와를 돌아보시는 가운데 발생하되 그가 자기의 선하심의 절정을 드러내는 행위로 간주된다. 여기에서 하나님이 선하심을 드러내는 행위의 핵심에 돌보심이 놓여 있는데 루터는 믿음이 돌보심을 구원으로 인식한다고 보았다.60) 이 돌보심은 섭리의 핵심적 개념에 해당된다. 에벨링(Gerhard Ebeling)은 구원을 피조물을 죄악에서 건져내는 구원으로 보았다.61) 그렇다면 이 섭리의 목적이 구원이 놓여 있다고 볼 수 있는데 이 진리는 개혁파 신학자 벤델리누스(Marcus Fridericus

---

56) LW 1, 189 (WA 42, 141, 36-41; 창 3:15 주석): "Hic enim incipit ex media ira, quam peccatum et inobedientia excitavit, elucere gratia et misericordia. Hic inter medias et gravissimae minas animus Patris se exerit non sic indignantis, ut Filium propter peccatum abiiciat, sed ostendentis salutem, imo victoriam promittentis contra eum Hostem, qui humanum naturam decepit and vicit." 바빙크도 유사한 견해를 제시한다. 바빙크, 『개혁교의학 3』, 269. 바빙크는 인간의 범죄를 사탄과 맺은 언약으로 간주하고 이런 이유에서 은혜 언약의 개념을 사탄과 맺은 언약의 해체로 이해한다. "창세기 3장 15절은 요약적으로 언약 전체와 은혜의 모든 은덕들을 포함한다. 하나님은 인간이 사탄과 맺은 언약을 깨뜨리고, 그 둘 사이에 적대감을 심으며, 인간을 자기 편으로 이끌어 오며, 인간에게 원수의 권세를 이기는 승리를 약속한다."
57) LW 1, 190 (WA 42, 142, 15-16; 창 3:15 주석).
58) 뱀과 뱀의 머리를 상하게 하는 자에 대한 최근의 연구로는 다음을 참고할 것. Andrew Naselli, *The Serpent and the Serpent Slayer*, 윤석인 옮김, 『뱀과 뱀 사냥꾼: 사탄과 사탄 정복 성경신학』(서울: 부흥과개혁사, 2023). 특히 제 1장 "창세기 3장의 미혹하는 뱀"을 보라.
59) LW 1, 192-93 (WA 42, 144, 3-6; 창 3:15 주석).
60) LW 1, 193 (WA 42, 144, 9-10; 창 3:15 주석).
61) Gerhard Ebeling, *Dogmatik des christlichen Glaubens I* (Tübingen: Mohr Siebeck, 1987), 316. Schwanke, *Creatio ex nihilo*, 140, 각주 4.

Wendelinus)에 의해서도 인정되었다.[62]

### 3.4. 개혁신학의 은혜언약과 창세기 3장 이해: 헤르만 바빙크를 중심으로

개혁신학은 이스라엘이 하나님과 세상의 관계를 창조주와 피조물의 관계에 근거한 것으로 이해했다. 바빙크는 이 관계를 언약의 관계로 이해하는데 여기에서 언약이란 창조주 하나님이 섭리를 통해 세상을 보존하고 통치하시며 이스라엘을 향하여 은혜를 베푸시어 특별한 관계를 맺는 것을 가리킨다.[63] 개혁신학은 이런 이유에서 언약론을 신학의 핵심적이며 포괄적인 주제로 삼았고 이를 발전시켰다. 루터가 그의 초기 저서들에서 약속과 신앙에 대해서, 그리고 유언, 협약과 언약을 언급한 것은 중요한 의미를 지니고 있지만[64] 이는 루터파 신학에서 언약신학으로 이어지지는 않았다.

바빙크는 개혁신학이 발전시킨 은혜언약의 핵심에 섭리 개념이 자리잡고 있다고 보았다. 그는 섭리가 하나님과 세상의 관계를 이해하는데 결정적인 역할을 담당한다고 보았는데 이 관계는 이스라엘의 경우에 전적으로 창조주와 피조물의 관계로 요약되며 이것이 곧 참되고 순수한 종교의 기초에 해당된다고 주장했다.[65] 바빙크는 '섭리'라는 구체적 용어를 그의 은혜언약에 대한 해설에서 사용하지 않았지만 그 개념은 생각보다 빈번하게 등장하고 활용된다. 여기에서는 은혜언약과 섭리와의 관계에 나타난 유사점을 고찰하는 가운데 양자의 관계를 밝히고자 한다.[66] 양자 사이의 유사점은 다음의 세 가지로 나누어서 살펴 볼 수 있다: 신적 주권성, 협력성, 그리고 역사성.

첫째, 양자는 모두 하나님의 주권적 뜻에 의해서 성립되었다. 은혜 언약은 편무적 계약으로 하나님이 자신의 능력 가운데 이를 구상하고 확정했다.[67] 언약이란 개념 자체가 하나님의 은혜와 자비에서 비롯된 것이며 확고한 것이지 인간의 공로에 의해서

---

62) Marcus Fridericus Wendelinus, *Christianae Theologiae Systema maius duobus libris comprehensum* (Casel, 1656), I. VI. 12. Heppe, 『개혁파 정통교의학 1』, 387: "섭리의 목적은 신의 영광과 선택 받은 자의 구원으로서, 모든 것이 이 목적의 성취를 위해 협력한다."
63) 바빙크, 『개혁교의학 3』, 268.
64) Oswald Bayer, *Promissio: Geschichte der reformatorischen Wende in Luthers Theologie* (Göttingen: Vandenhoeck & Ruprecht, 1971), 161, 225.
65) 바빙크, 『개혁교의학 3』, 268.
66) 은혜언약을 섭리와 언약의 관점에서 간략하게 고찰한 글로는 다음을 참고할 것. 유해무, 『개혁교의학: 송영으로서의 신학』 (고양: 크리스챤다이제스트, 2000), 220-22.
67) 바빙크, 『개혁교의학 3』, 281. 바빙크는 기본적으로 언약의 히브리적 개념이 편무적 성격으로 확인되며 이 사실을 강조하기 위해서 70인역은 '베리트'를 '순데케'가 아니라 '디아테케'로 번역했다고 지적한다. 『개혁교의학 3』, 249.

성립된 것은 아니다. "하나님이 이 언약을 수립하고, 유지하며, 시행하며, 완성한다. 은혜 언약은 탁월한 신적 사역으로, 오로지 하나님의 사역이며, 전반적으로 하나님의 사역이다."[68] 이 계약에서 언약의 또 다른 당사자인 인간에게 의무가 부과되지만, 이 의무는 언약에 들어가기 위한 조건이 아니라 은혜로 체결된 언약 가운데 인간이 앞으로 살아가야 할 삶의 의무를 지칭한다.[69] 섭리 또한 하나님의 주권을 두드러지게 강조한다. 보존, 통치, 그리고 협력의 세 가지 요소 가운데 특히 보존과 통치는 섭리가 전적으로 하나님의 주권에 의해서 발생하는 행위임을 분명히 보여준다. "사물들을 보존하는 자, 즉 자신의 의지와 존재로 단지 사물들의 존재뿐만 아니라, 심지어 능력들과 결과들조차 지탱하고 보존하는 자는 참된 의미에서 절대적 주권자, 왕이다."[70]

둘째, 양자는 모두 협력의 개념을 지닌다. 은혜언약은 하나님의 주권적 서약으로서 전적으로 그의 사역이지만, 그 시행은 인간에게 요구하는 형식, 조건의 형식을 취한다. 그 이유는 인간이 이성적이고 도덕적인 존재로 지음 받았다는 사실에 놓여 있다.[71] 인간은 하나님과 맺은 계약을 의식적으로 그리고 자유롭게 지킬 수 있도록 지음 받았으며 이 사실에 근거해서 이제 은혜언약은 하나님의 주권성에 기초한 편무적 계약임과 동시에 인간의 책임과 협력을 아울러 강조하는 쌍무적 계약으로 나타난다. 인간은 하나님과 맺은 언약에 나타난 의무를 자발적으로 지켜서 순종의 행위로서 하나님과의 관계를 지켜나가야 한다는 점은 그가 언약의 당사자로서 하나님의 주권적 행위에 협력하는 존재임을 보여준다. 협력은 섭리의 요소 가운데 하나로서 사물의 본성들, 능력들, 법도들을 유지하고 완전히 발전시키는 하나님의 섭리이다.[72]

셋째, 양자는 모두 역사성을 지닌 개념이다. 은혜언약은 구원협약 또는 구속협약이라는 삼위 하나님 사이의 언약에서 출발하는 영원한 언약이다. 그러나 이 언약은 영원에만 머무르지 않고 인간의 역사 속으로 들어온다. 왜냐하면 은혜 언약이 하나님과 인간 사이에 맺은 언약이기 때문이다. 여기에서 이 언약은 한 사람과만 체결되는 것이 아니라 그 사람의 후손을 포함하여 체결되는 특징을 지니며 여기에 역사성이 발견

---

68) 바빙크, 『개혁교의학 3』, 275.
69) 바빙크, 『개혁교의학 3』, 248.
70) 바빙크, 『개혁교의학 2』, 765.
71) 바빙크, 『개혁교의학 3』, 281. 그는 하나님의 주권과 인간의 협력 사이에 아무런 모순이나 충돌이 발생하지 않는 것이 은혜언약의 특징인데 바로 이 점에 있어서 이 언약이 창조질서에 기인한 것이라고 주장한다. "은혜 언약은 창조질서와 연관되고, 창조질서로 거슬러 올라가며, 창조 전체를 자기 안에 질적으로 그리고 집중적으로 포함시키는 그리스도를 머리로 하는 새로운 인류의 기관이다." 『개혁교의학 3』, 282.
72) 바빙크, 『개혁교의학 2』, 759.

된다. 이 언약은 "개인에게서 개인으로 옮겨가는 것이 아니라, 유기적으로 그리고 역사적으로 전진한다. 은혜언약은 역사를 거쳐 진행하며, 다양한 세대들을 거친다."[73] 은혜언약과 유사하게 섭리도 역사성을 지닌다. 섭리는 하나님의 영원한 작정이 인류의 역사 속에서 지속적으로 시행되는 것을 뜻한다. 바빙크는 섭리에 나타난 역사성의 개념을 통치와 관련하여 다음과 같이 설명한다. "하나님의 섭리적 통치는 아주 특별히 자기 백성에 대한 통치까지 확대된다. 족장들, 특히 이스라엘, 교회 그리고 모든 신자들의 역사 전체는 이에 대한 증거다."[74] 성경은 '섭리'라는 구체적인 단어를 사용하지 않지만, 이 사고를 가장 생생하고 풍성하게 보여주되 역사 속에서 보여주므로 성경은 섭리의 책이다.[75] 이런 이유에서 섭리, 특히 성경에서 증거된 섭리는 역사를 떠나서 논의될 수 없고 이것이 섭리의 역사성이 증명될 수 있는 가장 기본적이며 핵심적인 이유에 해당된다.

## 4. 에덴동산에서 아담의 축출과 하나님의 섭리

### 4.1. 경고로서의 섭리

이 단락에서는 창세기 3장에 나타난 아담과 하와의 범죄에 대한 형벌로서 하나님의 저주와 그 결과로 다가오게 될 종말과 섭리의 관계에 대한 루터의 견해를 고찰하고자 한다. 에덴동산에서 하나님께서 허락하신 아름답고 만족스러우며 유토피아적인 환경 속에서 살아가던 이들에게 하나님의 저주는 단순히 그들의 삶에 노동과 임신의 고통만을 의미하는 것은 아니었다. 아담이 받은 저주와 더불어 땅이 함께 저주를 받았던 것이다 (창 3:17). 루터는 여기에서 아담이 하는 일에 하나님의 저주가 주어진 것이 아니라 아담의 죄악 때문에 저주를 받게 되었다는 설명을 덧붙인다.[76] 피조물이 인간의 목적을 위하여 저주를 받아 허무와 공허에 복종하는 신세에 놓이게 된 것이다. 그러나 피조세계가 이런 저주의 상태에 놓이게 된 것은 전적으로 인간의 죄악과 이에 따른 하나님의 저주의 결과였다. 이와 관련하여 루터 연구가 보른캄(Heinrich Bornkamm)은 루터가 인간이 범한 죄를 동물을 포함한 피조세계에까지 돌리는 것을 거부했다고 보았다.[77] 달리 말하면, 인간의 범죄의 결과로 피조세계가 신음하게 된

---

73) 바빙크, 『개혁교의학 3』, 282.
74) 바빙크, 『개혁교의학 2』, 736.
75) 바빙크, 『개혁교의학 2』, 739-40.
76) LW 1, 202 (WA 42, 151, 24, 창 3:16 주석).

사실에 대해서 피조세계 자체는 아무런 원인을 제공하지 않았다는 사실에 대해서 말한다. 모든 피조세계는 우리에게 인간의 범죄로 발생한 저주를 증거하고 있을 따름이다.[78] 인간의 범죄 이전에 땅은 놀라울 정도로 비옥하고 생산적이었지만 이제 범죄로 인해 독보리, 잡초, 가시, 그리고 엉겅퀴로 뒤덮이게 되었고 이들은 농사에 많은 어려움을 주었을 뿐 아니라 인간의 생명 자체를 위협하기도 했다.[79]

　　루터는 인간의 죄가 증가하면 할수록 이에 대한 하나님의 진노도 커지고 그 결과 이 세상은 날마다 더 악화되고 있다고 주장한다.[80] 아담이 겪었던 고통들과 불행들은 우리가 겪는 것과 비교하면 사소하고 하찮은 것에 지나지 않는다. 왜냐하면 종말이 다가올수록, 세상은 더 많은 형벌과 재난을 경험하게 될 것이기 때문이다. 그러나 이보다 더 견디기 힘든 것은 세상이 더 이렇게 많은 어려움과 악에 직면하더라도, 사람들의 마음이 강퍅해져서 자신들의 죄악을 깨닫지 못한다는 사실이다.[81]

　　루터에게 종말의 원인은 인간의 죄악과 이에 따른 하나님의 진노와 저주에 놓여 있는 것으로 보인다. 창 3:15에 주어진 여자의 후손에 관한 약속을 받은 후에 아담이 더 이상 죄악에 빠지지 않고 이 약속을 계속 붙들 수 있도록 경고를 주셨다. 아담이 땅의 저주 결과로 발생했던 가시와 엉겅퀴를 볼 때마다 자신의 죄악과 하나님의 진노에 대한 경고를 발견할 수 있었던 것이다.[82] 루터는 미래에 대한 하나님의 약속을 붙들고 죄를 더 이상 범하지 않는 것의 중요성을 아담이 충분히 인식할 수 있도록 땅에 대한 저주는 그에게 경고로서 주어졌다고 이해했다. 그러나 하나님의 경고는 땅에 대한 저주로 그치지 않았고 에덴동산에서 축출이라는 형벌을 초래했다. 왜냐하면 아담의 죄악이 창조주 하나님의 위엄에 대한 심각한 범죄이었기 때문에 이런 엄청난 형벌이 뒤따를 수밖에 없었다.[83]

## 4.2. 구원을 위한 예비적 단계로서의 섭리

　　아담과 하와가 에덴동산에서 쫓겨난 후에 그들은 어디에서 살게 되었는가? 그들이

---

77) Heinrich Bornkamm, *Luther und das alte Testament*, 엄현섭 역, 『루터와 구약성경』(서울: 컨콜디아사, 2006), 104.
78) LW 1, 204 (WA 42, 153, 2-3; 창 3:17-19 주석).
79) LW 1, 205 (WA 42, 153, 23-26; 창 3:17-19 주석).
80) LW 1, 206 (WA 42, 154, 9-12; 창 3:17-19 주석).
81) LW 1, 208 (WA 42, 155, 30-35; 창 3:17-19 주석).
82) LW 1, 209 (WA 42, 156, 22-26; 창 3:17-19 주석).
83) LW 1, 224 (WA 42, 167, 31-34; 창 3:22 주석).

78 고신신학

그들의 근원이 된 땅으로 돌아가서 땅을 갈면서 살게 되었다 (창 3:23). 루터는 이 구절을 해석하면서 인간이 이제 낙원에서 축출되어 동물들이 사는 곳, 인간의 원래 유래지로 가서 거기에서 그들과 함께, 그리고 그들이 먹는 음식과 유사한 음식을 먹으면서 살게 된 것으로 해석한다.[84] 그들은 이렇게 동산에서 축출되었을 뿐 아니라 하나님께서 그들의 접근을 막기 위해서 동산 동쪽에 그룹들과 '두루 도는 불 칼'[85]을 두셨던 것을 볼 수 있다 (3:24). 이 사건에 대해서 루터는 먼저 이 칼을 가시적 불꽃 (flama) 또는 불 (ignis)로 이해했는데 이는 우화적 해석을 배제한 역사적 해석에 해당된다.[86] 그는 이 역사적 해석을 토대로 하나님께서 인간을 이렇게 축출하셨던 것은 그의 진노와 저주의 표현임과 동시에 구원을 위한 예비적 단계로 해석했다. 두루 도는 불 칼을 두어서 인간의 접근을 막은 행위 자체가 인간의 구원에 필수적인 사안이었다고 밝힌다.[87] 그렇다면 여기에서 동산에서 아담과 하와의 축출과 이에 대한 그들의 접근을 막기 위해서 두루 도는 불 칼을 두셨던 하나님의 행위는 섭리의 행위로서 인간을 구원을 위한 예비작업으로 볼 수 있다. 이 행위는 생명나무에 대한 접근을 막아서 인간이 스스로를 하나님처럼 생각하면서 영생을 누리는 것을 금지하는 섭리의 행위이기도 했다(창 3:22). 그런데 하나님의 이 섭리는 사실상 세 가지 이유 때문에 가능했다고 볼 수 있다.[88] 첫째, 하나님께서 아담이 생명나무에 접근하도록 허락하지 않으신 이유는 그가 범죄 타락한 이후에 그가 범한 죄를 떠올리도록 하는데 놓여있었다. 둘째, 아담에게 이미 여인의 후손이 뱀의 후손을 머리를 상하게 할 것이라는 더 나은 약속을 받았기 때문에 더 이상 생명나무의 열매를 먹어야 할 이유가 없었다. 셋째, 설령 아담이 생명나무에 다시 접근해서 그 열매를 먹고 생명을 누리게 된다 하더라도 사탄은 뱀을 통해서 그를 계속 유혹할 것이다. 그렇다면 아담이 이 유혹에 빠져

---

84) LW 1, 230 (WA 42, 171, 30-32; 창 3:23-24 주석).
85) 다양한 해석이 구약학자들에 의해 제시된다. 첫째, 하나님의 심판을 가리킨다 (신 32:41-42; 시 83:15). Kenneth Matthews, *Genesis*, 권대영 옮김, 『창세기 1』 (서울: 부흥과개혁사, 2018), 313. 둘째, 신화적 존재를 가리킨다. 베스터만은 이 개념에 근거하여 아담이 실제로 동산에서 축출되지 않았다고 주장한다. 폰 라트는 간략하게 이것이 신화적 존재를 상징한다고 보았다. Westermann, *Genesis 1-11*, 274-75; Gerhard von Rad, *Das erste Buch Moses Genesis* (Göttingen: Vandenhoeck & Ruprecht, 1987), 70.
86) LW 1, 231 (WA 42, 172, 20-23; 창 3:23-24 주석). 불꽃이나 불의 모양이 불안정하고 사람의 눈을 가리게 만드는 마치 번개와 같으며 이 번개의 모양은 칼과 유사하다는 설명이 주어지기도 한다. LW 1, 230 (WA 42, 172, 8-10; 창 3:23-24 주석).
87) LW 1, 230 (WA 42, 171, 33-38; 창 3:23-24 주석).
88) LW 1, 229 (WA 42, 171, 7-9; 창 3:23-24 주석).

다시 죄의 나락에 떨어질 가능성은 배제될 수 없다고 주장한다.[89]

이런 맥락에서 살펴본다면 아담이 생명나무의 열매를 먹지 못하도록 하고 에덴동산에서 축출된 후 그룹과 도는 불 칼을 두어 이에 대한 접근을 방지한 것은 죄로부터 스스로를 지켜 아담이 영원한 구원을 예비하도록 이끄는 섭리의 조치였다고 볼 수 있다.

## 마치면서

본 논문에서는 루터의 섭리론을 그의 창세기 2-3장 강해를 중심으로 살펴보았다. 본격적 고찰에 앞서 일종의 서론적인 맥락에서 그의 창조론이 어떻게 섭리론과 관련을 맺는가를 창세기 1장 강해를 통해서 간략하게 짚어 보았다. 본론은 창세기 2장의 섭리론과 창세기 3장의 섭리론으로 구성된다. 창세기 2장의 섭리론에 대한 고찰에서는 먼저 루터의 창세기 1장 강해에 나타난 본문에 대한 문자적 해석이 이 교리에 어떤 영향력을 행사했는가를 간략하게 살펴보았다. 이를 바탕으로 섭리를 보존과 통치라는 두 주제로 구분하고 고찰을 시도했는데 전자는 크게 피조세계의 보존과 인간의 보존이라는 관점으로 접근했다. 후자에 대해서는 교회와 가정이라는 수단을 통해서 하나님께서 인간을 통치하신다는 개념을 주로 설명했다. 그리고 2장에 언급된 생명나무에 관한 루터의 주장이 어떤 점에 있어서 개혁신학적 견해와 유사하고 차이가 있는가를 살펴보는 가운데 이에 대한 비판을 시도했다. 창세기 3장의 섭리론에 대해서는 신적 통치에 대한 부정으로서 인간의 죄악, 인간의 죄악과 반항에 대한 하나님의 응답, 섭리의 궁극적 목적으로서의 구원의 세 단락을 설정하여 고찰했다. 루터의 창세기 3장 이해에 나타난 섭리 이해와 개혁신학에서 추구했던 은혜언약의 개념이 어떤 점에 있어서 유사한가를 헤르만 바빙크의 견해를 중심으로 살펴보았다. 마지막으로 아담의 에덴동산에서의 축출이 섭리론적으로 어떤 의미를 지니는가를 두 단락으로 나누어서 고찰을 시도했다. 축출에 나타난 하나님의 섭리는 인간의 죄악에 대한 경고의 성격을 지니고 있을 뿐 아니라, 구원을 위한 예비적 단계로서 에덴동산에 대한 접근이 금지되었다는 사실로 나누어서 살펴보았다.

---

89) LW 1, 229 (WA 42, 171, 15-17; 창 3:23-24 주석).

## [참고문헌]

유해무. 『개혁교의학: 송영으로서의 신학』. 고양: 크리스챤다이제스트, 2000.

이신열. "루터의 창조론에 나타난 과학적 사고: 창세기 1장을 중심으로." 『창조와 섭리: 종교개혁에서 한국개혁신학까지』. 부산: 개혁주의학술원, 2021.

Asendorf, Ulrich. *Lectura in Biblia: Luthers Genesisvorlesung (1535-1545)*. Göttingen: Vandenhoeck & Ruprecht, 1998.

Bavinck, Herman. *Gereformeerde dogmatiek 2*. 박태현 옮김. 『개혁교의학 2 & 3』. 서울: 부흥과개혁사, 2011.

Bayer, Oswald. *Schöpfung als Anrede*. Tübingen: J. C. B. Mohr (Paul Siebeck), 1986.

_____ . *Promissio: Geschichte der reformatorischen Wende in Luthers Theologie.* Göttingen: Vandenhoeck & Ruprecht, 1971.

Bornkamm, Heinrich. *Luther und das alte Testament*. 엄현섭 역. 『루터와 구약성경』. 서울: 컨콜디아사, 2006.

Calvin, John. *Institutes of Christian Religion.*

Ebeling, Gerhard. *Dogmatik des christlichen Glaubens I*. Tübingen: Mohr Siebeck, 1987.

Fergusson, David. *The Providence of God: A Polyphonic Approach*. New York: Cambridge University Press, 2019.

Gallus, Tibor. *"Der Nachkomme der Frau" (Gen 3,15) in der altlutheranischen Schriftauslegung, Bd. 1: "Der Nachkomme der Frau" (Gen 3,15) in der Schriftauslegung von Luther, Zwingli und Calvin*. Klagenfurt: Carinthia, 1964.

Heppe, Heinrich. *Reformierte Dogmatik*. 이정석 옮김. 『개혁파 정통교의학 1』. 고양: 크리스챤다이제스트, 2000.

Löfgren, David. *Die Theologie der Schöpfung bei Luther*. Göttingen: Vandenhoeck & Ruprecht, 1960.

Luther, Martin. *Luther's Works, vol. 1*. Ed. Jaroslav Pelikan. St. Louis: Concordia Publishing House, 1961.

_____ . *Luther's Works, vol. 4.* Ed. Jaroslav Pelikan. St. Louis: Concordia Publishing House, 1961.

Matthews, Kenneth, *Genesis*, 권대영 옮김. 『창세기 1』. 서울: 부흥과개혁사, 2018.

Maxfield, John A. *Luther's Lectures on Genesis and the Formation of Evangelical Identity.* Kirksville, MO: Truman State University Press, 2008.

Middleton, J. Richard. *The Liberating Image.* 성기문 옮김. 『해방의 형상: 창세기 1장의 이마고 데이 (Imago Dei)』. 서울: SFC출판부, 2009.

Naselli, Andrew. *The Serpent and the Serpent Slayer.* 윤석인 옮김. 『뱀과 뱀 사냥꾼: 사탄과 사탄 정복 성경신학』. 서울: 부흥과개혁사, 2023.

Piper, John. *Providence.* Wheaton, IL: Crossway, 2020.

von Rad, Gerhard. *Das erste Buch Moses Genesis.* Göttingen: Vandenhoeck & Ruprecht, 1987.

Schwanke, Johannes. *Creatio ex nihilo: Luthers Lehre von der Schöpfung aus den Nichts in der Großen Genesisvorlesung* (1535-1545). Berlin: Walter de Gruyter, 2004.

Thompson, Mark. "Luther on God and History." Ed. Robert Kolb, Irene Dingel and L'ubomír Batka. *The Oxford Handbook of Martin Luther's Theology.* New York: Oxford University Press, 2016.

Westermann, Claus. *Genesis 1-11.* Trans. John J. Scullion, S.J. Minneapolis: Fortress, 1994.

[Abstract]

# Martin Luther's Doctrine of Providence: Focusing on His Understanding of Genesis 2 & 3

Prof. Dr. Samuel Lee
(Faculty of Theology)


This article deals with Luther's doctrine of providence in the context of his understanding of Genesis 2 & 3. Before delving into this doctrine, it starts with briefly considering his doctrine of creation revealed in his understanding of Genesis 1. His doctrine of creation is mainly controlled by the concept of preservation as one of the components of providence. For this reason, Luther describes God as the Creator and the Preserver. Luther's doctrine of providence in his understanding of Genesis 2 is constituted in two concepts: preservation & government. First, Luther considers preservation in terms of the created world and human being. Second, he sees it in terms of church and family. Here it can be proposed the category of Luther's doctrine of providence is expanded into ecclesiology and ethics. Luther's doctrine of providence in his understanding of Genesis 3 deals specifically with human resistance (sin) as denial of God's government and God's response to it. Luther also deals with the meaning of man's expulsion from the Garden of Eden from the two viewpoints of God's warning against human corruption and a prepatory step towards human salvation.

Keywords: Martin Luther (1483-1546), doctrine of providence, preservation, government, Genesis 2, Genesis 3

# 아우구스티누스의 복음서 해석 원리:
## 『복음사가들의 일치』(De consensu Evangelistarum)를 중심으로

우병훈 (고신대학교 부교수, 교의학)

**[초록]**

아우구스티누스는 400년(혹은 404년)에 『복음사가들의 일치』를 썼다. 이 작품은 4권의 책으로 되어 있다. 제1권은 35장으로 되어 있는데, 그리스도의 신성과 복음서의 권위를 다룬다. 그리고 복음사가들의 가르침과 그리스도의 가르침이 일치함을 보여준다. 제2권은 80장으로 구성되어 있으며, 제3권은 25장으로 이뤄져 있다. 이 두 권에서 아우구스티누스는 마태복음을 기준으로 하여, 그것이 다른 세 복음서들과 조화를 이루고 있음을 보여준다. 제4권은 10장으로 되어 있는데, 마가, 누가, 요한복음에서 마태복음에 안 나오는 내용을 다룬다. 그리고 요한복음이 가지는 독특성을 지적한다. 이 작품에서 그는 복음서를 해석하는 원리들을 제시한다. 첫째, 생략은 충돌이나 모순이 아니다. 둘째, 복음서에서 사건의 배치가 반드시 시간적 순서를 따랐다고 볼 수는 없다. 셋째, 예수께서 전하신 말씀의 뉘앙스와 의미를 신중하게 고려해야 한다. 넷째, 복음사가들 사이의 다양성은 의미를 더욱 풍성하게 전달해 준다. 다섯째, 인간 언어의 한계를 기억하고 성령의 능력을 신뢰해야 한다. 여섯째, 합리적으로 설명을 제시하되, 인간 이성의 한계 역시 기억해야 한다. 이처럼, 『복음사가들의 일치』는 성경 해석자들과 설교자들에게 중요한 해석 원리들을 제공해 준다.

주제어:
아우구스티누스, 『복음사가들의 일치』, 성경해석, 설교, 마태복음

"성경에 포함된 모든 신적 권위들 가운데 복음서는 단연 돋보인다.
왜냐하면 율법과 선지자가 미래를 예언한 것이
복음서에서 성취되고 완성되었음이 드러나기 때문이다."
아우구스티누스, 『복음사가들의 일치』 1.1.[1]

## 1. 주석가 아우구스티누스

386년 8월 말에 회심한 아우구스티누스(354-430년)는 회심 직후부터 성경 연구에
힘을 쏟았다. 사실 그가 회심하게 된 이유에도 로마서를 연구했던 것이 계기가 된
것이 분명하다. 그 당시에 지중해 연안에는 "바울 르네상스"(*Paulusrenaissance*)가
일어나고 있었다.[2] 4세기 중반까지 바울 서신서 주해는 주로 헬라 교부들과 시리아
교부들에 의해 이뤄졌다.[3] 4세기 중반 이후부터는 라틴 교부들이 쓴 바울 주석서들이

---

1) *cons. Ev.* 1.1 (CSEL 43,1): "inter omnes diuinas auctoritates, quae sanctis litteris
continentur, euangelium merito excellit. quod enim lex et prophetae futurum
praenuntiauerunt, hoc redditum atque conpletum in euangelio demonstratur." 여기에
서 CSEL은 "Corpus Scriptorum Ecclesiasticorum Latinorum"의 약자이다. 『복음사가들의 일
치』는 라틴어로 "*De consensu Evangelistarum*"라고 부르며, 영어로는 "*On Agreement
among the Evangelists*"이고, 라틴어 약어는 "*cons. Ev.*"라고 표기한다. 이 글에서 별다른 언급
없이 제목 혹은 약어로만 인용된 작품은 모두 아우구스티누스의 것이며, 모든 번역은 필자의 것
이다. 아우구스티누스의 생애 및 주요 주해작품 목록과 그에 대한 약어에 대해서는 본 연구 제일
마지막에 실린 부록에 나와 있다. 더 포괄적인 목록은 아래 문헌들을 보라. Allan D. Fitzgerald,
ed., *Augustine through the Ages: An Encyclopedia* (Grand Rapids: Eerdmans, 1999),
xxxv-xlii; 포시디우스, 『아우구스티누스의 생애』(*Vita Augustini*), 이연학, 최원오 역주 (왜관:
분도출판사, 2008), 170-81. 아우구스티누스가 저술한 책의 권수와 설교 편수에 대해서는 학자들
마다 다른 견해를 가진다. 가령 이연학과 최원오는 아우구스티누스의 소실된 작품까지 합쳐서 모
두 134개의 작품 목록을 제시한다(포시디우스, 『아우구스티누스의 생애』, 170-81을 참조).

2) Wolf-Dieter Hauschild, *Lehrbuch der Kirchen- und Dogmengeschichte*, vol. 1, Alte
Kirche und Mittelalter, 2nd ed. (Gütersloh: Gütersloher Verlagshaus, 2000), 224. 이 교
회사 연구서는 하우쉴트가 1판(1995년)과 2판(2000년)을 썼으나, 그의 사후(死後) 드레콜이 개정
하여 새로운 판을 2016년에 내놓았다. Wolf-Dieter Hauschild and Volker Henning Drecoll,
*Lehrbuch der Kirchen- und Dogmengeschichte*, vol. 1, Alte Kirche und Mittelalter,
2nd ed. (Gütersloh: Gütersloher Verlagshaus, 2016), 371-72. 이 글에서는 기본적으로 드
레콜의 개정판을 선호하지만, 때로는 하우쉴트의 분석이 더 좋을 때도 있기에 이전판에서 인용하
기도 한다.

3) J. Lightfoot, *The Epistle of St. Paul to the Galatians* (London, 1874), 218-26; C.H.
Turner, "Greek Patristic Commentaries on the Pauline Epistles," in J. Hastings (ed.),
*A Dictionary of the Bible, Supplement* (Edinburgh, 1898), 484-531. Andrew Cain,

많이 쏟아져 나오기 시작했다. 약 360년부터 409년에 이르기까지 적어도 52개의 바울 주석서가 여섯 명의 저자들에 의해 작성되었다.[4] 이를 "바울 르네상스"라고 부른다.[5]

아우구스티누스는 395년에 주교 발레리우스의 후임자가 되었다. 그렇지만 그 전부터 그는 성경 주석가로 활동하고 있었다. 394년에 카르타고에서 로마서를 강의했다. 그것을 필두로 394년에 『로마서 명제 해설』, 『로마서 미완성 해설』, 『갈라디아서 해설』 등을 작성했다. 이렇게 보자면 바울 르네상스의 혜택을 누린 아우구스티누스 역시 그것에 기여한 셈이다.

바울서신서 외에 아우구스티누스가 회심 이후에 가장 열심히 연구했던 성경은 창세기였다. 388년부터 그 이듬해까지 『마니교도 반박 창세기 해설』을 작성했다. 393년에는 『창세기 문자적 해설 미완성 작품』을 남겼다. 401년에는 『창세기 문자적

---

"Jerome's Pauline Commentaries between East and West: Tradition and Innovation in the Commentary on Galatians," in *Interpreting the Bible and Aristotle in Late Antiquity: The Alexandrian Commentary Tradition between Rome and Baghdad*, ed. Josef Loessl and John W. Watt (Farnham, Surrey, England; Burlington, VT: Routledge, 2011), 91-110(이 각주는 이 책의 91n1을 참조했다.)

4) 순서대로 아래와 같다. 마리우스 빅토리누스(Marius Victorinus)가 360년대 초중반에 작성한 갈라디아서, 빌립보서, 에베소서, 로마서, 고린도전서, 고린도후서 주해; 암브로시아스터가 370년대와 380년대 초에 작성한 전체 바울 서신서 주석; 히에로니무스가 386년에 작성한 빌레몬서, 갈라디아서, 에베소서, 디도서 주해; 아우구스티누스가 396년 이전에 작성한 로마서(미완성)와 갈라디아서 주해; 부다페스트 익명의 저자가 396년부터 405년 사이에 작성한 전체 바울 서신서 주석; 펠라기우스가 406년부터 409년에 작성한 전체 바울 서신서 주석. Cain, "Jerome's Pauline Commentaries between East and West," 91n2에서 재인용.

5) "바울 르네상스"라는 표현은 프뢸리히에 의해 만들어진 용어이다. K. Froehlich, "Which Paul? Observations on the Image of the Apostle in the History of Biblical Exegesis," ed. Bradley Nassif, *New Perspectives on Historical Theology* (Grand Rapids, MI: Eerdmans, 1996), 279-99(특히 285쪽). 후기 고대 서방 신학에서 바울 연구에 대해서는 아래 문헌들을 보라. Maria Grazia Mara, "Ricerche storico-esegetiche sulla presenza del corpus paolino nella storia del cristianesimo dal II al V secolo," in M. G. Mara, *Paolo di Tarso e il suo epistolario* (L'Aquila: Japadre, 1983), 6-64; J. Lössl, "Augustine, 'Pelagianism,' Julian of Aeclanum, and Modern Scholarship," *Zeitschrift für antikes Christentum* 10 (2007): 129-50, 특히 129-33. 아울러, 교부신학에서 바울에 대한 수용에 대해서는 아래 문헌을 보라. M. Wiles, *The Divine Apostle: The Interpretation of St. Paul's Epistles in the Early Church* (Cambridge, 1967); Andreas Lindemann, *Paulus im ältesten Christentum. Das Bild des Apostels und die Rezeption der paulinischen Theologie in der frühchristlichen Literatur bis Marcion* (Tübingen, 1979); F. Cocchini, *Il Paolo di Origene: Contributo alla storia della recezione delle epistole paoline nel III secolo* (Rome, 1992). 이상 Cain, "Jerome's Pauline Commentaries between East and West," 91n3에서 재인용.

해설』을 작성하기 시작하여, 414년에 완성했다. 창세기 주석들은 주로 마니교의 교리를 비판한 내용이 많이 들어 있다.6)

그다음으로 시편에 대한 연구가 도드라진다. 392년에는 시편의 처음 32편에 대한 주석을 작성했다. 394년에는 『도나투스파 반박 시편』을 작성했다. 이후 420년까지 시편을 계속 연구하여 『시편 강해』를 완성했다. 아우구스티누스의 『시편 강해』는 빼어난 수작(秀作)으로서, 그 안에는 기독교의 모든 중요한 교리들이 다뤄지고 있으며, 신앙과 삶의 다양한 측면을 아우르고 있다. 예전적인 측면에서도 중요하다.

이처럼 바울서신, 창세기, 시편을 제외한다면, 아우구스티누스가 깊이 연구한 성경은 복음서였다. 그는 393년에 『주님의 산상설교』를 작성했다.7) 『재론고』에 따르면 이 작품은, 아우구스티누스가 사제로 서품받은 391년 1월 이후로 쓴 다섯 번째 작품이다. 391년 초봄에 아우구스티누스는 발레리우스에게 성경을 연구할 시간을 달라고 했다. 목회 사역을 제대로 감당하기 위해서 성경 연구가 필수적이라 판단했기 때문이다. 그 집중적인 연구 이후에 393년에 이 작품 『주님의 산상설교』가 나왔다. 이 작품은 그가 처음으로 쓴 신약 주석이다. 아우구스티누스는 산상설교가 그리스도의 윤리적 가르침의 핵심이라고 생각했다. 그는 하나님께 올라가는 여정으로, 7복(8복의 마지막 항은 종합으로 봄), 주기도문의 7개 간구, 야웨의 7개의 선물을 다뤘다. 이때만 해도 그는 이생에서 하나님을 관조하는 것이 가능하다고 보았다. 그래서 이 세 묶음의 7가지 요소를 하나님께 나아가는 상승 과정으로 설명했다.8)

이후에 그는 397년부터 『복음서에 관한 질문』을 작성하기 시작하여 400년에 완성했다. 이 작품은 두 권으로 나눠진다. 첫째 권은 마 11:27-26:75를 47개 질문으로 다루고 있다. 둘째 권은 눅 1:8-24:28을 51개 질문으로 나눠서 다룬다. 여기에서 아우구스티누스는 복음서의 순서대로 질문을 다루지는 않는다. 또한, 아우구스티누스는 400년(혹은 404년)에 『복음사가들의 일치』를 썼다. 이 작품은 이 글의 주제가 되기에

---

6) 아우구스티누스의 창세기 해석의 특징에 대해서는 아래 연구를 보라. 우병훈, "아우구스티누스의 창세기 해석의 유연성: '참된 의미는 생육하고 번성한다'," 「개혁논총」 66 (2023): 45-85.

7) 아우구스티누스, 『주님의 산상설교』(De sermone domini in monte), 2.4.15-2.11.39. 영어 번역으로는 아래를 보라. Augustine of Hippo, *Commentary on the Lord's Sermon on the Mount with Seventeen Related Sermons*, ed. Hermigild Dressler, trans. Denis J. Kavanagh, vol. 11, The Fathers of the Church (Washington, DC: The Catholic University of America Press, 1951), 122-48.

8) Frederick Van Fleteren, "Sermone Domini in Monte, De," in *Augustine through the Ages: An Encyclopedia*, ed. Allan D. Fitzgerald (Grand Rapids, MI: Eerdmans, 1999), 771.

아래에서 따로 자세히 설명하겠다. 그리고 그는 407년에 요한일서를 강해했는데, 이후에 『요한 서간 강해』라는 제목으로 출간했다.[9]

아우구스티누스는 약 407년부터 417년 사이에 『요한복음 강해』를 작성했다. 이 작품은 매우 중요한 가치를 지닌다. 고대에 라틴어로 요한복음을 전체적으로 다룬 첫 작품이자 유일한 작품이기 때문이다. 이 작품은 124편의 설교로 구성되어 있다. 특히 그는 요한복음을 해설하면서 자신의 견해를 강요하는 태도를 보이지 않았다. 오히려 유일한 교사가 되시는 예수 그리스도 앞으로 청자들을 데려가길 원했다.[10] 이것은 진리는 유일하고 참된 교사이신 그리스도께서 직접 알려주신다는 그의 작품 『교사론』의 적용이라 볼 수 있다. 이 작품의 청자 혹은 독자는 아우구스티누스로부터 배우기보다는 오히려 그와 함께 진리를 찾는 순례의 여정을 떠나는 사람과 같다고 느낀다.

아우구스티누스는 설교에서도 복음서를 자주 다뤘다. 가령, 세례 예비자들을 위한 설교들인 『설교』 56~59에서도 주기도문 해설이 나오는데, 이 설교들은 약 410년에서 416년 사이에 행한 것으로 추정된다.[11]

## 『복음사가들의 일치』에 대한 소개

어떤 학자들은 『복음사가들의 일치』가 404년경에 작성된 것으로 추정한다.[12] 하지만 다수의 학자들은 그보다 일찍 즉 400년경에 작성되었다고 본다.[13] 만일 후자의 견해가 맞다면, 아우구스티누스는 『고백록』, 『삼위일체론』 등을 저술할 때, 이 작품 역시 저술하고 있었다고 추정할 수 있다. 이처럼 여러 주제의 작품들을 동시간대에 작성하는

---

9) 이 작품을 분석한 연구로 아래 논문을 보라. 우병훈, "'참된 끝': 아우구스티누스의 『요한 서간 강해』 열 번째 강론에 나타나는 'finis'의 의미," 「생명과말씀」 38 (2024): 94-129.

10) Allan D. Fitzgerald, "Introduction," in *Homilies on the Gospel of John 1-40*, ed. Allan D. Fitzgerald and Boniface Ramsey, trans. Edmund Hill, vol. 12, The Works of Saint Augustine: A Translation for the 21st Century (Hyde Park, NY: New City Press, 2009), 14.

11) Pier Franco Beatrice, "Lord's Prayer," ed. Allan D. Fitzgerald, trans. Matthew O'Connell, *Augustine through the Ages: An Encyclopedia* (Grand Rapids, MI: Eerdmans, 1999), 506-8.

12) 메르켈(H. Merkel)의 견해이다(H. Merkel, *AugLex*, 1:1229).

13) 피터 브라운의 견해이다. 피터 브라운, 『아우구스티누스』, 정기문 역(서울: 새물결, 2012), 264. 메리 보간(Mary Bogan)은 상세한 설명을 통해, 이 작품이 400년경에 작성된 것임을 증명한다. Augustine of Hippo, *The Retractations*, ed. Roy Joseph Deferrari, trans. Mary Inez Bogan, vol. 60, The Fathers of the Church (Washington, DC: The Catholic University of America Press, 1968), 151.

것이 작가로서 아우구스티누스의 특징이다. 따라서 아우구스티누스의 연구자는 특정 시기에 나온 그의 작품 하나만 가지고 그의 신학을 평가해서는 안 되며, 그 시기에 나온 다른 작품과 함께 그의 신학을 포괄적으로 평가하는 안목을 가져야 한다.14)

아우구스티누스는 복음서의 모순되는 점들을 지적한 사람들에게 응답하기 위해서 『복음사가들의 일치』를 작성했다. 작품의 앞 부분에서 그는 먼저 네 개의 복음서가 가진 목적을 다룬다. 그리고 그리스도에 대해 잘못 이해하는 이방인들의 오류를 지적한다. 그들은 그리스도를 단지 기적가나 지혜자 혹은 경건한 사람 정도로 인식했다. 아우구스티누스는 그들에 반대하여 그리스도의 신성을 증명한다. 아우구스티누스는 지속적인 수고(labore continuo)로 이 작품의 나머지 부분을 썼다고 『재론고』(2.16)에서 밝힌다.15)

이 작품에서 아우구스티누스가 복음서의 일치 문제를 다루는 내용 중에 많은 내용이 현대 학계에서도 여전히 통용되는 내용이다.16) 그 정도로 이 작품은 중요하기에 유럽 학계에서는 많은 연구가 이뤄졌다.17) 하지만 영어권 연구는 많지 않다. 필자가 찾은

---

14) 이러한 시도를 가장 잘 하는 아우구스티누스 연구가 중에 로완 윌리엄스(Rowan Williams)가 있다. 가령, 그는 아우구스티누스가 『고백록』과 같은 시기에 집필했던 나머지 작품과 분리하여 『고백록』을 읽을 수 없다는 주장이 점점 더 인정받는 추세"라고 하면서, 아우구스티누스의 동시대 작품들의 유기적 연관성을 고려하면서 각각의 작품을 해석할 것을 요청한다. 로완 윌리엄스, 『다시 읽는 아우구스티누스』, 이민희, 김지호 역(고양: 도서출판100, 2021), 56.

15) Allan D. Fitzgerald, "Consensu Evangelistarum, De," in Augustine through the Ages: An Encyclopedia, ed. Allan D. Fitzgerald (Grand Rapids, MI: Eerdmans, 1999), 232.

16) M. B. Riddle, "The Harmony of the Gospels: Introductory Essay," in Saint Augustin: Sermon on the Mount, Harmony of the Gospels, Homilies on the Gospels, ed. Philip Schaff, vol. 6, A Select Library of the Nicene and Post-Nicene Fathers of the Christian Church, First Series (New York: Christian Literature Company, 1888), 67.

17) 비평본과 원문은 아래를 보라. CSEL 43 (1904), 1-418; PL 34:1041-1230. 번역으로 아래를 보라. W. Findley and P. Schaff, NPNF 6, ser. 1 (1988), 77-236; P. de Luis, V. Tarulli, and F. Monteverde, NBA 10/1 (1996). Saint Augustine, New Testament I and II, ed. Boniface Ramsey, Kim Paffenroth, and Roland Teske, trans. Michael G. Campbell, Kim Paffenroth, and Roland Teske, vol. 15 & 16, WSA (Hyde Park, NY: New City Press, 2014), 131-332. 여기에서 NPNF는 Nicene and Post-Nicene Fathers의 약어이며, WSA는 Works of Saint Augustine: A Translation for the 21st Century의 약어이다. 『복음사가들의 일치』에 대한 연구서는 아래와 같다. G. Bardy, "De consensu evangelistarum," Note complémentaire 47, BA 12 (Paris, 1950), 580; C. Basevi, San Agustín. La interpretación del Nuevo Testamento. Criterios exegéticos propuestos por S. Agustín en el "De Doctrina Christiana," en el "contra Faustum" y en el "De Consensu Evangelistarum," Colección Teológica de la Universidad de Navarra 14 (Pamplona, 1977); G. Madec, "Le Christ des païens d'après le 'De consensu euangelistarum' de

바로는 이 작품만 다룬 우리말로 된 연구는 하나도 없다. 따라서 이 연구에서는 우리나라 학계의 연구의 공백을 메우는 동시에, 설교자들을 위한 지침들을 제시하고자 한다.

『복음사가들의 일치』는 4권의 책으로 되어 있다. 제1권은 35장으로 되어 있는데, 그리스도의 신성과 복음서의 권위를 다룬다. 그리고 복음사가들의 가르침과 그리스도의 가르침이 일치함을 보여준다. 제2권은 80장으로 구성되어 있으며, 제3권은 25장으로 이뤄져 있다. 이 두 권에서 아우구스티누스는 마태복음을 기준으로 하여, 그것이 다른 세 복음서들과 조화를 이루고 있음을 보여준다. 제4권은 10장으로 되어 있는데, 마가, 누가, 요한복음에서 마태복음에 안 나오는 내용을 다룬다. 그리고 요한복음이 가지는 독특성을 지적한다.[18] 이 작품은 분량도 길고 다루는 내용도 매우 다양하다. 따라서 이 글에서는 『복음사가들의 일치』에 나오는 다양한 주제들 가운데 현대의 설교자들이 복음서 해석에 도움이 되는 내용을 몇 가지만 뽑아서 다루겠다.

### 『복음사가들의 일치』에 나오는 복음서 해석 원리

아우구스티누스가 이 작품에서 주로 다루는 내용은 두 가지 문제이다. 첫째는 복음서에 나오는 사건들의 순서에 대한 문제이다. 둘째는 복음서 상호 간의 세부 내용이 불일치할 때 해결하는 방식이다.[19] 여기에서 아우구스티누스의 목표는 복음서가 자체적으로 모순 없이, 그리고 다른 복음서와 모순 없이 개별적으로 읽고 이해될 수 있음을 보여주는 데

---

saint Augustin," *RechAug* 26 (1993): 3-67; H. Merkel, *Die Widersprüche zwischen den Evangelien. Ihre polemische und apologetische Behandlung in der Alten Kirche bis zu Augustin* (Tübingen, 1971); H. Merkel, "Consensu euangelistarum (De-)," *AugLex*, 1:1228-36; D. Peabody, "Augustine and the Augustinian Hypothesis: A Reexamination of Augustine's Thought in 'De Consensu Euangelistarum,'" in *New Synoptic Studies*, ed. W. Farmer (Macon, Ga., 1983), 37-64; P. de Luis Vizcaíno, "San Agustín gramático en el De consensu evangelistarum," *Estudio Agustiniano* 26 (1991): 3-78; P. de Luis Vizcaíno, "Introduzione," in *Il consenso Degli Evangelisti*, NBA 10.1 (1996), vii-cxxx, esp. xx-xxxix; H. W. Vogels, *S. Augustins Schrift De consensu Euangelistarum* (Freiburg, 1908); S. Zedda, "La veridicità dei Vangeli nel 'De consensu Evangelistarum' di S. Agostino e nella 'Expositio Evangelii secundum Lucam' di S. Ambrogio," *Divus Thomas* 66 (1963): 424-31. 이상의 문헌 목록은 Fitzgerald, "Consensu Evangelistarum, De," 232-33을 참조했다.

18) Augustine of Hippo, *The Retractations*, ed. Roy Joseph Deferrari, trans. Mary Inez Bogan, vol. 60, The Fathers of the Church (Washington, DC: The Catholic University of America Press, 1968), 152-53. 여기 실린 각 권의 요약은 메리 보간(Mary Bogan)의 부가 설명을 참조했다.

19) Riddle, "The Harmony of the Gospels: Introductory Essay," 67.

있다. 그는 복음서의 조화를 직접 변증해 보여주면서 자신의 목표를 달성하고자 한다.[20]

복음서를 조화롭게 해석하는 데 있어서, 아우구스티누스의 주된 전략은 다음과 같다.

첫째로, 생략은 충돌이 아니다. 『복음사가들의 일치』(2.19.47)에서 아우구스티누스는 이렇게 주장한다.

> 모든 사람에게 즉시로 분명하기 때문에 우리가 굳이 지적할 필요가 없지만 이미 지적한 한 가지 사실이 있다. 그것은 다른 복음서가 포함하고 있는 것을 어떤 복음서가 생략했다고 해서 모순이 되는 것은 아니라는 사실이다. 그리고 주제나 사상에 있어서 동일한 진리를 표현하는 한, 한 복음서는 이렇게 표현하고, 다른 복음서는 저렇게 표현할 수 있는데, 그 또한 모순이 되는 것은 아니다.[21]

아우구스티누스는 산상설교를 다루는 맥락에서 이 내용을 언급하고 있다. 마태복음에 나오는 산상설교와 누가복음에 나오는 산상설교는 차이가 난다. 이에 대해서 아우구스티누스는 예수께서 제자들만을 데리고 산의 높은 곳으로 가셨다가, 거기에서부터 내려오셔서 산 위에 있는 어느 평지에서 사람들을 모아놓고 가르치셨을 것으로 추정한다(*cons. Ev.* 2.19.45). 그리고 제자들에게 먼저 설교를 전하시고, 그다음에 무리들에게 설교를 전하셨을 것으로 추정한다. 마태복음(산상설교)과 누가복음(평지설교)에서는 이러한 자세한 사정이 나오지 않는다. 하지만 두 복음서는 예수께서 하신 설교의 주제와 사상에 있어서는 동일한 진리를 전하고 있다. 따라서 두 복음서에 나오는 산상설교는 모순이 아니다.

이 내용은 『마니교도 파우스투스 반박』(33.7)에서도 나오는 내용이다. 거기에서 아우구스티누스는 파우스투스가 복음서를 잘못 이해하고 있다면서 비판한다. 파우스투스는 마태복음에 기록된 그리스도의 말씀이 누가복음에서 생략되었을 때, 누가가 마치 마태의 언급을 거부한 것처럼 여겼다. 하지만 아우구스티누스가 보기에 그러한 거부는 옳지 못하다. 왜냐하면 다른 복음서가 언급하고 있는 것을 어떤 복음서가 생략한다고 해서 거부나 모순으로 볼 수 없기 때문이다. 오히려 "전체적인 의미를 잘 간직하고 있으면(*sententiam saluam integramque custodiens*)" 둘은 동일한 것으로 봐야 한다.[22] 생략하지 않은 복음서는 사건을 좀 더 자세히 기록하고 있을 따름이다.[23]

---

20) Kim Paffenroth, "Introduction (*Agreement among the Evangelists*)," in *New Testament I and II*, 133.

21) Augustine, "Agreement among the Evangelists," in *New Testament I and II*, 199.

22) *c. Faust.* 33,6 (CSEL 25,1,793): "aut si alter aliquid breuius conplexus est eandem tantum **sententiam saluam integramque custodiens**. alter autem tamquam membratim

아우구스티누스는 복음서 사이에 생략이 종종 나타나는 것이 사건의 신빙성을 높여준다고 주장한다(cons. Ev. 2.41.88).[24] 만일 한 복음사가만이 특정 사건을 기록했다면, 불일치 자체가 없을 것이다. 비교할 내용도 없기 때문이다. 하지만 복음서끼리 약간씩 차이가 나는 상황이라면, 그 사건을 여러 사람이 목격한 셈이 되기에, 세부 내용의 차이가 있을 뿐 오히려 사건의 신빙성 자체는 더욱 확실해진다.

둘째, 사건의 배치가 반드시 시간적 순서를 따랐다고 볼 수는 없다. 복음사가들은 예수의 공생애 초기에 일어난 일을 내러티브에서 뒤에 배치할 수도 있고, 그 반대로도 할 수 있다(cons. Ev. 2.19.44). 예를 들어 예수께서 나병환자를 고치시는 장면은 마태복음에서는 산상설교(마 5-7장) 직후에 배치되어 있다(마 8:1-4). 하지만 누가복음에서는 산상설교(눅 6:20-49) 이전에 배치되어 있다(눅 5:12-16). 이런 경우에 복음사가는 일어난 일을 이후에 기억하고 적은 것이다. 하지만 이러한 재배치 역시 성령의 감화로 그렇게 한 것이다. 이전에 일어난 것을 뒤에 배치하기도 하고, 나중에 일어날 일을 앞에 배치하기도 한다. 이것은 중요도에 따라서 신적 영감이 그렇게 지시하신 것이다.

아우구스티누스에 따르면, 복음사가들은 사건들을 상징성에 따라 배열했지, 시간적으로 역사적으로 배열한 것은 아니다. 따라서 순서상의 불일치는 문제가 되지 않는다. 순서가 다르게 나온다고 해서, 복음사가들이 특정 사건에 대해 무지했다거나, 사건들의 순서에 대해 몰랐다고 할 수 없다(cons. Ev. 2.42.90).

아우구스티누스는 복음서 내러티브 상의 순서가 실제 역사적 순서와 일치하지 않을 수 있다는 사실을 계속 주지시킨다. 따라서 서로 가까이 붙어 있는 사건이라고 해서 반드시 시간적으로 연속적일 필요는 없다. 사건을 생략할 수 있다면, 시간 간격도 생략할 수 있는 것이다(cons. Ev. 2.17.34; 2.19.45-46).

셋째, 예수께서 전하신 말씀의 의미도 신중하게 고려해야 한다. 두 말씀이 함께 붙어 있을 때와 떨어져 있을 때 전혀 다른 뉘앙스를 지닐 수 있기 때문이다. 한 예로,

---

cuncta digessit, ut non solum, quid factum sit, uerum etiam, quemadmodum factum sit, intimaret?" (볼드체는 연구자의 것이다.)

23) Augustine of Hippo, "Reply to Faustus the Manichæan," in *St. Augustin: The Writings against the Manichaeans and against the Donatists*, ed. Philip Schaff, trans. Richard Stothert, vol. 4, A Select Library of the Nicene and Post-Nicene Fathers of the Christian Church, First Series (Buffalo, NY: Christian Literature Company, 1887), 343-44.

24) Augustine, "Agreement among the Evangelists," in *New Testament I and II*, 219.

아우구스티누스는 마 26:45-46에 나오는 표현과 막 14:41에 나오는 표현을 비교한다(*cons. Ev.* 3.4.11). 마 26:45에서 예수께서는 "이제는 자고 쉬라 보라 때가 가까이 왔으니 인자가 죄인의 손에 팔리느니라."라고 하신 다음에 곧장 "일어나라 함께 가자 보라 나를 파는 자가 가까이 왔느니라."라고 말씀하신 것처럼 되어 있다. 그래서 어떤 사람들은 "이제는 자고 쉬라"고 하신 예수의 말씀이 허락이 아니라, 비난의 의미를 담고 있는 것으로 해석한다. "잘들 자고 쉬어 봐라."라고 하신 것처럼 말이다.

하지만 막 14:41을 보면, "세 번째 오사 그들에게 이르시되 이제는 자고 쉬라 **그만 되었다** 때가 왔도다 보라 인자가 죄인의 손에 팔리느니라."라고 되어 있다. "이제는 자고 쉬라"는 말씀과 "때가 왔도다"라는 말씀 사이에 "그만 되었다"라는 말씀이 삽입되어 있는 것이다. 이것은 전자의 말씀을 하신 후에 어느 정도 시간이 지났음을 짐작하게 한다. 그래서 "그만 되었다"라는 예수의 말씀은 "이제는 어느 정도 쉬었으니 족하다"라고 해석할 수 있다. 그렇다고 하면, "이제는 자고 쉬라"는 말씀은 비난의 의미가 아니라, 배려의 의미로 읽힐 수 있다.

이처럼 예수께서 하신 동일한 내용의 말씀이 맥락에 따라서 다른 뉘앙스를 지닐 수 있다. 이것은 복음사가들 사이의 충돌이나 모순으로 이해되어서는 안 되고, 오히려 예수께서 하신 말씀의 풍성한 뉘앙스 중에 일부를 전달하고자 하는 의도 속에서 이해되어야 한다. 이에 대해서 중세의 토마스 아퀴나스는 다음과 같이 말했다. "문자적 의미는 저자가 의도하는 것이며, 성경의 저자는 한 번에 모든 것을 총체적으로 이해하시는 하나님이시다. 따라서 성 아우구스티누스가 말한 것처럼 성경의 한 구절 안에는 많은 문자적인 의미들이 존재한다 하더라도 괜찮다."[25]

넷째, 복음사가들 사이의 다양성은 의미를 더욱 풍성하게 전달해 준다. 아우구스티누스는 『복음사가들의 일치』(3.4.14)에서 이렇게 말한다.

> 우리는 지금 복음사가들의 일치를 다루고 있다. 그런데 그들이 사용한 어휘들의 다양성에서 우리는 다음과 같은 도움 되는 진리를 배운다. 진리를 듣기 위해 필수적인 한 가지는 어휘들 자체가 아니라 그들이 전달하고자 했던 의미라는 사실이다.[26]

아우구스티누스는 복음사가들이 예수께서 기도하신 장면을 묘사할 때에 사용한 어휘들을 가지고 이런 원리를 증명한다. 어떤 복음사가는 "아버지여"라고 예수께서

25) Thomas Aquinas, *Summa Theologiae*, I-I, q.1, 10.
26) *cons. Ev.* 3.4.14. Augustine, "Agreement among the Evangelists," in *New Testament I and II*, 265.

부르셨다고 기록하고, 다른 복음사가는 "아빠 아버지여"라고 부르셨다고 기록한다. 아우구스티누스는 예수께서 "아빠 아버지여"라고 부르셨을 것이라고 본다. 하지만 복음사가들이 사용했던 어휘들의 다양성은 오히려 예수께서 사용하신 호칭이 지닌 의미를 더 풍성하게 밝혀준다. "아버지여"라는 호칭에서 우리는 신자들의 통일성을 본다. 모든 신자들은 예수 그리스도와 함께 하나님을 "아버지여"라고 부를 수 있다. "아빠 아버지여"라는 호칭에서 우리는 이스라엘 백성들과 이방인이 하나임을 알게 된다. "아빠"라는 단어는 아람어로서 이스라엘 백성들이 사용하던 호칭이다. "아버지여"라는 호칭은 이방인들도 사용하던 호칭이다. 따라서 "아빠 아버지여"라는 호칭은 신자들의 통일성을 좀 더 풍성하게 지시해 준다. 이러한 설명을 통해서 아우구스티누스는 예수께서 사용하신 용어를 복음사가들이 약간씩 다르게 전달함으로써, 그 의미의 풍성함을 더 드러내고자 했다고 주장한다.[27]

또 다른 예를 보자. 풍랑이 이는 바다를 잔잔하게 하실 때에, 마 8:26에서는 예수께서 "어찌하여 무서워하느냐 믿음이 작은 자들아?"라고 말씀하셨다고 적고 있지만, 막 4:40에서는 "어찌하여 이렇게 무서워하느냐 너희가 어찌 믿음이 없느냐?"라고 말씀하셨다고 적고 있다. 이에 대해 아우구스티누스는 마가가 의도했던 것은 "온전한 믿음"이었다고 본다. 그래서 "어찌 너희들은 완전한 믿음이 없느냐?"라는 내용이 예수의 의도라고 보고 "너희가 어찌 믿음이 없느냐?"라고 적었다. 반면 마태는 그 의도를 풀어서 설명했다. 그래서 "어찌 너희들은 믿음이 적은 것이냐?"라는 물으셨다고 적었다. 아우구스티누스는 아마도 예수께서는 "어찌하여 이렇게 무서워하느냐? 너희가 어찌 믿음이 없느냐, 믿음이 작은 자들아?"라고 말씀하셨다고 본다. 그중에서 마태와 마가는 그 중심 의도만 살려서 각자 일부만 적은 것으로 해석한다.[28]

따라서, 동일한 사건 속에서 예수께서 전하신 말씀의 어휘가 복음서끼리 다르더라도 상관없다. 한 복음사가는 정확한 어휘를 전해 주었고, 다른 복음사가는 그 의미를 전해 주었기 때문이다. 복음사가들은 다른 의미를 동일한 단어로 사용할 수도 있고, 동일한 단어를 다른 의미로 사용할 수도 있었다. 중요한 것은 중심적 의미와 핵심 의도이다. 아우구스티누스에 따르면, 복음사가들이 사용한 어휘는 다를지라도, 그 핵심적인 의미가

---

27) *cons. Ev.* 3.4.14에 나오는 예이다. Augustine, "Agreement among the Evangelists," in *New Testament I and II*, 264-65.

28) *cons. Ev.* 2.24.55에 나오는 예이다. Augustine, "Agreement among the Evangelists," in *New Testament I and II*, 203.

동일하다면 동일한 사건을 전달하고 있는 것으로 봐야 한다.29) 이처럼 그는 복음서가 진실을 전달한다는 전제하에, 그들 사이의 어휘적 다양성을 인정하는 태도를 보인다.

흥미로운 것은 그러한 사실에서 아우구스티누스는 일상생활 속에서도 그러한 다양성이 용납될 수 있다고 주장한다는 점이다. 그는 "만일 몇몇 사람들이 동일한 일을 말할 때, 한 사람이 다른 사람과 표현이 다르다고 해서 우리가 그 사람을 거짓말하고 있다고 고소할 수 없다. 왜냐하면, 복음사가들이 자신을 변호할 때 선례를 제공하고 있기 때문이다."라고 적고 있다.30) 복음서가 진리를 전달할 때 어휘적 다양성을 사용하고 있기에, 우리 역시 동일한 사건을 언급할 때 반드시 똑같은 어휘들을 사용할 필요는 없다는 주장이다. 현대인들이라면 다양성의 법칙에 근거하여 복음서의 다양성을 인정하는 쪽으로 논의를 진행할 것이다. 하지만, 아우구스티누스는 복음서가 지니는 어휘적 다양성에 근거하여 일상적 삶에서도 표현적 다양성이 용납될 수 있다고 주장하고 있다.31) 그만큼 그에게 하나님의 말씀이 가지는 권위는 절대적인 것이었다.

다섯째, 인간 언어의 한계를 기억하고 성령의 능력을 신뢰해야 한다. 아우구스티누스는 복음서가 모두 다 진리이지만 다른 어휘들을 사용하고 있는 것은 하나님의 진리가 모든 인간의 능력을 뛰어넘어 역사함을 보여주는 것이라고 주장한다. 복음서가 지니는 어휘적 다양성은 인간의 교만과 오만에 대한 치료적 역할을 한다. 인간은 하나님의 역사조차도 자신의 이성에 맞게 끼어맞추려고 한다. 하지만 하나님은 언제나 인간의 한계를 뛰어넘어 역사하시는 분이시다. 그는 이러한 사실이 복음서 기록을 통해서도 드러났다고 본다.

그 한 예로, 아우구스티누스는 칠십인경(Septuaginta; LXX)을 가져온다. 그는 칠십인경에 나오는 번역이 항상 히브리어 원문을 제대로 전달하고 있는 것이 아님을 알고 있다. 만일 이성적으로만 접근한다면, 칠십인경을 사용하는 사람들은 하나님의 말씀을 많이 오해할 것이라고 생각할 수 있다. 하지만 아우구스티누스는 그렇지 않다고 본다. 왜냐하면 성령의 역사가 함께 역사하기 때문이다.32) 히브리어 성경을 주셨던 바로 그 성령께서 칠십인경을 번역하고 사용하는 사람들에게 역시 역사하신다. 따라서 신자들은

---

29) *cons. Ev.* 2.12.28. Augustine, "Agreement among the Evangelists," in *New Testament I and II*, 189.

30) *cons. Ev.* 2.12.28. Augustine, "Agreement among the Evangelists," in *New Testament I and II*, 189.

31) Paffenroth, "Introduction (*Agreement among the Evangelists*)," in *New Testament I and II*, 135.

32) *cons. Ev.* 2.66.128. Augustine, "Agreement among the Evangelists," in *New Testament I and II*, 237-38.

하나님께서 칠십인경을 통해서 역시 진리를 주실 수 있음을 믿을 수 있다. 아우구스티누스가 지적한 이러한 내용은 다른 번역 성경에도 적용할 수 있다. 완벽한 번역이란 있을 수 없을 것이다. 하지만 성령께서 역사하시므로 번역 성경을 통해서도 신자들은 진리를 배우고 하나님의 뜻에 따른 신앙생활을 할 수 있다.[33] 말은 사건보다 하위에 있다. 따라서 사건(res)이 파악이 된다면 굳이 말들(verba)에 연연해 할 필요가 없다. 아우구스티누스에 따르면,

> 비록 복음사가들의 어휘가 다르다고 해도 그들은 결코 하나님의 뜻을 떠나지 않았다. 하나님의 뜻에서부터 어휘들이 나왔고, 어휘들은 하나님의 뜻에 복종해야 한다. 그들은 우리가 그 네 복음사가들이 보여주는 일치의 다양성 속에서(concordi quadam diversitate) 놀라는 그 동일한 것 외에 다른 것을 보여주고자 하지 않았다. 만일 어떤 사람이 일치하고 동의해야 하는 바로 그분의 의도에서 떠나지 않았다면, 어떤 것을 다른 사람과 다르게 표현했다고 해서 그것이 거짓이라고 말해서는 안 된다.
> 이것을 아는 것은 거짓을 경계하고 판단하기 위한 도덕과 신앙에 도움이 된다. 우리는 하나님께서 우리에게 진리를 맡기실 때 사건 자체만 주실 뿐 아니라, 일종의 신적인 소리를 주셔서 그 표현된 어휘들을 통해 진리를 맡기신다고 생각해서는 안 된다. 오히려 우리가 배워야 하는 사건은 그것을 가르치는 어휘들보다 훨씬 더 위에 있고, 따라서 사건 자체를 우리가 알 수 있다면 어휘들에 대해서는 물을 필요가 없다고 봐야 한다. 마치 하나님께서 그 사건을 알고 계시고, 그분의 천사들이 그분 안에서 그것을 알고 있는 것처럼 말이다.[34]

---

33) 리처드 바인스(약 1600-1655)에 따르면, 번역된 성경이 하나님의 말씀인 까닭은 성경이 외피에 따라 좌우되지 않고 골수를 담고 있기 때문이다. 번역된 성경에서 나온 것 역시 같은 포도주다. 번역은 단지 그릇 또는 꼭지에 불과하다. Richard Vines, *The Authours, Nature, and Danger of Haeresie Laid Open in a Sermon Preached before the Honorable House of Commons* … (London: W. Wilson for Abel Roper, 1647), 68-69; 조엘 비키, 마크 존스, 『청교도 신학의 모든 것』, 김귀탁 역(서울: 부흥과개혁사, 2015), 33에서 재인용.

34) Augustine, "Agreement among the Evangelists," in *New Testament I and II*, 238. *cons. Ev.* 2.66.128 (CSEL 43,230): "ergo et ipsi nonnulla in eloquio uariando et ab eadem uoluntate dei, cuius illa dicta erant et cui uerba seruire debebant, non recedendo nihil aliud demonstrare uoluerunt quam hoc ipsum quod nunc in euangelistarum quattuor **concordi quadam diuersitate** miramur, qua nobis ostenditur non esse mendacium, si quisquam ita diuerso modo aliquid narret, ut ab eius uoluntate, cui consonandum et consentiendum est, non recedat. quod nosse et moribus utile est propter cauenda et iudicanda mendacia et ipsi fidei, ne putemus quasi consecratis sonis ita muniri ueritatem, tamquam deus nobis quemadmodum ipsam **rem**, sic **uerba**, quae propter illam sunt dicenda, commendet, cum potius ita res, quae discenda est, sermonibus, per quos discenda est, praeferatur, ut istos omnino quaerere non deberemus, si eam sine his nosse possemus, sicut illam nouit deus et in ipso angeli eius." (볼드체는 연구자의 것이다.)

여기에서 아우구스티누스는 인간 언어의 한계를 생각한다. 중요한 것은 동일한 언어를 사용했느냐 아니냐가 아니라, 동일한 사건을 통해서 진리가 전달되었느냐 하는 것이다. 동일한 사건에 대해서 여러 사람이 말할 때에 단지 언어에만 집중한다면, 그중에 한 사람은 다른 사건을 전달한 것처럼 인식될 수도 있다. 하지만 사용된 언어가 좀 다르더라도 동일한 사건을 전달하는 경우가 흔하다. 그것은 인간 언어의 한계 때문에 발생하는 일이다. 아우구스티누스는 그러한 한계 때문에, 복음사가들이 틀렸다고 봐서는 안 된다고 주장한다.

여섯째, 합리적으로 설명을 제시하되, 인간 이성의 한계 역시 기억해야 한다. 예를 들어, 마 27:9에 나오는 '예레미야'는 '스가랴'로 고쳐 읽고 슥 11:12-13의 인용으로 읽어야 할 것 같다. 하지만, 아우구스티누스는 많은 초기 헬라어 사본들이 '예레미야'를 가지고 있고, 갑자기 '예레미야'를 일부러 집어넣을 이유는 없기에 차라리 더 어려운 독법인 '예레미야'를 취하는 것이 좋다고 본다.35) 이것은 "더 어려운 독법"을 취하는 현대의 비평방법과 유사한 접근이다. 그러면서 아우구스티누스는 합리적인 추측들을 제시한다. 그에 따르면, 마태는 렘 32:6-44도 역시 염두에 두었을 수도 있다. 마 27:9-10은 구약의 오직 한 본문의 인용이라고 볼 수는 없기 때문이다. 따라서 아우구스티누스는 마태가 렘 32:6-44만 인용하고, 슥 11:12-13은 독자들이 연관해서 찾아보도록 했을 수 있다고 본다.

심지어 아우구스티누스는 합리적으로 생각했을 때 말이 안 되는 경우는 사본이 훼손되었을 가능성 역시 고려해야 한다고 주장한다.36) 가령, 고전 15:5에서 부활하신 예수께서 "열두 제자"에게 보이셨다고 할 때, "열한 제자"로 읽는 것이 더 옳다. 이 부분은 후대의 어떤 사람이 원본을 수정해서 그렇게 되었을 가능성이 있다고 아우구스티누스는 제안한다. 하지만 그는 또한 다른 가능성도 제시한다. 고전 15:5에 나오는 "열두 제자"가 복음서에 나오는 열두 제자가 아니라 다른 열두 제자일 수 있다는 것이다. 혹은 바울은 12라는 숫자를 아주 신비스럽게(혹은 성례로) 보았기에, 그대로 남겨 놓았을 수 있다. 그렇다고 해서, 바울이 크게 잘못한 것은 아닌 것이, 이후에 맛디아를 선출하여 가룟 유다를 대신했기 때문이다(행 1:26).37)

---

35) *cons. Ev.* 3.7.29. Augustine, "Agreement among the Evangelists," in *New Testament I and II*, 274.

36) *cons. Ev.* 3.25.71. Augustine, "Agreement among the Evangelists," in *New Testament I and II*, 304-5.

37) *cons. Ev.* 3.25.71. Augustine, "Agreement among the Evangelists," in *New Testament I and II*, 304-5.

또한, 아우구스티누스는 유사한 사건이 여러 번 일어났을 가능성도 있다고 말한다.[38) 가령, 예수께서 맹인 두 사람을 고치신 사건은 마 9:27-31과 마 20:29-34에 나온다. 이런 일은 유사한 사건이 반복된 것으로 보는 것이 합리적이다.

이처럼 아우구스티누스는 이성을 가지고 설명할 수 있는 부분은 합리적으로 납득이 되는 한도 내에서 설명하길 원한다. 하지만 그는 동시에 성경해석에서 이성을 너무 많이 따라가면 초월적 요소를 무시할 수 있음을 경계한다. 이성을 너무 많이 무시하면 불합리하고 우스꽝스러워지겠지만, 반대로 이성만을 우선시 하면 영적 요소가 소멸될 수 있다. 따라서 복음서의 해석자들은 이성적 해석과 영적 해석 사이에서 균형을 가져야 한다.

## 설교자들을 위한 제언

아우구스티누스의 복음서 해석은 오늘날에도 여전히 유효한 부분이 많으며, 성경 해석자들뿐만 아니라 설교자들에게도 다음과 같은 교훈을 준다.[39)

첫째, 복음서에 대한 이해는 설교자로서 매우 중요하다. 설교자 아우구스티누스가 사역 초기부터 복음서를 깊이 있게 연구한 것은 우연이 아니라 분명한 의도성을 지닌 것이다. 이를 통해 우리는 설교자가 복음서 하나를 택하여 전체를 설교하는 것이 전체 목회 및 사역에서 아주 중요함을 깨닫게 된다. 예수 그리스도의 생애를 깊이 이해하는 것이 구약과 신약의 나머지 성경을 설교하는 데 있어서 기초가 되기 때문이다.

둘째, 복음서를 설교할 때에 복음서끼리 비교하면서 설교하는 것에는 유익이 있다. 이때 같은 사건에 대해서 복음서끼리 서로 다른 표현이 사용되는 경우, 설교자는 풍성함이 더 드러나는 쪽으로 해석하는 것이 바람직하다. 내용을 잘라버리지 말고, 보다 더 긴 본문을 가지고 보다 더 짧은 본문을 보충하는 식으로 하는 것도 좋을 것이다.

셋째, 하나의 복음서 자체만으로 설교하는 것도 결코 나쁘지는 않다. 예를 들어, 다른 복음서를 굳이 참조하지 않고, 마태복음만으로 설교를 진행하는 것도 좋다. 그럴 때는 그 복음서 안에서 예수님의 말씀의 배열이나 사용된 어휘의 특성을 깊이 고려하는 것이 필요하다.

넷째, 복음서의 배열이 엄밀하게 시간적 배열로 되어 있다고 볼 필요는 없다. 같은 사건이라도 복음서마다 배열상 다른 위치에 삽입할 수 있다. 따라서 설교자가 하나의

---

38) *cons. Ev.* 2,29,69; 30,77; 50,104-5 등을 보라.
39) 아우구스티누스의 교리 설교에 대해서는 아래 책을 보라. 우병훈, 『교리 설교의 모든 것』(서울: 두란노, 2024), 65-75.

이야기 단위를 앞뒤의 맥락과 연결하여 설명할 때, 시간적 연결보다는 신학적 연결을 추구하는 것이 바람직하다.

다섯째, 복음서끼리 조화를 시킬 때 중요한 것은 동일한 진리의 전달이다. 복음서 안에서 반드시 같은 단어가 사용되어야 할 필요는 없다. 표현상 차이도 사건이 동일하게 전달되면 너무 크게 신경쓰지 않아도 된다. 또한 생략은 충돌이 아님을 기억해야 한다. 사용된 어휘보다 사건에 대한 분명한 설명이 중요하다. 그리고 그것을 통해 그리스도의 말씀과 사역에 대해 제대로 이해시키는 것이 중요하다.

여섯째, 성경해석에서 인간 언어의 한계와 이성의 한계를 인정하고 성령을 의존해야 한다. 설교자가 복음서 설교에서 주의를 기울여야 하는 것은 1차적으로 어떤 논리적 설명에 있지 않고, 성령께서 전달하고자 하는 진리에 있다. 따라서 설교자는 겸손하게 성령을 의지해야 한다.

일곱째, 복음서가 구약을 어떻게 성취하고 있는지 보여주어야 한다. 예수 그리스도는 구약의 모든 언약과 예언의 성취자가 되시기 때문이다. 아우구스티누스가 말하듯이, 복음서는 율법과 선지자로부터 증거를 얻는다(롬 3:21 참조).[40] 따라서 설교자는 복음서를 해석할 때에 구약과 연결지어, 성경으로 성경을 해석하는 원리를 적용해야 한다. 성경은 그 자신의 해석자(*Scriptura sacra interpres sui ipsius*)이기 때문이다.

---

40) *Quaestiones Evangeliorum*(『복음서에 관한 질문』), 2.38.4.

| | |
|---|---|
| 354 타가스테에서 출생. | 401 6월 15일, 카르타고 5차 회의. |
| 370 마다우라에서 타가스테로 돌아옴. | 예전 막시미아누스파 사제를 조사하기 |
| 371 카르타고에 최초로 가다. | 위해서 아수라스와 무스티로 가다. |
| 372 아버지 파트리키우스 사망. 동거녀를 | 9월 13일, 카르타고 6차 회의. |
| 얻다. | 주교로 선출되기 위해서 히포 디아르휘 |
| 373 『호르텐시우스』를 읽다. 아데오다투스 | 투스에 거주하다(9월말). |
| 출생(?). | 『결혼의 선익』, 『거룩한 동정』. |
| /382 마니교의 청강자(auditor; | /405 『페틸리아누스 서간 반박』. |
| Hauschild) | /416 『창세기 문자적 해설』. |
| 아리스토텔레스의 『범주론』 | 402 8월 7일, 7차 회의를 위해 밀레비스에 |
| 독학(『고백록』 4.16.28). | 머물다. |
| 375 카르타고에서 타가스테로 돌아와 가르 | 403 8월 25일, 카르타고 8차 회의. 11월 |
| 치다. | 8일까지 간헐적으로 카르타고에서 설교 |
| 376 친구의 사망. 카르타고로 돌아가다. | 404 6월 26일, 카르타고 9차 회의. |
| 380 『아름다운 것과 적합한 것에 대해』 | 405 『교회의 일치』. |
| 집필(소실). | 8월 23일, 카르타고 10차 회의. |
| 382 마니교 주교 파우스투스를 만남 | /406 『도나투스파 문법학자 |
| (『고백록』 5.3.3). | 크레스코니우스 반박』. |
| 383 로마를 향해 항해하다. | 406 『악마의 점술』(반달족 이탈리아 침입). |
| 여전히 마니교도와 친분 | 407 투부르시쿰 11차 회의 열림(6월 말). |
| (『고백록』, 5.10.18). | 407-408 『요한복음 강해』. |
| 384 밀라노 수사학 교수로 임명되다(가을). | 408 6월 16일 카르타고 12차 회의. |
| 암브로시우스 만남(『고백록』, 5.13.23). | 10월 13일 카르타고 13차회의 |
| 385 모니카, 밀라노에 도착하다(늦봄). | (참석여부 불확실). |
| 동거녀와 헤어짐. | 카르테나의 도나투스파 주교 |
| 알리피우스와 네브리디우스 교류. | 빈켄티우스에게 보내는 편지 93. |
| 386 심플리키아누스와 만남 | /409 『이교인 반박 여섯 질문』 |
| (『고백록』, 8.2.3-5.12). | (=편지 102). |
| 빅토리누스가 라틴어로 번역한 | /412 『금식의 유익』. |
| 플라톤주의 책들을 읽다(6월?). | 409 알라릭(서고트족) 로마 포위. |
| 폰티키아누스와 만남 | 도나투스파 관용 누림. |
| (『고백록』, 8.6.13-7.18). | 6월 15일, 카르타고 14차 회의 |
| 개종(8월 말; 롬 13:13). | (참석여부 불확      실). |
| 카시키아쿰으로 가다(9월). | 메모르에게 보내는 편지 101. |
| 『아카데미아 학파 반박』(11월). | 도나투파 주교 마르코비우스 히포에 |
| 『행복한 삶』(11월).『질서론』(12월). | 다시 들어오다. |
| 『독백』(겨울). | 410 6월 14일, 카르타고 15차 회의. |

41) 이 연대표는 피터 브라운, 『아우구스티누스』, 정기문 역(서울: 새물결, 2012)에 나오는 정보들을 바탕으로 발췌하고 수정한 것이다.

387 밀라노로 귀환(3월 초).
　　『영혼의 불멸』(3-4월).
　　4월 24일, 세례.
　　『음악론』집필 착수.
　　오스티아의 환상. 모니카의 사망.
388 오스티아에서 로마로 가다.
　　다음 해 후반기까지 로마에 머물다.
　　『영혼의 위대함』(상반기).
　　『자유의지론』(1권).
　　/390 『보편교회의 관습』
　　　　(=『가톨릭교회의 삶의 방식과
　　　　마니교의 삶의 방식에 대해』).
　　카르타고로 갔다가 타가스테로 가다.
　　/389 『마니교도 반박 창세기 해설』.
　　/396 『83개의 다양한 질문들』.
389 『교사론』.
　　/391 『참된 종교』.
390 네브리디우스와 아데오다투스의 사망.
391 수도원을 짓기 위해 히포에 도착(봄).
　　/392 『믿음의 유익』.
　　/392 『(마니교도 반박) 두 영혼』.
　　/395 『자유의지론』(2-3권).
392 8월 28-29일 히포에서 포르투나투스와
　　토론.
　　『마니교도 포르투나투스 반박』.
　　그리스인들의 성경 해설을 라틴어로
　　번역해줄 것을 히에로니무스에게 요청.
　　/420 『시편 강해』
　　(392년에 시편의 처음 32편에 대한
　　주석 작성).
393 12월 3일, 히포의 종교회의.
　　『신앙과 신경』을 설교.
　　/395 『창세기 문자적 해설 미완성
　　작품』.
394 히포에서 '축제' 억제.
　　『도나투스파 반박 시편』.
　　『주님의 산상설교』.
　　6월 26일, 카르타고 1차 회의.
　　카르타고에서 『로마서』 강의.
　　/395 『로마서 명제 해설』.
　　『로마서 미완성 해설』.

　　5월 19일부터 카르타고에서 머물다가
　　9월 11일 우티카로,
　　9월 22일 히포 디아르휘투스로 돌아감
　　건강이 안좋아 겨울동안 히포 교외의
　　빌라로 옮김.
　　「디오스쿠루스에게 보내는 서신」.
　　「세례의 유일성에 대해 페틸리아누스
　　반박」.
411 도나투스파에 맞서 1-3월까지 설교.
　　4-6월까지 카르타고뿐만 아니라
　　키트라에서도 설교.
　　펠라기우스의 견해가 카르타고에 퍼지고
　　있는 것과 카일레스티우스가 정죄
　　받았다는 것을 전하 마르켈리누스의 편
　　지가 연말에 도착.
　　/412 『도나투스파 반박 토론 초록』.
　　/412 『죄벌과 용서 그리고 유아세례』.
412 6월 14일, 키르타에서 종교회의.
　　9-12월 사이 카르타고에서 정기적으로
　　설교.
　　『도나투스파 반박 토론 초록 후서』.
　　『영과 문자』.
　　「신약의 은총에 대해」.
413 카르타고에 머물다(1월 중순).
　　「파울리나에게 보내는 하나님에게 보임
　　에 대해」.
　　『신앙과 행위』.
　　6월과 8월 그리고 9월에 카르타고에 머
　　물면서 마르켈리누스를 구명하기 위해
　　노력.
　　『신국론 1-3』(마르켈리누스 사망 이전에
　　쓰여짐).
　　/415 『신국론 4-5』.
　　/415 『본성과 은총』.
414 「율리아나에게 보내는 과부 신분의 좋
　　음에 대해」.
　　『삼위일체론』모습을 드러내다.
　　/416-17 『요한복음 강해』
　　(아마 407-408에 시작).
416 마우레타니아에 있는 카이사레의
　　도나투스파 주교인 에메리투스와 논쟁.

『갈라디아서 해설』.
『거짓말』.
395 아우구스티누스, 발레리우스 주교 사후
후임자로 서임.
396 『(여러 질문에 대해)심플리키아누스께』.
『마니교 기조 서간 반박』.
『그리스도인의 투쟁』.
/426-7 『기독교의 가르침』.
397 6월 26일, 카르타고 2차 회의.
8월 28일, 카르타고 3차 회의.
397 투부르시쿰 부레에서 도나투스파 주교
인 포르투니우스와 토론.
/400 『복음서에 관한 질문』.
/398 『마니교도 파우
스투스 반박』.
/401 『고백록』.
398 『마니교도 펠릭스 반박』(12월).
399 4월 27일, 카르타고 4차 회의.
『(마니교도 반박) 선의 본성』.
『마니교도 세쿤디누스 반박』.
『욥기 주해』.
/400 『입문자 교리교육』.
/419 『삼위일체론』.
400 『보이지 않은 사물에 관한 믿음』 설교.
『복음사가들의 일치』.
『파르메니아누스 서간 반박』.
400 /401 『(도나투스파 반박) 세례론』.
『야누아리우스의 질문』.『수도사의 일』.

Ad Emeritum episcopum
Donatistarum post conlationem
(소실). Sermo ad Caesariensis
ecclesiae plebem.
/『신국론 11』.
421 /422 『도나투스파 주교 가우텐티우스
반박』.
6월 13일, 카르타고 18차 회의.
『율리아누스 반박』.
/423 『(라우렌티우스에게 보내는)
신앙핸드북』.
/424 『죽은 이를 위한 배려』.
422 /425 『둘키티우스의 여덟 질문』.
423 푸쌀라의 안토니누스 문제.
424 어떤 성직자(재산 일부를 헌납하지
않음) 권징.
425 『신국론 18』.
/427 『신국론 19-22』.
히포에서 추문. 설교 355-6(12월-1월).
426 밀레비스의 세베루스 사망.
계층 문제를 다루기 위해 밀레비스
방문.
세베루스의 계승자로
에라클리우스를 지명(9월 26일).
/427 『은총과 자유의지』.
/427 『훈계와 은총』.
/427 『재론고(Retractationes)』.
427 /28 『아리우스파 주교 막시미아누스와
의 토론』.
428 『아리우스파 막시미아누스 반박』.
『(쿠오드불트데우스에게 보내는)이단론』.
프로스페루스와 힐라리우스로부터
편지를 받다.
/429 『성도들의 예정』.
/429 『견인의 은사』.
429 /430 『유대인 반박』.
/430 『율리아누스 반박 미완성 작품』.
430 8월 28일, 아우구스티누스 사망 및
매장.

〈부록 2〉 아우구스티누스의 주요 주해작품 및 저술연대

| 약어 | 라틴어 이름 | 우리말 이름 |
|---|---|---|
| ad. Job | Adnotationes in Job | 『욥기 주해』(399) |
| cons. Ev. | De consensu Evangelistarum | 『복음사가들의 일치』(400) |
| en. Ps. | Enarrationes in Psalmos | 『시편 강해』(392-422) |
| ep. Jo. | In epistulam Joannis | 『요한 서간 강해』(407) |
| ep. Rm. inch. | Epistulae ad Romanos inchoata expositio | |
| | | 『로마서 미완성 해설』(394/395) |
| ex. Gal. | Expositio epistulae ad Galatas | 『갈라디아서 해설』(394/395) |
| ex. prop. Rm. | Expositio quarundam propositionum ex epistula apostoli ad Romanos | |
| | | 『로마서 명제 해설』(394/395) |
| Gn. adv. Man. | De Genesi adversus Manicheos | |
| | | 『마니교도 반박 창세기 해설』(388-389) |
| Gn. litt. imp. | De Genesi ad litteram imperfectus liber | |
| | | 『창세기 문자적 해설 미완성 작품』(393-395) |
| Gn. litt. | De Genesi ad litteram | 『창세기 문자적 해설』(401-416) |
| Jo. ev. tr. | In Johannis evangelium tractatus | |
| | | 『요한복음 강해』(407/408-419/420) |
| ps. c. Don. | Psalmus contra partem Donati | |
| | | 『도나투스파 반박 시편』(393/394) |
| qu. Ev. | Quaestiones Evangeliorum | 『복음서에 관한 질문』(c. 400) |
| s. Dom. mon. | De sermone Domini in monte | 『주님의 산상설교』(393/395) |
| s. | Sermones | 『설교』(391-430), 총562편 |
| Sent. Iac. | De sententia Iacobi (=Ep. 167) | |
| | | 『야고보서의 명제』(415)=『편지』 167 |

# 참고문헌

브라운, 피터. 『아우구스티누스』. 정기문 역. 서울: 새물결, 2012.

비키, 조엘, 마크 존스. 『청교도 신학의 모든 것』. 김귀탁 역. 서울: 부흥과개혁
　사, 2015.

아우구스티누스. 『고백록』. 성염 역. 파주: 경세원, 2016.

_____. 『그리스도교 교양』. 성염 역. 왜관: 분도출판사, 2011.

_____. 『신국론』. 전3권. 성염 역. 왜관: 분도출판사, 2004.

_____. 『질서론』. 성염 역. 왜관: 분도출판사, 2017.

우병훈. 『교리 설교의 모든 것』. 서울: 두란노, 2024.

_____. "아우구스티누스의　성경주석법과　설교론." 「고신신학」　21　(2019):
　173-223.

_____. "아우구스티누스의 창세기 해석의 유연성: '참된 의미는 생육하고 번성한
　다.'" 「개혁논총」 66 (2023): 45-85.

_____. "'참된 끝': 아우구스티누스의 『요한 서간 강해』 열 번째 강론에 나타나
　는 'finis'의 의미." 「생명과말씀」 38 (2024): 94-129.

윌리엄스, 로완. 『다시 읽는 아우구스티누스』. 이민희, 김지호 역. 고양: 도서출판
　100, 2021.

포시디우스. 『아우구스티누스의　생애』. 이연학,　최원오　역주. 왜관: 분도출판사,
　2008.


Augustinus. *Commentary on the Lord's Sermon on the Mount with
　Seventeen Related Sermons*. Edited by Hermigild Dressler. Translated
　by Denis J. Kavanagh. Vol. 11, The Fathers of the Church.
　Washington, DC: The Catholic University of America Press, 1951.

_____. *New Testament I and II*. Edited by Boniface Ramsey, Kim
　Paffenroth, and Roland Teske. Translated by Michael G. Campbell,
　Kim Paffenroth, and Roland Teske. Vol. 15 & 16. Works of Saint
　Augustine: A Translation for the 21st Century. Hyde Park, NY:
　New City Press, 2014.

_____. "Reply to Faustus the Manichæan." In *St. Augustin: The Writings
　against the Manichaeans and against the Donatists*. Edited by Philip
　Schaff. Translated by Richard Stothert, 151-345. Vol. 4. A Select
　Library of the Nicene and Post-Nicene Fathers of the Christian
　Church, First Series. Buffalo, NY: Christian Literature Company,
　1887.

_____. *The Retractations*. Edited by Roy Joseph Deferrari. Translated by
　Mary Inez Bogan. Vol. 60. The Fathers of the Church.

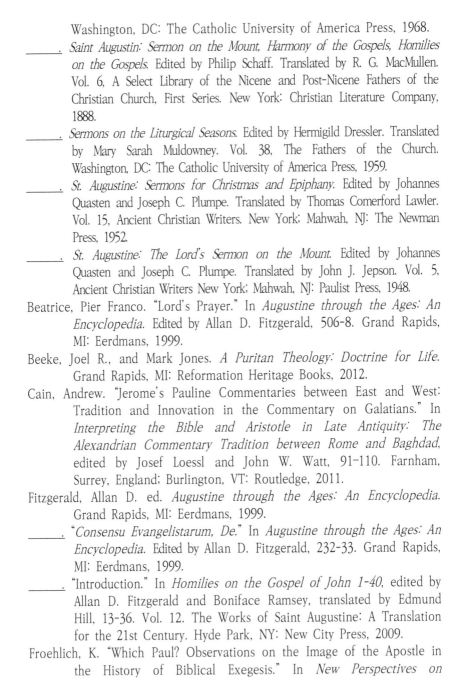

Washington, DC: The Catholic University of America Press, 1968.

_____. *Saint Augustin: Sermon on the Mount, Harmony of the Gospels, Homilies on the Gospels.* Edited by Philip Schaff. Translated by R. G. MacMullen. Vol. 6, A Select Library of the Nicene and Post-Nicene Fathers of the Christian Church, First Series. New York: Christian Literature Company, 1888.

_____. *Sermons on the Liturgical Seasons.* Edited by Hermigild Dressler. Translated by Mary Sarah Muldowney. Vol. 38, The Fathers of the Church. Washington, DC: The Catholic University of America Press, 1959.

_____. *St. Augustine: Sermons for Christmas and Epiphany.* Edited by Johannes Quasten and Joseph C. Plumpe. Translated by Thomas Comerford Lawler. Vol. 15, Ancient Christian Writers. New York; Mahwah, NJ: The Newman Press, 1952.

_____. *St. Augustine: The Lord's Sermon on the Mount.* Edited by Johannes Quasten and Joseph C. Plumpe. Translated by John J. Jepson. Vol. 5, Ancient Christian Writers New York; Mahwah, NJ: Paulist Press, 1948.

Beatrice, Pier Franco. "Lord's Prayer." In *Augustine through the Ages: An Encyclopedia.* Edited by Allan D. Fitzgerald, 506-8. Grand Rapids, MI: Eerdmans, 1999.

Beeke, Joel R., and Mark Jones. *A Puritan Theology: Doctrine for Life.* Grand Rapids, MI: Reformation Heritage Books, 2012.

Cain, Andrew. "Jerome's Pauline Commentaries between East and West: Tradition and Innovation in the Commentary on Galatians." In *Interpreting the Bible and Aristotle in Late Antiquity: The Alexandrian Commentary Tradition between Rome and Baghdad,* edited by Josef Loessl and John W. Watt, 91-110. Farnham, Surrey, England; Burlington, VT: Routledge, 2011.

Fitzgerald, Allan D. ed. *Augustine through the Ages: An Encyclopedia.* Grand Rapids, MI: Eerdmans, 1999.

_____. "*Consensu Evangelistarum, De.*" In *Augustine through the Ages: An Encyclopedia.* Edited by Allan D. Fitzgerald, 232-33. Grand Rapids, MI: Eerdmans, 1999.

_____. "Introduction." In *Homilies on the Gospel of John 1-40,* edited by Allan D. Fitzgerald and Boniface Ramsey, translated by Edmund Hill, 13-36. Vol. 12. The Works of Saint Augustine: A Translation for the 21st Century. Hyde Park, NY: New City Press, 2009.

Froehlich, K. "Which Paul? Observations on the Image of the Apostle in the History of Biblical Exegesis." In *New Perspectives on*

*Historical Theology*, edited by Bradley Nassif, 279–99. Grand Rapids, MI: Eerdmans, 1996.

Grant, Robert M. *A Short History of the Interpretation of the Bible*. Rev. ed. London: Black, 1965.

Hauschild, Wolf-Dieter and Volker Henning Drecoll. *Lehrbuch der Kirchen- und Dogmengeschichte*. Vol. 1, Alte Kirche und Mittelalter, 2nd ed. Gütersloh: Gütersloher Verlagshaus, 2016.

Hauschild, Wolf-Dieter *Lehrbuch der Kirchen- und Dogmengeschichte*. Vol. 1, Alte Kirche und Mittelalter, 2nd ed. Gütersloh: Gütersloher Verlagshaus, 2000.

Mara, Maria Grazia. "Ricerche storico-esegetiche sulla presenza del corpus paolino nella storia del cristianesimo dal II al V secolo." In *Paolo di Tarso e il suo epistolario*, edited by M. G. Mara, 6–64. L'Aquila: Japadre, 1983.

Mühlenberg, Ekkehard. "Augustin." In *Religion in Geschichte und Gegenwart*, edited by Hans D. Betz, Don S. Browning, Bernd Janowski, and Eberhard Jüngel, vol. 1. Tübingen: Mohr Siebeck, 19984.

Possidius. "Life of St. Augustine." In *Early Christian Biographies*, edited by Roy J. Deferrari, translated by Mary Magdeleine Muller, 67-124. Vol. 15, The Fathers of the Church. Washington, DC: The Catholic University of America Press, 1952.

Thiselton, Anthony C. *Hermeneutics: An Introduction*. Grand Rapids: Eerdmans, 2009.

Van Fleteren, Frederick. "Sermone Domini in Monte, De." In *Augustine through the Ages: An Encyclopedia*. Edited by Allan D. Fitzgerald, 771-72. Grand Rapids, MI: Eerdmans, 1999.

Verbarken, P.-P. "Les deux sermons du pretre Eraclius d'Hippone." *RevBen* 71 (1961): 3-21.

_____. "Lire aujourd'hui les Sermons de saint Augustin. A l'Occasion du XVIe Centenaire de sa Conversion." *NRTh* 109 (1987): 829-39.

_____. "Saint Augustine's Sermons: Why and How to Read Them Today." *Augustinian Heritage* 33 (1987): 105-16.

Vines, Richard. *The Authours, Nature, and Danger of Haeresie Laid Open in a Sermon Preached before the Honorable House of Commons* … . London: W. Wilson for Abel Roper, 1647.

Williams, Rowan. "Language, Reality and Desire in Augustine's *De Doctrina*." *Literature and Theology* 3 (1989): 138-50.

Woo, B. Hoon. "Augustine's Hermeneutics and Homiletics in *De doctrina christiana*: Humiliation, Love, Sign, and Discipline." *Journal of Christian Philosophy* 17.2 (2013): 97-117.

_____. "Pilgrim's Progress in Society: Augustine's Political Thought in the City of God." *Political Theology* 16.5 (2015): 421-41.

PL        Patrologia Latina.

CSEL    Corpus Scriptorum Ecclesiasticorum Latinorum.

CCL     Corpus Christianorum. Series Latina.

[Abstract]

Augustine's Principles for Interpreting the Gospels in *On Agreement among the Evangelists* (*De consensu Evangelistarum*)

Prof. Dr. Byung Hoon Woo

(Faculty of Theology)

Augustine wrote *On Agreement among the Evangelists* in 400 (or 404). This work consists of four books. Book I, with 35 chapters, deals with the divinity of Christ and the authority of the Gospels. It shows that the teachings of the Gospel writers are consistent with the teachings of Christ. Book II has 80 chapters, and Book III has 25 chapters. In these two books, Augustine uses the Gospel of Matthew as his standard, demonstrating that it harmonizes with the other three Gospels. Book IV is 10 chapters long and contains material from Mark, Luke, and John that is not found in Matthew. He also highlights the uniqueness of the Gospel of John. In this work, he lays out principles for interpreting the Gospels. First, an omission is not a conflict or contradiction. Second, the placement of events in the Gospels does not necessarily follow a chronological order. Third, the nuances and meanings of Jesus' words must be carefully considered. Fourth, the diversity among the Gospel writers adds to the richness of meaning. Fifth, we must remember the limitations of human language and trust in the power of the Holy Spirit. Sixth, we must offer rational explanations, but we must also remember the limitations of human reason. Thus, *On Agreement among the Evangelists* provides important interpretive principles for biblical interpreters and preachers.

Keywords: Augustine, *On Agreement among the Evangelists* (*De consensu Evangelistarum*), biblical interpretation, preaching, Gospel of Matthew

# 엔데믹 시대 교육의 주체에 관한 기독교교육적 성찰

홍성수 (고신대학교, 조교수, 기독교교육과)

## [초록]

4년여 걸친 코로나 감염병 사태로 온 세계는 에피데믹, 팬데믹, 그리고 엔데믹 상황을 겪었다. 초기의 기대와는 다르게 전염병 사태는 조기 종식되지는 못하였고 그만큼 일상으로의 회귀 시점도 늦추어졌다. 이 시기 전염병에 대한 엇갈린 의견들이 있었고 그만큼 일관된 정책과 대응 또한 늦어졌다. 코로나는 가정과 학교와 교회의 교육적 상황에 변화를 일으켰다. 부득이하게 교육에서의 멈춤 현상이 일어났고, 학생들은 가정에서 머무는 시간이 길어졌다. 본 글은 전염병에 대한 양극의 시각과 교회의 대응을 살피면서 코로나 사태 이후 교육에 대하여 기독교 교육적인 면에서 성찰하였다. 특별히 본 글은 언약적 관점에서 네 개의 주요한 교육적 책임기관들 곧 가정(부모), 교회, 학교, 국가(정부)의 적합한 관계에 대해 논의하였다. 언약은 성경으로부터 출발하여 네 개의 교육적 책임기관들이 하나님 앞에서 책임 있는 자세로 동일한 학생(자녀)을 교육하기 위해 협력적인 관계를 형성하게 한다. 이런 관계는 네 기관이 각각 요구하는 교육의 방향과 강조점으로 인하여 갈등과 충돌을 극복하게 한다. 그리하여 모두가 연합하여 하나님 나라 시민이요 예수 그리스도의 제자를 교육하게 이끈다. 따라서 엔데믹 시점에서 교육의 주체 곧 책임기관들에 대한 언약적 성찰을 통해 단순하게 코로나 이전의 일상으로의 회귀가 아니라 본질을 회복하고 합당한 교육으로 나아가야 한다.

키워드: 전염병, 엔데믹, 교육적 책임기관, 언약적 관점

## 들어가면서

코로나(COVID-19)는 네 번째 해를 거치면서 에피데믹에서, 팬데믹으로 그리고 어느덧 엔데믹으로 상황 변화를 보여왔다. 21세기에 에피데믹에 해당하는 질병은 여러 사례가 있었는데, 대표적인 것들로는 2002년의 SARS, 2012년의 MERS, 2014년의 ZIKA와 Ebola(서아프리카), 2016년의 황열병(Yellow fever, 중앙 아프리카와 브라질), 그리고 코로나 등이다. 그런데 에피데믹에서 팬데믹으로 확산한 경우는 2009년의 H1N1[1]와 2020년의 코로나(COVID-19)이다.[2] 21세기에 온 세계가 경험하고 있는 전염병은 이미 오랜 역사적 사례를 갖고 있다. 그런데 전염병 자체에 대해 본격적으로 접근하기 시작한 것은 오랜 인류 역사에 비할 때 오히려 짧다. 이는 전염병을 일으키는 원인에 대해 명확한 이해를 하지 못했을 뿐만 아니라, 현재 전염병 유발의 원인으로 알려진 세균이라든지 바이러스 자체를 확인할 수 있는 광학현미경 개발 역사가 거의 최근이기 때문이다. 따라서 전염병에 대해 이런 저런 가설을 할 수는 있었지만 그것들은 현대적 관점에서 볼 때 과학적 근거가 별로 없는 것이었고, 따라서 그런 가설로부터 나오는 처방과 대응 역시 제한적일 수밖에 없었다.

물론 여전히 전염병에 대한 논의는 이 분야에 많은 발전을 경험하고 있고 앞으로도 가능성 면에서 더 많은 발전을 예상할 수 있음에도 불구하고 이 문제에 있어서 여전히 확실한 원인 규명과 대응은 불가능하다. 또한 누적된 코로나 감염병으로 인하여 교회 환경 특히 예배와 교육의 상황은 많은 어려움과 변화를 겪었다. 무엇보다 예전에 비해 참여자들의 수가 현저하게 감소되었다. 어느 정도 안정이 되고 엔데믹 상황으로 나아가면서 교회 회집 수도 어느 정도 회복되었고 여러 대면 활동이 가능해졌으나 예전과 같은 일상으로 돌아간 것은 아니다.

한편 코로나 시기 변화는 부득이한 멈춤과 제한적 활동에 대해 본질에서부터 의미를 되짚어보는 기회를 제공하였다. 이런 점에서 지나간 코로나 기간은 부정적 퇴보의 시기가 아니라 본질이 무엇인지 고민하고 그것을 회복하게 하는 시간이었다는 점에서

---

1) H1N1(Influenza A virus subtype, H1N1)는 A형 인플루엔자 바이러스로 사람에게 발병하는 인플루엔자 중에서는 이것이 흔한 유형으로 나타난다. 사람이외에도 돼지, 새에도 감염 발병되곤 한다.

2) Michael J. Ryan (2023). *Future survelliance: For epidemic and pandemic diseases, a 2023 perspective*. World Health Orgnization. 26.

의미 있는 시기로 볼 수 있다. 교육이 실행되는 가정, 교육, 학교 등 주요 세 곳은 전염병 확산 시기에 가정을 중심으로 실행되어야 했고, 교회의 예배 역시 가정에서 실시되는 경우들이 많았다. 교육으로 한정할 때는 물리적으로 가정보다는 학교와 학원에서 주로 실행되었던 교육 그리고 가정보다는 교회에서 부족하나마 수행되었던 신앙교육이 불가피에 가정에서 이루어졌다.

본질적인 의미에서 그리고 언약적 관점에서 가정에서 자녀의 교육은 감염병 사태 가운데 부득이한 변화가 아니라 오히려 바른 순서가 무엇인지 생각하게 해 주었다. 교육의 책임기관 혹은 교육의 주체는 교육 대상인 학생을 둘러싸고 역동적인 관계를 통해 영향을 미친다. 기본적으로 이 책임기관들은 일차적으로는 가정의 부모, 그 다음으로는 교회와 학교의 교사, 또한 이에 대한 국가적인 영향 등을 거론할 수 있다. 평상시에는 이들 관계들이 복잡하게 얽혀 있음에도 그다지 일상에서 심각한 문제로 다가오지는 않았다. 그러나 전염병 시대에는 행정적인 제한을 가하기 때문에, 그리고 이것은 교육적 상황에 곧바로 직결되기에 가정과 교회와 학교에서 교육을 둘러싸고 적합한 해결책을 마련하는데 어려운 과제를 안겨 주었다. 이런 상황에서 본 글은 엔데믹 시대 전염병에 대해 역사적으로 오랫동안 양극화되었던 시각과 교회의 대응을 살펴보면서 특별히 언약적 관점에서 기독교 교육적 성찰을 진행하려고 한다.

## 1. 전염병의 발생과 대응

2019년 12월 중국 우한에서 경계할만한 바이러스 확산 조짐이 있었고, 이듬해 이것은 알려지지 않은 원인으로 온 세계 팬데믹 상황으로 확산되었다. WHO(World Health Organization)에 의해 코로나바이러스(SARS-CoV-2, COVID-19)로 명명된 이 전염병은 온 세계 경제, 사회, 공중보건 등 거의 모든 분야에 영향을 미쳤다. 이 사태는 단기간에 안정되지 못한 채로 4번째 해를 넘기면서 서서히 엔데믹 상황으로 전환되고 있다.[3]

코로나 시기를 거치면서 팬데믹(pandemic)이란 용어를 사용하였고, 3년이 지나가면서 위드(with) 코로나, 포스트(post) 코로나 시기를 준비해야 한다고 하였으며, 엔데믹(endemic)이란 말도 공공연히 사용되었다. 이런 용어들은 질병 확산 정도에 따라 쓰인다. 먼저 에피데믹(epidemic)은 특정 시기에 특정 원인으로 발생하여 어

---

3) Alpana Razdan et als 9 (2022). COVID-19 pandemic to endemic. *International Journal of Clinical Virology. HSPI.* The Open Acwess Publisher. 43-49.

떤 민족이나 공동체 사이에 유행하는 유행병이다. 이 시기에는 제한된 영역 안에서 확인되는 수준에 머물기 때문에 아직까지는 일반화되지 않는다.4) 팬데믹은 모든 사람에게로 질병이 광범위하게 확산될 때 사용한다. 이 용어는 그리스어인 판($\pi \alpha \nu$, all)과 데노스($\delta \tilde{\eta} \nu o \varsigma$, people, populace)의 합성어로 모든 사람에게로 영향을 미친다는 뜻을 갖고 있다. 이 단어는 때로는 영적이고 천상적인 혹은 초월적인 것에 반대하는 개념으로 사용되어 인간에 대한 혹은 세속적이거나 통속적인 의미로 사용되기도 하였는데, 이것이 질병과 연결하여 사용될 때는 전 세계적으로 유행하는 상황으로 일반적이고 우주적인 의미를 나타냈다.5) 또한 엔데믹(endemic)은 특정한 사람들이나 특정한 지역에서 끊임없이 또는 규칙적으로 발견되는 것으로 식물이나 동물의 경우에 사용된다. 특정한 지역에 한해서 토착하는 식물 혹은 동물 또는 원주민들에게 발견되는 경우이다. 이것이 질병과 관련하여 사용될 때는 어떤 지역에서 습관적으로 유행하는 것 그리고 항구적인 지역 원인으로부터 기인하는 것으로 이해된다.6)

코로나는 자연 감염과 2차 감염의 전 세계적 확산으로 2022년 당시 미국에서 89퍼센트에 달하는 이들이 예방접종을 했거나 감염자가 되었다. 이 사태로 인하여 온 세계는 감염이나 백신 접종의 방식으로 면역체계를 형성하고자 하였다. 이 질병 하나가 종종 심각한 생활 위협을 일으키고 감염자들로는 오랜 기간 후유증을 겪게 하면서 온 세계의 위기로 자리잡았다. 이 기간 세계는 코로나 바이러스 박멸로 나아가든지 또는 코로나 바이러스와 함께 하는 일상을 생각하게 되었다. 이런 식으로 코로나 사태는 에피데믹에서 팬데믹으로 그리고 위드코로나 혹은 엔데믹으로 진행되어왔다.7)

## 1.1. 전염병과 인구 변화

21세기에 들어서면서 지구상 인구는 거의 72억여 명을 상회하였다. 이 숫자는 산업혁명 시기 곧 1750년대의 인구 대비 9배가 늘어난 수치이다. 만약 인구가 계속 증가한다고 추정한다고 하면 2050년대에 지구는 거의 100억 명을 바라 볼 것이다. 물론 여러 가지 변수로 세계 전체 인구수는 감소할 수 있다. 따라서 2050년을 기점으로 정점을 찍고 감소할 경우 세계 인구는 2100년에 현재보다 감소한 70억 미만

---

4) J. A. Simpson and E. S. C. Weiner (2000). *The Oxford English Dictionary* 2$^{nd}$ edition. vol. V. Oxford: Clarendon Press, 328.
5) J. A. Simpson and E. S. C. Weiner (2000). vol. XI, 129.
6) J. A. Simpson and E. S. C. Weiner (2000). vol. V, 227.
7) Paul Monach, Westyn Branch-Elliman (2022). From Pandemic to Endemic. *Contagion*. Februry 14, vol. 07, No. 1.

이 될 수도 있고, 아니면 계속 증가하여 100억 명을 상회할 수도 있다. 아직 일어나지 않은 일이긴 하지만 인구의 증가 혹은 감소 여부에 따라 지구 생태계와 인간 삶의 질은 크게 달라질 수 있다.8)

이와같은 인구의 증가와 감소 문제에 대해서는 출산율 변화가 직접적인 영향을 주는 것인데, 단순한 출산율을 넘어서 각 나라 및 지역사회의 공중보건 환경에 따라 달라지는 생존율까지 감안할 때 신빙성 있는 결과를 확인할 수 있다.9) 인구의 증감에 관련하여 또 하나의 요인이 관심의 대상이 되어왔는데, 그것은 전염병이다. 전염병은 최근에 등장한 이슈는 아니며 오히려 오랫동안 지속적으로 인류 역사에서는 주요한 관심 주제였다. 특별히 전염병은 고대로부터 현대에 이르기까지 전쟁과 연결하여 화제가 되곤 했고, 근대 이후 팽창하는 제국주의의 어두운 단면이라 할 수 있는 노예제도와 식민주의 상황과도 연관되어 있다.10)

전쟁과 노예 그리고 전염병이 연관되는 것은 당연한 일이다. 질병의 전파는 대개 밀집된 환경과 높은 인구밀도에 비례하여 증가한다. 일례로 18세기 노예수송선 브룩수 호에는 배의 바닥을 빽빽하게 노예들로 채워 넣었는데, 이 지하바닥에는 창문이나 별다른 환기 장치가 없었다. 이 배는 1784년 노예들을 싣고 아프리카를 출발하여 카리브해로 기나긴 항해를 하였는데, 항해 끝에 노예 600여 명중 40여 명이 사망하였고, 생존자들 중 무려 300명에게서 괴혈병 증상이 나타났다. 특히 같은 배에 승선한 이들 중 노예로 붙잡힌 이들에게 더욱 심한 질병이 퍼졌다. 그 이유는 이들이 받았던 강압적이고 열악한 처우에 기인한 바 크다. 노예상인들과 선원들 등 백인들은 승선 중 공기도 자유롭게 마시고 양질의 음식과 음료를 먹고 마실 수 있었다. 그러나 노예로 잡힌 이들은 선실 밑바닥 좁은 공간에 겹겹이 짐처럼 쌓여서 몸도 움직일 수 없었을 뿐만 아니라 저급한 식량으로 버텨야 했으며 햇빛은 거의 볼 수도 없었던 것이다. 이 사례로부터 전염병을 방어하기 위하여 밀집된 환경에 대한 신선한 공기 주입, 양질의 음식 제공, 그리고 매일의 적당한 운동의 필요성이 확인되었다.11)

한편 전쟁 상황은 전염병의 확산을 촉진한다. 군인들은 좁은 공간에 밀집하여 생활할 뿐만 아니라 국경을 넘어 장거리 이동을 하기 때문이다. 인구 과밀 지역과 그리고

---

8) Jeffrey D. Sachs (2021). 『지속가능한 발전의 시대』 (The Age of Sustainable Development). 홍성완 역. 파주: 21세기북스. 23, 248.
9) Jeffrey D. Sachs (2021). 241.
10) Jim Downs (2022). 『제국주의와 전염병』 (Maladies of Empire: How Colonialism, Slavery, and War Transformed Medicine). 고현석 역. 서울: 황소자리출판사, 9.
11) Jim Downs (2022). 31-35.

공기 순환이 제대로 되지 않는 좁은 공간은 전염병의 확산 위험을 초래하는데, 그렇다면 외딴 시골보다는 도시화가 고도로 진행된 대도시가 위험하다고 할 수 있다. 물론 위생 상태가 적절히 해결된다고 하면 전염병을 방어할 수 있다. 그런데 문제는 인류가 전염병을 제대로 이해할 수 있게 된 때가 19세기 후반에 이르러서야 가능했다는데 있다. 즉 미생물에 의한 전염병이 오랫동안 인류 역사상 가장 많은 사망자를 낸 원인으로 인구 규모에 커다란 영향을 주었음에도, 이것에 본격적으로 대응할 수 있게 된 것은 최근의 일이었다.12)

### 1.2. 바이러스와 세균

파스퇴르(Louis Pasteur, 1822-1895)는 누에에 병을 일으키는 미생물을 발견하였고, 비로소 세균이론을 발표하였는데 그 때는 1865년이었다. 이때 모든 질병은 세균에 의해 발생하는 것이기 때문에 세균 전파 경로를 미리 알 수 있다면 감염을 방어할 수 있다는 것이 그의 가설이었다.13) 한편 바이러스는 프라카스토르(Girolamo Fracastro, 1483-1553)가 사용한 용어로 눈에 보이지 않는 살아 있는 전염병을 의미하는 것이었다. 그러나 이것은 15세기 당시로는 확인할 수 없었다. 그러다가 1939년에 이르러 백만 배 배율로 확대 시킬 수 있는 전자 현미경이 등장함에 따라 병의 원인이 되는 바이러스가 무엇인지 그 실체를 확인할 수 있게 되었다.14)

바이러스와 세균 모두 미생물로 눈에 보이지 않으며, 그 증상이 설사, 구토, 발열, 두통 등으로 유사하다는 점에서 이를 구분하는 것은 쉽지 않다. 그런데 이 둘은 엄밀히 볼 때 다른 것이다. 세균은 생명체로 받아들여진다. 그래서 세균은 세포의 형태를 갖고 있고 스스로 생존하고 번식한다. 이것이 생명체이기 때문에 이를 죽일 수도 있는데, 항생제가 이를 위해 사용된다. 반대로 바이러스는 이와는 달라서 세포의 형태가 아니며 독립적으로는 물질대사도 번식도 할 수 없고, 숙주에 붙어서만 존속한다. 과연 바이러스가 생명체인가 문제는 아직 결론이 나지 않았으나 이것이 생명체가 아니기에 없앨 수도 없고 약도 없다. 마치 감기 바이러스에는 약이 없다는 말이 이러한

---

12) David P. Clark (2020). 『전염병과 함께한 인류 역사』 (Germs, Genes, & Civilization: How Epidemics shaped who we are today). 파주: 원더북스. 49.

13) Clara Frölich (2015). 『세상을 바꾼 전염병의 역사: 바이러스, 세균 그리고 백신』 (Quattro Passi Nella Scienza: Virus, Microbi e Vaccini). 임희연 역. 서울: 봄나무, 48.

14) Clara Frölich (2015), 55.

맥락으로부터 나온다. 이처럼 살아 있다고 보기도 어려운 바이러스가 질병을 일으킨다고 하면 그것은 이런 바이러스가 생명체(숙주) 안에 들어가서 어떤 역할을 하기 때문이다. 숙주가 없다면 존속할 수 없는 바이러스가 숙주 안에서는 몸의 세포로 들어가서 물질대사도 하고 번식도 한다. 또한 번식한 바이러스들이 주변으로 이동하면서 생물과 무생물의 경계를 넘나들며 영향력을 크게 전파하기까지 한다.15)

1939년에 이르러서야 바이러스를 확대현미경으로 볼 수 있었다면 현재까지 바이러스에 대한 인류의 이해 역사는 불과 채 100년이 되지 않는다. 그래서 바이러스의 실체에 대해 아직 명확한 이해가 없다. 2018년에 이르기까지 확인된 바이러스의 종류는 5,000여 종이고, 현재 존재할 것으로 추정되는 바이러스는 수백만 종에 달할 것으로 예상된다.16)

## 1.3. 전염병에 대한 대응과 한계

2019년 12월 중국 우한에서 시작된 것으로 알려진 코로나바이러스는 4년차에 이르는 현재까지 에피데믹, 팬데믹, 엔데믹 현상으로 변화되었다. 물론 여기에는 직선적인 단순한 과정이 아니라 변이 바이러스 등장으로 복잡하고 역동적인 변화를 나타냈다. 바이러스 사태 초기에는 미국과 중국의 갈등과 알력으로 정치적인 협의를 이루지는 못하였다. 공교롭게도 전 세계적으로 바이러스가 확산하던 2020년 11월은 미국의 트럼프 대통령이 재선을 앞둔 시점이었다. 따라서 바이러스에 적극적으로 대응하는 것은 미국 경제 기조에 부정적인 영향을 줄 수 있었으며 이것은 선거에 부정적인 결과를 초래할 수 있다는 불안감으로 인하여 미국 정부는 코로나에 대한 적극적인 대응을 하기보다는 바이러스 확산의 책임을 중국으로 규정하고 중국과 대립각을 세우는 선에 머물렀다. 미국과 중국의 바이러스를 둘러싼 책임공방은 양측 모두 상대측에 바이러스 확산의 책임이 있다는 루머를 만들었고 이 거대한 나라들의 공방전으로 인하여 전 세계는 세계적인 바이러스 확산 사태에 대하여 적절한 협력적 대응을 할 수 있는 기회를 갖지 못하었나. 그렇게 에피데믹은 곧장 팬데믹으로 나아갔다.17)

코로나 바이러스 사태 기간 백신 개발에 대한 집중적인 노력, 실효성 있는 방역마스크 착용 그리고 대규모 모임 금지 등과 같은 방역정책을 바이러스 확산 추이에 따

---

15) 김상수(2020). 『코로나미스터리』. 서울: 에디터, 23-26.

16) 김상수(2020), 23-24.

17) Colin Kahl & Thomas Wright (2022). 『애프터 쇼크: 팬대믹 이후의 세계』 (Aftershocks). 이기동 역. 서울: 도서출판 프리뷰, 4-10.

라 적절하게 탄력적으로 대응한 결과 대규모 경제붕괴를 어느 정도 방어하였다는 점에서 긍정적인 효과도 있었다. 그럼에도 코로나바이러스 사태는 국제적 협력이 절실한 시점에서 미국과 중국의 갈등을 비롯하여 여러 나라들 특히 유럽 선진국들과의 복잡한 충돌 관계로 1차 세계 대전 이후 국제적 협력 기구의 역할과 실행에 대한 한계를 보게 하였다. 이로 인하여 결국 3~4년의 기간 세계는 국제질서에 대해 긍정적인 기대를 지속하기에는 어려움이 있음을 실감했다.18)

이처럼 전염병에 대한 에피데믹과 팬데믹 상황을 앞에 두고 체계적이고 종합적인 일치된 정책을 만들고 실행하는 것에는 어려움이 발생할 수밖에 없었고 그러면서도 시간이 지나면서 점차 팬데믹 상황을 뒤로 물려내고 위드코로나 내지는 엔데믹 상황으로 전환하면서 대부분 일상으로 돌아가고 있다. 이러한 엔데믹 상황에서 전염병이 가져 온 변화들을 되짚어 가면서 코로나로 인하여 야기된 변화와 이에 대한 기독교교육적 성찰을 하고자 한다.

## 2. 엔데믹 시대의 상황 변화와 양극의 시각

2020년 코로나가 팬데믹 현상으로 기승을 부리면서 교육적 상황이 급변하였고, 그에 따른 대응과 적응에 어려움을 겪었다. 우리나라의 경우에도 예외가 아니어서 방역에 최대한 집중적 정책을 가져가면서도 예측과 통제가 가능한 일상적 수준으로 회복이 쉽지 않았기 때문에 대면과 비대면 사이 분명치 않은 결정이 내려지곤 하였다. 이것은 학교교육에서는 등교 여부를 쉽게 결정할 수 없게 하였고, 교회교육에서도 마찬가지 사태가 반복되었다. 특히 교회는 비대면 접근이라는 생소한 상황을 예배와 교육 현장에 받아들여야 했고 또한 적응해야 했다.

코로나에 대한 어느 정도의 통제가 가능해지면서 방역지침은 완화되었고 이제 대부분 일상 수준으로 되돌아 가고 있다. 그런데 이는 단순하게 예전의 방식을 되풀이 할 수 있다는 안일한 전망을 하지 못하게 한다. 그 이유는 코로나 3~4년 기간 변화된 상황은 변화된 패턴을 보였기 때문이고 이는 단순하게 이전으로 돌아갈 수는 없음을 시사하기 때문이다. 그 한 예는 이 기간 많은 이들이 교회 현장에서 멀어졌을 뿐만 아니라 상황이 이미 일상 수준으로 돌아왔음에도 여전히 교회 현장과 거리를 두는 이들의 비율이 적지 않게 나타나고 있다는데 있다. 이것은 교회 예배 현장만이 아니라

---

18) Colin Kahl & Thomas Wright (2022), 27.

무엇보다 교회교육 현장에서도 이전과는 확실히 다른 접근을 요구하고 있다.

## 2.1. 변화된 상황, 변화된 패턴

교회의 예배와 교육에 있어서 팬데믹 상황은 참여하는 교인들의 인식과 행동 패턴에도 영향을 주었는데, 그것은 비대면에 익숙해지는 모습을 누적시킨 것이다. 2024년 3월 이현철, 이기룡, 지용근, 정재영, 송인규, 이종필 등이 공동으로 연구 집필한 『한국교회3040세대트렌드』는 엔데믹 시대 변화된 한국교회 교인들의 인식과 패턴을 면밀하게 분석한 바 있다.[19]

이 보고서가 특히 3040세대를 연구의 중점 대상으로 삼은 것은 이들 세대가 유아로부터 청소년에 이르는 한국교회 미래세대 또는 다음 세대의 부모들이기 때문이다. 또한 이들 세대가 교회에서는 연령적으로 허리와 같은 중추적 역할을 하면서 머지않아 교회의 지도력을 이양받아 신앙을 전수하는 핵심 역할을 맡아야 하기 때문에 이들 세대의 중요성은 대단히 크다. 이런 점에서 3040세대는 교회 교육에서도 그렇고 교회의 전체적인 사역에도 중요한 위치에 있다.

그런데 이 세대들은 코로나 시기를 거쳐 엔데믹에 접어드는 이 시점에서 '플로팅 크리스천' 비율을 매우 높게 보인다. 그 한 예는 대면 예배와 교육이 일상적 수준으로 돌아왔음에도 이들중 여전히 온라인상에서 참여하는 모습을 보이는 비율이 높다는 데서 확인할 수 있다. 지용근의 조사와 분석에 따르면, 3040세대의 코로나 팬데믹 이후 현장 예배 이탈은 다른 연령대에 비해 높게 나타났으며, 심지어 청소년과 청년 층보다 이탈률이 더 높았다. 또한 현장 예배에 더하여 여타 다른 교회 내 활동을 하는 비율도 3040세대가 더욱 낮은 비율이었고, 역시 청소년과 청년에 비해서도 더 낮았다.[20] 지용근은 3040세대의 교회 이탈에 관한 분석에서 그 이유를 시대의 흐름을 역행하는 교회, 교회 지도자들의 권위주의적 태도, 교회 지도자들의 언행 불일치 등이 주요한 문제의 원인임을 지적하였고, 그 외에도 교회가 전반적으로 3040세대에 관심을 보이지 않는다는 것, 그리고 교인 간 그리스도의 사랑이 부재한 형식적 관계 등도 요인이 된다고 하였다.[21]

---

19) 이현철 외 5인 (2024). 『한국교회3040세대트렌드』. 서울: 생명의양식.
20) 3040세대의 경우 예배만 드리는 비율이 65.5%, 62%로 전체 평균 59.5%보다 높았고, 1020세대 50.4%보다 높았다. 예배에 더하여 다른 교회 활동을 하는 비율에서 3040세대는 31.5%, 38.0%에 그쳤는데, 이는 전체 평균 40.4%보다 낮은 수치이고, 1020세대의 49.6%보다 낮은 수치이다. 지용근 (2024). 한국교회 3040세대 트렌드 조사결과 Brief. 이현철 외 5인. 『한국교회3040세대트렌드』. 서울: 생명의양식. 22.

한편 정재영은 2012년 이래 최근 2023년에 이르기까지 한국에서 교회를 출석하지 않는 '가나안' 성도 비율이 지속적으로 증가했음을 지적하였다. 예컨대 2012년 개신교인은 전체 인구의 15%를 점하였고, 그 중 가나안 성도 비율은 4.4%였는데, 이것이 2017년에 이르면 개신교인 전체 대비 가나안 성도는 29.3%로 상당한 수치로 증가했고, 2023년에는 개신교인 전체 771만명 중에서 가나안 성도가 무려 226만명에 달하면서 교회 현장에 출석하는 숫자는 545만명에 그치고 있다는 것이다.[22]

교인들의 이와 같은 교회 이탈은 종교로써 기독교를 떠나는 것이 아니라 기독교신앙은 그대로 간직하면서도 제도 교회 출입을 중단하는 것이라는 점에서 상당한 문제점을 내포하고 있다. 이런 경향은 제도 교회 안에서 영적인 삶을 추구하는 것을 중지하고 제도 교회 밖에서 자신들의 요구를 해결하기 위한 움직임을 보이는 것으로 여겨진다. 정재영은 이처럼 제도 교회 밖으로 나간 이들이 그리스도인으로서의 정체성을 고수하는 요인들로는 뚜렷한 신앙심(50.9%), 관습적 유형에 속함(34.3%), 사랑, 평화, 정의 같은 기독교가치에 공감한다거나 실생활에 유용하다고 판단함(15.7%) 등으로 분석하였다. 그리고 이에 대한 대응으로 한국교회가 유형별 특성을 고려하여 맞춤형으로 접근해야 한다는 것과 함께 강압적 분위기를 탈피하고 협의와 조정을 거쳐 합일점에 이르는 문화를 만들어야 한다고 제안하였다.[23]

### 2.2. 팬데믹과 엔데믹, 전염병에 대한 양극의 시각

전염병에 대해서는 양분화된 시각이 존재한다. 이것을 긍정적으로 보는 시각이 있는 반면에 부정적으로 보는 시각도 함께 존재한다. 부정적인 시각은 오래전부터 있었다. 그것은 신의 저주라는 관점이다. 현대의 과학과 의학의 기준으로 판단할 때 과거의 전염병에 대한 구체적 지식은 부재하였으므로 그 시대 전염병은 언제나 인류에게 두려움의 대상이었고, 이는 곧장 인간의 죄악으로 인하여 하나님께서 징벌을 내리신 것이라는 이해를 갖게 하였다. 여기에는 한 가지 문제가 발생하는데, 그것은 전염병을 하나님의 징벌로 받아들일 경우 이에 대응하는 여러 가지 처방은 감히 신의 뜻을 거스르는 불충한 행위로 비칠 수 있다는 것이다.

전염병에 관한 긍정적 시각은 이것이 유전적 변화를 선택하게 하여 결국 변화된

21) 지용근 (2024). 23.
22) 정재영 (2024). "spiritual but not religious". 3040세대의 SBNR과 가나안 현상. 이현철 외 5인. 『한국교회3040세대트렌드』. 서울: 생명의양식. 39.
23) 정재영 (2024). 40-47.

상황에 잘 적응하는 부류를 만들어내고 그들 중심으로 세계가 재편성되게 한다는 식으로 이해하는 것이다. 예를 들어 고대 사회에서 시골과 도시를 대비해 볼 수 있다. 시골은 인구가 거의 없고 외부와 교류도 없어서 감염성 질환이 그다지 유행되지 않는다. 반면에 도시는 유동 인구가 많은데다 밀집 거주로 인하여 쉽게 감염성 질환이 확산된다. 큰 전쟁이 일어나면 많은 군인이 이동하게 되고, 막사에서 밀집 상태로 거주하며, 위생 상태도 좋지 않기 때문에 더욱 감염성 질환 확산이 빠르다. 여기까지만 하면 감염성 확산의 상황에서는 시골 사람보다는 도시 사람이 더 잘 적응하여 생존할 가능성이 크다. 시골 사람들은 도시 사람들에 비해 면역이 덜 발달되었을 것으로 가정할 수 있기 때문이다. 역사적으로 고대 로마에서 도시생활을 했던 로마인들은 전염병을 가볍게 앓고 지나갔던 반면 원거리에서 온 훈족과 같은 민족들은 그런 질병을 견디지 못해 쓰러져서 더 이상 로마를 상대하여 전쟁을 수행할 수 없었던 것이다.[24]

이처럼 전염병이 일어나는 그 당시에 국한해서 본다면 이것에 대해서 긍정적 시각을 갖는 것이 불가능하다. 이것은 막대한 피해를 주고 참혹한 결과를 가져오기 때문이다. 만약 이것에 대해 긍정적 시각을 가진다면 전염병의 피해를 덜 입은 쪽이 그나마 신의 가호로 살아남았다고 받아들이는 것이다. 이것이 전쟁과 연루된다면 신이 개입하여 전염병으로 대적을 물리쳤다고 하면서 긍정적으로 해석하는 것이다. 그러나 전염병의 상황을 당시대만이 아니라 통시적으로 길게 접근한다면 질병의 긍정적인 면을 생각해 볼 수 있다. 예컨대 중세 시대 페스트는 처참한 결과를 안겼지만, 이로 인하여 중세 봉건제가 무너지고 새로운 시대로 나아가는 배경이 되었다는 것이다. 만약 봉건제가 계속 유지되었다고 하면 유아사망률은 낮출 수 없었을 것이다. 봉건제가 끝나고 이후에 산업화 시대가 열리고 이것에 기반하여 현대의 민주주의 사회로 발전하면서 마침내 유아사망률은 1퍼센트 아래로 떨어졌다.[25]

전염병을 긍정적으로 보려면 긍정적인 사회적 변화와 생존률이 유의미하게 강화된다는 결과가 보장되어야 한다. 전염병은 많은 사람들을 병들게 하고 죽게 한다. 그럼에도 면역력을 얻고 생존하는 이들이 생긴다. 그러면서 그러한 질병에 저항력이 생기는 것이다. 이것은 긍정적이라고 할 수도 있다. 또한 전염병에 저항하려면 위생상태와 영양상태가 좋아야 한다. 고대와 중세는 물론 현대 사회에서도 위생과 영양을 보

24) David P. Clark, 『전염병과 함께한 인류 역사』(Germs, Genes, & Civilization: How Epidemics shaped who we are today; 파주: 원더북스, 2020), 49.
25) David P. Clark (2020), 8-12.

장받을 수 있는 계층은 빈민보다는 부유한 계층이다. 이렇다면 부유와 가난 또는 기득권과 그렇지 못한 층의 격차를 해소하는 쪽으로 긍정적 사회적 변화가 수반되어야 한다. 이와 같이 전염병 자체로는 긍정적, 부정적 해석을 하기 어렵다. 그래서 안타깝고 속수무책인 감염병 사태에 들어갈 때에 모두가 연대하여 생존율을 높이는 쪽으로, 면역력을 강화하는 쪽으로 대응할 필요가 더 중요해 진다.

## 2.3. 전염병에 대한 교회의 대응

역사적으로 전염병에 대하여 교회는 적극적인 대응을 하곤 하였다. 이것은 교회가 전염병을 하나님의 징벌로 받아들이는 신앙을 가졌다고 하더라도 징벌 아래 놓이는 인간을 향한 연민과 사랑을 가지고 이들을 섬기고 봉사해야 한다는 기독교적 실천 윤리를 사명으로 여겼기 때문이다. 만약 현대적인 시각 특히 기독교신앙을 배제하는 관점으로 전염병을 바라본다고 하면, 기독교란 종교가 질병에 어떻게 대처하였고, 그 결과 감염을 막아낸다거나 질병 치유에 어떤 의미 있는 효과를 나타날 때 비로소 해당 종교의 정당성을 보장한다고 볼 것이다.[26]

그러나 이런 시각은 종교에 대한 고전적인 마르크스 견해 곧 종교를 일종의 아편으로 치부해 버리고는 신자들에게 죽음 이후의 천국을 미끼로 현재 당하는 여러 부당하고 위험천만한 상황을 무한정 감내하도록 유도하는 것이 종교라고 이해하는 데서 기인한다. 마르크스가 볼 때 인간의 자유와 해방은 종교에 귀의해서 해결되는 문제가 아니라, 인간이 자기 주도적으로 끊임없는 투쟁을 실천할 때 쟁취할 수 있는 것이기 때문이다.[27]

따라서 전염병에 대한 기독교의 효용 가치는 신앙의 관점이 아니라 얼마나 교회가 사람들이 팬데믹 속에서도 생명을 잘 유지하고 그 병을 극복하고 건강을 회복하여 마침내 일상으로 돌아가게 하는 일에 어느 정도 도움이 되는지에 따라 평가하게 되는 것이다. 이런 시각에서는 현대 사회에서 기독교의 쇠퇴를 현대의학이 전염병의 문제에 어느 정도 만족할만한 성과를 내고 있기 때문이라 여긴다. 반대로 성경에 종종 등장하는 기적적인 치유는 현대의학에 익숙한 현대인들에게는 그다지 가치가 없으며 신뢰할만한 이야기가 아닌 것이 되어 버린다.[28]

---

26) David P. Clark (2020), 228-227.
27) Thomas H. Groome (1999). *Christian Religious Education: sharing our story and vision*. San Francisco: Jossey-Bass, 166-168.
28) David P. Clark (2020), 226-228.

그런데 만약 신앙을 배제하는 현대적 관점에서 기독교의 바람직한 역할이 있다고 하면, 그것은 고대로부터 전염병 사태에 대해 교회가 감염의 위험을 무릅쓰고서라도 처참하고 위험한 환경에 놓인 이웃들을 섬겼다는 데 있다. 치사율이 높은 질병이라고 해도 환자가 주목할만한 돌봄의 대상이 된다고 하면 사망을 방어하고 생존의 가능성을 높이는데 일조한다. 그런 점에서 병자들의 치유는 신앙이나 기적에서 찾지 않는다고 하면 이와 같은 기독교회의 환자를 돌보는 극진한 관례에 있다고 보는 것이다. 이런 맥락에서 교회는 환자들을 간호하는 희생적 봉사와 질병으로 가족을 상실한 유족들에게 새로운 가족이 되어주는 박애적 정신에 비추어 팬데믹 상황에서 그 역할을 충실히 감당하였다는 것이다.29)

개혁자 마틴 루터는 1520년대와 1530년대 다양한 전염병을 경험하면서 사역자들이 자기 목숨을 내려 놓고 그리스도의 양떼들을 품고 목양해야 한다고 역설하였다. 그는 영성 상담 편지에서 전염병 상황에서 사역자의 기본 자세를 자신에게 적용하였는데, (1) 하나님께 간구할 것, (2) 소독하고 약을 먹고 자기 자신을 보호하여 자신으로 인해 감염 사태가 발생하지 않게 주의할 것, (3) 자기를 최대한 격려하고 보호하지만 그럼에도 하나님의 부르심에는 적극 순종하여 어디로든지 갈 것, (4) 자기의 죽음과 타인의 죽음에 대해 철저하게 깨끗하게 행동하면서도 이웃의 필요에 부응하여 어떤 사람이든 어떤 장소든지 가리지 않고 찾아가서 적극 도울 것 등이다.30)

사실상 현대적 지식이 부재하였을 때에 팬데믹 상황은 엔데믹에 이르기까지 인류가 적극적으로 무엇인가 대응하고 해결하는 데에는 거의 속수무책이었다. 그러한 때에는 신의 저주로 이런 상황을 받아들인다거나 그럼에도 기독교적 사랑의 봉사로 사명을 감당하며 절망적인 시기가 속히 지나가기를 인내하며 소망하며 기다릴 수밖에는 없었다. 그런 상황이었으므로 전염병이 전쟁과 연결될 때에는 제각각 다른 해석을 산출하곤 했다. 이에 대한 대표적인 예는 서기 5세기 훈족의 왕 아틸라가 로마제국을 무너뜨리지 않고 조용히 철수한 사건이다.

이에 대한 기본적인 시각은 신이 극적으로 개입하여 아틸라가 로마와 교회에 경외심을 갖게 되었고 그래서 로마 점령을 포기했다는 식이었다. 그러나 최근의 이해는 아틸라의 군대가 전염병에 시달렸고 그래서 불가피하게 회군을 선택하게 되었다는 가

---

29) David P. Clark (2020), 250-253.
30) T. G. Tappert ed.(1955). 『루터의 영성 상담 편지』 (Luther: Letters of Spiritual Counsel). London: SCM Press, 1955, 242. 1527년 편지 중에서. Tom Wright. 『하나님과 팬데믹』 (God and the Pandemic). 파주: ㈜민언프린텍, 114에서 재인용.

설에 무게를 둔다. 물론 이렇게 이해하면 전염병이 마치 로마의 편인 듯 보일 수 있는데다가, 신이란 존재가 전염병을 통해 로마를 보호하고 훈족을 물러가게 했다고 해석할 가능성도 없지 않다. 이에 대하여 로마는 고대사회에서 고도로 도시화된 국가이고 여러 환경에 노출되어 상당수 군인들이 질병에 대한 면역이 있었던 반면, 아틸라의 훈족은 먼지역에서 별로 질병에 노출되지 않아 면역이 없는 상태에서 로마까지 오면서 질병에 감염되었고 이를 적절히 극복하지 못한 결과라고 이해하는 것이다.[31]

고대의 전염병에 대한 이러한 이해는 역사를 통해 반복되었고 오늘날 상황도 이에서 크게 나아진 것은 그다지 없어 보인다. 톰 라이트는 코로나 유행 초기에 출간한 『하나님과 팬데믹』에서 성경의 가르침을 따라 바라보려고 시도하였다. 이 글의 끝에서 그는 시편 72편과 73편을 연결하면서 교회가 이 사태를 겪는 온 세계를 끌어안고 탄식할 것과 소망으로 비전을 붙잡고 현실을 기도로 채워가야 한다고 잔잔히 권면한다.[32]

## 3. 엔데믹 시대 교육의 주체에 대한 기독교교육적 성찰

팬데믹에서 엔데믹으로 나아가면서 교회는 부득이하게 거대 변화 속에서 점차 적응했다. 초기에는 단기간에 사태가 종식되길 희망하면서 일상으로의 복귀에 초점을 맞추었다. 대규모 회집, 대형 수련회, 활발한 교제 등을 추억하면서 상황이 안정되고 일상을 되찾기를 기다렸다. 그러는 한편 교회는 본질에 대한 고민을 하였고 성찰적 자세를 가졌다. 이를 테면 진정한 예배, 참된 기독교교육 등에 대한 차분한 자성을 실행한 것이다. 물론 외적인 대형화에 대한 우려의 시각은 팬데믹 이전에도 있어 왔다, 하지만 거의 모든 일상이 차단되고 축소되거나 폐지되는 상황 속에서 교회는 3년여 기간 다음 단계를 준비하는 일환으로 교회와 교육의 본질에 대한 성찰을 다시금 재개할 수 있었던 것이다. 그러한 성찰 중 한 가지는 자녀교육에 대한 본질이 교회가 아닌 부모들 자신에게 놓여 있다는 언약적 관점을 신중하게 생각하게 된 것이다.

### 3.1. 교육의 주체
자녀교육의 주체는 근본적으로 부모이다. 이를 부정할 이는 없다. 그러나 현대의 부모들은 교육의 주체에서 뒤로 밀려나 있다. 이는 시간적으로도 그렇다. 주중 자녀

---

31) David P. Clark (2020), 1-6.
32) Tom Wright (2020), 127-129.

들은 학교나 학원에서 많은 시간을 보내는 반면 가정에서 부모와 보내는 시간은 그리 많지 않다. 부모들도 각자 일들이 있어서 자녀와 함께 시간을 갖는 것이 오히려 드문 일이 되었다. 그런 까닭에 교육의 주체를 언약적 관점에서 부모라는 것에 모두가 동의한다고 해도 물리적인 면에서 학교나 학원이 주체 역할을 하는 것 같은 오해가 일어난다.

교육의 주체와 관련하여 대표적인 네 가지 책임기관이 있다. 첫째는 가정(부모), 둘째는 교회, 셋째는 학교, 넷째는 국가(정부)이다.33) 일차적으로 교육에 대해 가정을 생각하고 부모의 역할을 떠올리게 된다. 출생하여 어느 정도 성장하기까지 가정에서 부모 역할이 중요하다. 그리고 사회가 전문적으로 분화되기 전 상태라면 가정에서의 교육이 대부분을 차지할 수 있다. 교육 주체에서 교회와 학교는 겹칠 수 있다. 역사적으로 현대적 의미에서 학교는 서구권에서 중세말을 지나 근대기에 활성화되었다. 그전까지는 교회가 교육의 역할을 담당하였다. 중세 시대 교회와 수도원만이 글을 가르치고 교육을 제공할 수 있는 거의 유일한 기관이었던 것이다.34) 중세기 교육은 우선적으로는 성직자 후보 양성을 의도하였거나 일부 귀족층의 자제들에게 문해력을 기르게 하여 지도자적 자질을 함양케할 의도였다.

이처럼 교회중심의 교육이 이루어지던 때에서 국가의 권한이 커지면서 국가는 국가의 관할에 속한 시민들의 자녀들에 대한 교육적 책임을 떠맡게 된다. 이에 교육은 보편화되고 국민교육이 가능한 시대가 열렸다. 이와 같은 교육은 거의 모든 시민들의 자녀들을 교육받게 할 수 있다는 큰 장점을 갖고 있음에도 한 가지 부정적인 면이 발생한다. 그것은 교육의 세속화이다. 그래서 불가피하게 교육은 학교의 세속교육과 교회의 기독교교육으로 이원화 되는 양상을 발전시키게 된다. 그리고 세속화 물결 속에 전문화되는 양상이 가속화되면서 교회가 독자적으로 교육을 담당하지 못하게 되고 기독교학교 운동을 통해 교육의 이원화에 대응하여 기독교세계관에 기초한 학교교육을 도모하게 된다.

이아 같이 교육은 역사적 흐름을 따라 네 개의 책임기관들이 다양하게 얽힌 상관관계 속에서 진행되었다. 산업화 이래 복잡하게 급변하는 사회 속에서 가정에서 부모의 교육적 역할은 대단히 제한적이 되었고 상대적으로 학교의 교육적 역할이 부각되

33) Norman, de Young, (1969). *Education in the truth.* Philipsburg: Presbyterian and Reformed Publishing, 120.
34) Williston Walker (2021). 『기독교회사』 (A History of the Christian Church). 송인설 역. 서울: 크리스천다이제스트. 261.

었다. 또한 과도한 입시경쟁으로 오랫동안 학교교육 이외에 사교육 또는 학원의 교육적 기능이 강화되기도 하였다. 이런 가운데 교회에서의 교육은 제한된 의미에서의 신앙교육에 머물렀고, 그조차도 학교와 학원에서 대부분의 시간을 보내는 자녀들에게 의미 있는 영향을 주기에는 한계를 갖게 되었다.

그런데 코로나 사태는 이 모든 것에 대한 일종의 멈춤을 가져왔다. 자녀들은 일시적으로 학교에도, 학원에도, 그리고 교회에도 갈 수 없게 된 것이다. 이후 제한적으로 자녀들의 등교, 등원이 허용되었고 이후 엔데믹 시대에 이르면서 대부분 예전처럼 일상화 되었다. 이러한 엔데믹 시기에 기독교교육적으로 네 개의 교육의 책임기관들의 건강한 관계에 대한 성경적 이해로부터 교육적 책임을 생각해 볼 필요가 있다.

### 3.2. 언약적 관점에서 교육 주체들의 관계

교육 주체란 교육에 대해 책임을 지는 기관을 의미한다. 여기에는 가정(부모), 교회, 학교, 국가(정부)가 있다. 그런데 문제는 이 네 가지가 어떤 상관관계를 가지는가에 있다.

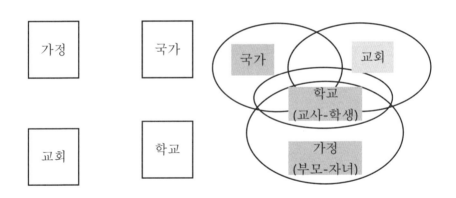

<그림 1> 교육의 주체(기관)에
대한 오해[35]

<그림 2> 교육의 주체(기관)의 상호관계[36]

〈그림 1〉은 교육 책임기관 각각이 독립적으로 존재한다는 오해이고, 이에 대해

---

35) Norman, de Young (1969), 129.
36) Norman, de Young (1969), 129.

〈그림 2〉는 네 가지 책임기관이 모두 엮어 있으며 상호작용하고 있음을 시사한다. 국가가 무한대의 교육 권한을 내세운다면 국가교육이 전면에 나서게 되고 그것이 유일한 교육이 된다. 국가는 법적으로 교육을 전적으로 통제하게 되고 국가의 이념에 반하는 어떠한 교육도 실행될 수 없다. 국가는 모든 국민의 자녀들을 국가에 맞는 인재들로 양성하고자 한다.

만약 교회가 교육의 권한을 강조한다면 자녀들은 교회에 맞추어 교육받게 된다. 학교는 교회의 교육철학에 동조할 수밖에 없다. 물론 국가의 통제가 강하다면 학교교육에서 교회가 관여할 수 있는 여지는 현격히 줄어든다. 이렇게 해서 동일한 교육 대상인 학생을 놓고 교육의 책임 기관의 무게가 어느 쪽에 실리는지에 따라 다른 형태의 교육을 실행하게 된다.

교육의 네 가지 책임 기관은 각각 독립적이지 않고, 서로 상관관계에 놓인다. 그러므로 동일한 교육대상을 놓고 교육의 책임기관 각각이 어떤 영향력을 행사하며, 또이 네 주체들이 어떤 관계를 보이는가에 따라 교육의 방향과 내용이 결정된다. 성경적인 교육을 현실화하기 위해서는 네 가지 책임기관들이 각각의 입장에서 주장을 펴기보다는 모든 것의 진리이며 근간이 되는 성경에 기초하여 접근할 필요가 있다.37)

교육을 세속적 또는 중립적으로 접근한다고 하면 국가 기관을 내세울 수 있고, 공립학교의 교육에 대해 그 중요성을 주장할 수 있을 것이다. 이렇게 되면 교육의 목표는 민주시민 양성과 같은 국가와 현대사회에 적합한 것이 된다. 이런 시각에서는 교회교육과 가정교육은 사적인 교육이 된다. 이는 성경적 관점과는 맞지 않다. 그러나 교육의 목표를 성경적으로 두고 하나님을 영화롭게 하는 것에 둔다면 교육의 책임기관들 사이 균형적인 관계를 생각해 볼 수 있다.

그러므로 교육의 주체를 논의하기 위해서는 우선적으로 언약적인 관점에서 접근할 것이 요청된다. 그럴 때에 이들 책임기관들을 영역주권의 원리로 이해할 수 있다. 성경은 일차적인 교육적 책임을 부모에게 둔다(신 4:9-10). 또한 이 교육저 책임을 실천하기 위하여 부모에게 모든 장소 모든 상황에서 항상 자녀들을 가르칠 것을 명령하고 있다(신 6:7-9).38) 코로나 엔데믹 시대에 들어오면서 부모와 교회는 다시금 교육의 언약적 책무에 초점을 맞추어야 한다. 이것은 가정, 교회, 학교, 국가 등이 지향하는 교육의 상호절충이 아니다. 오히려 성경으로 돌아가서 네 개의 책임 주체가 부모에게 주어진 교육적 책무를 다시금 발견하고 강화하는 방향으로 가는 것이다. 언약

---

37) G. I. Williamson (1964), 4.
38) Norman, de Young (1969), 122.

에 따라 부모의 신앙이 자녀에게 계승되는 것이 우선이다. 그리고 그런 신앙을 기초로 교회와 학교와 국가가 동일한 교육대상을 하나님의 자녀로 양육하는데 협력해야 한다. 여기서 중요한 것은 각 기관이 주장하는 적합한 인재로 자녀를 양육하는 것이 아니라 하나님의 자녀 혹은 그리스도의 제자로 양육해야 한다는 것이다. 당연하게도 교육대상인 자녀는 국가를 위한 것도, 교회를 위한 것도, 부모를 위한 것도 아닌 다만 하나님나라의 자녀로 길러져야 한다.

이런 맥락에서 교육은 교육대상인 학생을 넘어서 궁극적으로 하나님을 향하고 있다. 따라서 모든 교육은 마땅히 하나님께 책임을 져야 한다. 즉 네 개의 교육의 책임기관들은 하나같이 각자의 주장과 요구를 내세우기 전에 근본적으로 하나님 앞에서 하나님의 명령을 준행하려는 자세로 나아가야 한다. 그렇지 못하면 동일한 교육대상을 놓고 각자의 이해관계가 얽히고 충돌하면서 교육 현장에서 갈등과 분열을 일으키게 된다.

### 3.3. 엔데믹 시대 교육의 주체에 대한 기독교교육적 성찰

COVID-19 감염병 사태는 교육 현장에 변화를 일으켰다. 학생들은 가정을 중심으로 생활하였다. 대부분의 교육은 비대면 온라인 형태로 이루어졌다. 이제는 다시금 일상적인 모습으로 돌아갔지만, 이 시기에 언약적 관점에서 교육의 책임기관들의 합당한 관계를 성찰하고 실천할 필요가 있다. 이것이 제대로 진행되지 않는다면 이러한 관계 안에는 언제든지 갈등과 상충이 일어날 수 있다. 각각 기관들이 어느 정도 양해하고 타협하는 방식으로 절충할 수도 있겠으나 그보다는 보다 본질적이고 궁극적인 접근을 시도해야 하고 이를 새롭게 해야 한다.

먼저 자녀에 대한 교육은 일차적으로 부모의 주체적 권한을 강조하는 가운데 주요한 교육 책임기관들인 교회와 학교와 국가가 상호 적절한 협력관계를 구축해야 한다. 교회는 자녀에 대해 직접적으로 교육을 수행하기에 앞서 부모에게 이들의 교육적 사명을 일깨우면서 부모를 통해 그리스도의 제자 교육을 수행하여야 한다. 또한 학교는 부모의 신앙과 교육적 책임을 존중하면서 하나님나라라는 관점을 가지고 한 때를 살아가는 자녀들이 구체적으로 세상에서 어떤 것들을 구비할지 고민하며 이에 합당한 교육을 실행해야 한다.

다음으로 국가와의 관계인데 이를 풀어가기에는 어려운 면이 있다. 자녀는 하나님나라 시민이요 그리스도의 제자로 교육되어야 하는 동시에 이 사회의 시민으로 성장해야 한다는 점에서 국가는 부정의 대상이 아니라 긍정의 위치를 차지할 수 있다.[39]

하나님나라의 시민으로 교육한다는 의미는 국가의 시민으로 성장한다는 것과 무관하지 않다. 하나님은 이 세대에 국가(정부)를 허락하시고 그 안에서 자녀들이 교육받게 하신다. 그래서 부모는 교회에 대한 의무뿐만 아니라 시민으로 국가에 대해 주어진 책임을 감당해야 한다. 그러나 무엇보다 부모는 교육적 책임이 국가의 강제성에 의한 것이 아니라 성경에 기초한 언약의 관점에서 부모에게 일차적으로 그리고 근본적으로 주어져 있음을 확신해야 한다.40)

종합한다면, 언약적 관점에서 부모의 자녀에 대한 교육적 책임을 강조할 때 학교는 교육의 단독적인 주체권을 갖지 않고 가정의 부모로부터 파생된 것임을 이해할 수 있다, 또한 그렇게 할 때 국가도 교육적 주체권을 독단적으로나 과하게 주장하지 않고 부모의 자녀에 대한 교육적 책무를 존중하면서 접근하게 된다. 한편 교회는 이러한 부모의 교육에 대한 언약적 책임을 일깨우고 가르치는 방식으로 교육적 책임을 감당할 수 있다.41)

## 나오면서

코로나 네 번째 해에 들어오면서 일상으로 돌아가고 있다. 에피데믹과 팬데믹 그리고 엔데믹은 불가피한 변화와 쉽지 않은 적응을 요구하였다. 단순하게 코로나 이전의 일상으로 회귀하는 것이 아니라 그래서 거대한 사태에 대한 상흔을 망각하는 것이 아니라 보다 본질적인 의미에서 성찰하고 다음 단계를 준비하는 것이 바람직한 자세이다. 특별히 이 시기 교육의 주체는 언약적 관점에서 되짚어보아야 한다. 동일한 교육 대상인 학생을 두고 가정, 교회, 학교, 국가가 각각의 이해관계 속에서 각자의 주장과 실천을 하지 않고, 모두가 협력하여 하나님나라의 자녀, 그리스도의 제자로 교육할 마음으로 접근해야 한다.

그런 점에서 교육의 책임기관들은 부모의 자녀에 대한 신앙과 교육적 책임을 존중하여야 한다. 교회는 부모의 언약적 교육책임을 일깨우고 강화하는 방향으로 접근해야 하는 것이지 부모의 책임을 대신하는 기관이 아니다. 학교는 세상의 한때를 살아가기 위해 필요한 자질들을 학생들에게 구비시켜야 하지만 이보다 궁극적이고 본질적인 참 인간 교육을 염두에 두어야 한다. 국가 역시도 독단적으로 교육적 권한을 주장

---

39) Norman, de Young (1969), 125-126.
40) Norman, de Young (1969), 126-127.
41) Norman, de Young (1969), 127-128.

하지 않고 하나님께 책임을 지는 자세로 동일한 교육대상인 학생 교육에 접근할 필요가 있다.

따라서 학생에게 교육을 제공하는 책임기관들이 건강한 관계를 형성하기 위해서는 각각의 이해관계를 따라 역학적 상호관계를 살피기에 앞서서 무엇보다 언약적 관계를 살펴야 한다. 그렇게 할 때 동일한 자녀(학생)에게 혼란스럽지 않고 일관된 교육을 제공할 수 있다. 이런 방식으로 가정과 교회와 학교와 국가는 하나님을 향한 각자의 책임을 감당하면서 상호협력하여 동일한 교육대상인 자녀(학생)를 일시적인 현 세상에서는 건강한 시민으로 교육하는 동시에 궁극적으로는 영원한 관점에서 하나님나라 시민이요 그리스도의 제자로 교육해야 한다.

# 참고문헌

김상수 (2020). 『코로나미스터리』. 서울: 에디터.

이현철 외 5인 (2024). 『한국교회3040세대트렌드』. 서울: 생명의양식.

정재영 (2024). "spiritua; but not religious". 3040세대의 SBNR과 가나안 현상. 이현철 외 5인. 『한국교회3040세대트렌드』. 서울: 생명의양식, 28-47.

지용근 (2024). 한국교회 3040세대 트렌드 조사결과 Brief. 이현철 외 5인. 『한국교회3040세대트렌드』. 서울: 생명의양식, 16-26.

Clark, David P. (2020). 『전염병과 함께한 인류 역사』 (Germs, Genes, & Civilization: How Epidemics shaped who we are today). 파주: 원더북스.

De Young, Norman (1969). *Education in the truth*. Philipsburg: Presbyterian and Reformed Publishing.

Downs, Jim (2022). 『제국주의와 전염병』(Maladies of Empire: How Colonialism, Slavery, and War Transformed Medicine). 고현석 역. 서울: 황소자리출판사.

Frölich, Clara (2015). 『세상을 바꾼 전염병의 역사: 바이러스, 세균 그리고 백신』 (Quattro Passi Nella Scienza: Virus, Microbi e Vaccini). 임희연 역. 서울: 봄나무.

Groome, Thomas H. (1999). *Christian Religious Education: sharing our story and vision*. San Francisco: Jossey-Bass.

Kahl, Colin & Wright, Thomas (2022). 『애프터 쇼크: 팬데믹 이후의 세계』 (Aftershocks). 이기동 역. 서울: 도서출판 프리뷰.

Monach, Paul & Branch-Elliman, Westyn (2022). From Pandemic to Endemic. *Contagion*. Februry 14, 2022 (vol. 07, No. 1).

Razdan, Alpana et als 9 (2022). COVID-19 pandemic to endemic. *International Journal of Clinical Virology*. HSPI. The Open Acwess Publisher. 43-49.

Ryan, Michael J. (2023). *Future survelliance: For epidemic and pandemic diseases, a 2023 perspective*. World Health Organization.

Sachs, Jeffrey D. (2021). 『지속가능한 발전의 시대』 (The Age of Sustainable Development). 홍성완 역. 파주: 21세기북스.

Simpson, J. A. and Weiner, E. S. C. (2000). *The Oxford English Dictionary* 2$^{nd}$ edition (vol. V, XI). Oxford: Clarendon Press.

Tom Wright. 『하나님과 팬데믹』 (God and the Pandemic). 파주: ㈜민언프린텍.

Walker, Williston (2021). 『기독교회사』 (A History of the Christian Church). 송인설 역. 서울: 크리스천다이제스트.

Williamson, G. I. (1964). *The Westminster Confession of Faith*. New Jersey: Presbyterian and Reformed Publishing Company.

[Abstract]

## A Chritstian educational reflection about the subject of education in endemic period

Prof. Dr. Sung soo, Hong
(Faculty of Christian Education)

This Covid-19 infectious disease has been making all the world experience  epidemic, pandemic, and endemic last four years. Differently from the early expectations this infectious disease did not be ended in early stages, and returning time to ordinary life was late to that extent. There were some different perspectives of the infectious disease, and so we did not get coherent policies and effective actions. Covid-19 brought up great transitions to the educational situation of home, school and church. Stop circumstances in education was happened avoidably and students got to be keep them in their home in almost times. This paper researched two different perspectives about the infectious disease and church's coping with this disease. Then this paper performed Christian educational reflection. This paper especially reflected four important and responsible institutions of education that are home(parents), church, school and country(government) and how these four to form their suitable relationships on the covenantal perspective. Covenant starts from the Scriptures and make these four responsible institutions of education develop collaborative relationships to educate its same students(sons and daughters) before God. These suitable relationships overcome conflicts and collisions coming from different direction and emphasis point of these four institutions. Then covenant leads to educate all the students as citizens for the kingdom of God and disciples for Jesus Christ in combination. Therefore it is important to reflect on the perspective of Christian education in endemic period through covenantal reflection about these responsible institutions of education. So it is not to go back to ordinary life simply before COVID-19 but to recover essence and to proceed to suitable education.

keywords: infectious disease, endemic, the responsible institutions of education, covenantal perspective

# 부록:

## 동물의 구원, 부활 그리고 장례식에 관하여

송영목 교수(고신대학교, 교수, 신학과)

## 들어가면서

애완동물 열풍이 거세다. 이를 차제에 '교회를 위한 신학포럼'이 주최한 '동물신학 온라인 세미나'(2024년 7월 25일)를 앞두고, 7월 15일에 방영민 목사(부전교회)가 묻고 필자가 답하는 방식으로 대담이 진행되었다. 본 글은 문답 형식으로 동물에 관한 개혁주의 신학을 정립하는 기회가 될 것이다.

## 1. 동물신학에 관한 대담

(1) 송영목 교수님의 최근 저서들을 보면 신앙고백서와 교리들을 아주 중요하게 여기면서, 공공신학에도 많은 관심을 갖는 것을 볼 수 있습니다. 이렇게 공공신학을 이어서 동물신학에까지 연구와 강의를 하게 된 동기가 궁금합니다. 그리고 신앙고백서에 동물신학에 대한 내용이 있는지, 공공신학과 동물신학의 연결점은 무엇인지 궁금합니다.

→ 국제공공신학저널(IJPT)에 동물신학에 대한 몇몇 논문이 최근에 게재되었습니다 (예. M. Barton, E, van Urk-Coster). 공공신학자가 아니더라도 공장식 축산과 공공도축장에서 일어나는 일을 '공공'(公共)의 눈으로 살피는데 관심을 두는 사람도 적지 않습니다.[1] 더불어 생태신학자도 동물신학에 어느 정도 관심을 보입니다. 따라서 최근에는 동물에 관한 간학제 연구가 활발합니다. 오늘날 동물과 생태는 공공신학의 중요한 주제입니다. 최근에는 간학제 연구인 '공공-생태-실천신학' 즉 예수 그리스도 중심의 구속사적 소망의 종말론에 입각하여 공공신학, 생태신학, 그리고 공적실천신학을 융합하려는 시도가 있습니다.[2] 예수 그리스도께서 붙잡고 계시면서 갱신하시는 전체

---

1) 프레토리아대학교의 메일란(Meylahn)에 따르면, 오늘날은 소셜미디어를 통해 각 사람이 정보를 생산하는 디지털 시대이자 인간이 생태계를 파괴하는 시대이다. 메일란은 예수님께서 약자와 소외된 자를 돌보셨기에, '기독론'을 '공공신학'으로 발전시키려면, 비종교인이건 성소수자이건 아니면 비인간 동물이건 주변화된 모든 존재를 포용하는 담론 형성을 지지한다. 그리고 그는 본문 바깥에서 초월자나 초월적 진리를 끌어오는 것을 경계하면서, 지배적인 담론에서 소외된 사람들의 다양한 목소리를 경청할 것을 주문한다. 간단히 비평하면, 메일란의 공공신학적 기독론은 선입견-상황신학-해방신학-포스트모더니즘이 본문을 통제하도록 방치한다. J-A. Meylahn, "Doing Public Theology in the Anthropocene towards Life-Creating Theology," *Verbum et Ecclesia* 36/3 (2015), 8-9.

2) G. E. Dames, "Towards an Eco-Practical Theology: An Eschatological Horizon of True Hope," *HTS Teologiese Studies* 80/1 (2024), 4-8. UNISA의 Dames는 인간 중심의

피조세계는 '하나님의 영광이 드러나는 극장'(theatrum gloriae Dei)이어야 합니다. 동물도 극장과 같은 이 세상에서 번성하면서(flourishing) 하나님의 영광을 드러내어야 합니다.

제가 동물신학에 관심을 둔 이유는 애완동물 열풍이 일어나는 상황에 신학생과 목회자를 위한 성경적 지침을 제시할 필요를 느꼈기 때문입니다. 예장 고신 총회에 이 주제를 연구해 달라는 몇몇 노회의 청원이 기각되었다가 2023년에 허락되었는데(예. 동물장례식 가능 여부), 성경적이며 개혁주의 동물신학에 관한 탐구는 더 이상 피할 수 없는 주제입니다.

개혁주의 신앙고백서들은 '창조'를 설명하는 항목에서는 동물을 필수적으로 언급할 거 같습니다. 그런데 웨스트민스터 신앙고백서 제4장 창조, 하이델베르크 교리문답서 제26문, 그리고 벨직신앙고백서 제12조는 창조를 해설하면서 '동물'을 언급하지 않습니다. 이유가 무엇일까요? 16-17세기 신앙고백서들이 작성될 무렵, 동물이 아니라 기독론과 구원론 그리고 성례와 같은 신학적 논쟁이 쟁점이었기 때문입니다. 그리고 중세와 17세기에는 동물을 하대하는 세계관이 지배적이었습니다. 서유럽의 경우, 주일에 동물이 교인의 무덤이 있는 뜰의 교회당에 접근하지 못하도록, 교회에 개를 때리는 사람(dog hitter)이 따로 있을 정도였습니다.

(2) 인간과 동물의 가장 큰 차이는 '하나님의 형상'이라고 할 수 있는데, 하나님의 형상(지정의, 관계, 기능)에 대한 다양한 해석이 있습니다. 그런데 피조물로서 하나님의 사랑을 받는다는 것만으로도 하나님의 형상을 발견할 수 있다고 봅니다. 그렇다면 '반려동물'의 경우도 인간에게 지극한 사랑을 받는 모습이 하나님 형상의 한 부분이라 할 수 있겠습니다. 그런 면에서 사랑하는 반려동물을 천국에서 만날 수 없다고 단정하기보다 천국에서 볼 수 있으면 좋겠다는 그런 소망을 담은 기도나 교육이 더 성경적이고 목회적이지 않을까요?

➡ 하나님의 형상을 성경이 어떻게 정의하는가를 살펴야 합니다. 특정 개념을 재정의하여 확대하는 것은 자의적 해석의 지름길입니다. 하나님과 사람의 사랑을 받는다면 하나님의 형상이라는 개념은 성경에서 찾아보기 어렵습니다. 식물은 하나님의 형상을 가지고 있지 않지만, 하나님의 사랑과 돌봄의 대상입니다. 하나님의 형상을 이해하려면, 등장하는 창세기 1:26의 전후 문맥과 그것을 해석하는 에베소서 4:24와 골로

---

공공신학을 넘어서기 위해 생명 중심의 공공신학을 전개하는데, 진화론적 발전, 흑인신학, 지구 신앙(earth faith), 그리고 어머니 지구(mother earth)와 같은 몇몇 문제를 노출한다.

새서 1:15와 3:10 등에 집중해야 합니다.[3] 참고로 내가 사랑하는 '반려동물'을 천국에서 볼 수 있으면 좋겠다고 말한 종교개혁자(루터의 퇴펠)나 (동물의 영혼을 인정한) 청교도(존 밀턴)가 있습니다. 하지만 동물에게 하나님의 형상과 영혼이 없기에, 천국에서 재회를 소망하는 것은 자칫 희망 고문일 수 있습니다. 목양에서 주요 요소들인 기도와 교육의 내용은 성경의 원칙과 가르침에 철저히 정초해야 합니다. 첨언하면, '반려'에 해당하는 그리스어 단어들(μέτοχος, φίλος, ἕτερος, κοινωνός)은 사람에만 해당하기에 동물에게 적용하기 부적절합니다. 별다른 문제의식 없이 사용되는 '반려동물'이라는 표현에 현대 생물학의 모퉁잇돌인 진화론이 똬리를 틀고 있지는 않습니까? 언론매체들도 선호하는 표현인 '반려동물'에 동물과 인간의 차이를 축소하고 대등하게 두려는 진화론적 뉘앙스가 느껴집니다.[4] 동물신학은 사람이나 동물이 중심이 되어서는 안 되고, 창조주와 섭리주이신 하나님께서 중심이셔야 합니다.

(3) 송교수님은 전도서 3:21 해설에서 신원하교수의 글을 참조하셨습니다. "인생의 혼은 하늘로 가고 짐승의 혼은 아래로 내려간다"라는 말씀을 통해 사람과 동물의 차이를 말씀하셨는데, 여기서 강조점은 고대의 가치관이 그렇다는 말씀이지, 전도서 기자의 초점은 "과연 누가 그것을 알겠느냐"에 있다고 봅니다. 그래서 이 구절은 사람과 동물의 차이를 나타내는 구절로는 부족하다고 봅니다. 어떻게 생각하십니까?

➡ 전도서 3:21의 영 혹은 혼에 대해 "과연 누가 그것을 알겠느냐?" 즉 아무도 알

---

3) 인간은 의료 서비스를 받을 때, 충분한 정보를 숙지하고, 자발적으로 동의한 채로 시행되어야 한다(참고. 유네스코의 생명윤리와 인권에 관한 보편적 선언 제6항). 인간은 어떤 방식도 강압도 있어서는 안 되며, '하나님의 형상'을 가진 존재로서 존엄성을 인정받아야 한다. 한 인간은 하나님, 자신, 그리고 공동체와 관련을 맺고 있으므로, 성경적 생명윤리를 구축하려면, 성경에 나타난 언약과 총체적 구원 그리고 약속된 하나님 나라의 완성을 두루 고려해야 한다. R. Rheeder, "Beskerm deur Ingeligte Toestemming: 'N Gereformeerd-Etiese Besinning oor Artikel 6 van die Universele Verklaring van Bio-Etiek en Menseredte," *Scriptura* 114 (2015), 9-17.

4) 국내 주요 신문사들은 '애완동물'보다 '반려동물'을 더 선호하는데, 이에 관한 보도(2004-2018년)를 분석하면 다음과 같다. "반려동물 관련 주요 이슈 및 경향을 중심으로 반려동물 문화 초창기(2010년 이전), 반려동물 문화 과도기(2010년에서 2015년), 반려동물 문화 성숙기(2016년 이후)로 구분했다. ...... 성숙기에는 개나 고양이 위주의 반려동물 기사가 줄어들고 모든 반려동물을 포괄하는 의미의 기사가 많아졌다. ...... 또 초창기에서 성숙기로 가면서 사건 위주의 기사가 점차 줄어들고 기획/연재 기사가 증가하는 경향을 보였다." 고은경·심재웅, "반려동물에 관한 신문보도의 시기별 변화 특성에 관한 내용분석 연구: 2004~2018 기간 중 조선일보, 중앙일보, 경향신문 보도 분석,"『정치커뮤니케이션연구』65 (2022), 135-36.

수 없다는 사실에 방점을 두는 것은 가능한 해석이라 봅니다. 그런데 월터 카이저가 해설하듯이, 전도서 3:21을 수사학적 의문문으로 본다면, 사람과 달리 짐승의 육체와 혼은 불멸하지 않고 사라진다는 의미입니다.[5] 그리고 제가 소개한 기독교 윤리학자 신원하교수의 의견 즉 사람의 영혼(하나님과 교제함)과 동물의 혼(낮은 지능)과 다르게 해석하는 개혁주의 입장도 있습니다. 그 다른 해석이란 영과 혼을 구분하지 않고 하나의 실재(實在)라고 이해하는 입장입니다. 이를 조금 더 상세히 설명하면, 사람은 몸과 '혼'(프쉬케)으로 구성되며(마 10:28), 몸과 '영'(프뉴마)으로도 구성됩니다(고전 5:3). 따라서 사람의 프쉬케와 프뉴마는 '영혼'이라는 단일체입니다. 성경은 이런 개념을 동물에게는 적용하지 않습니다(contra 아퀴나스, 『신학대전』, 172.1).

사람에게 영혼이 있기에 고백하며 내면을 성찰하고 그런 내용을 남에게 알릴 수 있습니다. 미셸 푸코(1990)는 심리분석에 집중하면서 진리를 생산하는 매우 가치가 있는 기술이자 제의(ritual)를 '고백'이라 간주하면서, 인간만 '고백하는 동물'(confessing animal)이라 부릅니다.[6] 푸코는 기독교 자체를 '고백'이라 부르는데, 교리라는 명제적 진리는 물론이거니와 자신의 내면을 드러내고 그것을 증언하도록 만드는 기독교식의 영원한 해석에 관심을 두었습니다.[7] 영혼을 가진 인간만이 이런 고백과 자신의 내면을 드러내며 해석할 수 있습니다.

(4) "동물은 영혼이 없기에 천국에 갈 수 없다"라는 주장은 천국을 단지 죽어서 가는 공간으로 의미하는 협소한 주장이고, 이미 도래한 천국을 반영하지 못하고, 온 우주를 회복시킬 종말론적 개념도 상실한 주장 같습니다. 또한 피조물의 탄식과 동물의 신음소리가 커지는 시대에서 이런 주장은 시대의 요구와 맞지 않고, 오히려 인간이 동물의 선교와 복지에 관심을 덜 두어도 안심하게 되는 근거로만 여전히 사용할 거 같습니다. 그래서 차별의 근거(영혼)였던 원리를 특별한 배려의 원리로 전환해야 할 필요성은 없는지요? 그리고 이미 이 땅에 이루어진 하나님 나라의 개념이 동물에게 적용되도록 해야 치우친 주장이 균형을 잡을 수 있지 않을까요?

---

5) Kaiser Jr. et als, 『IVP 성경난제주석』, 304.

6) 참고. B. Plant, "The Confessing Animal in Foucault and Wittgenstein," *Journal of Religious Ethics* 34/4 (2006), 536.

7) 참고. Plant, "The Confessing Animal in Foucault and Wittgenstein," 539-40. 하지만 푸코는 이교도 윤리가 기독교 안으로 들어와 혼합된 고백을 지지한다. 오리겐은 인간의 영혼을 짐승에 비유했으며, 악인이 동물로 윤회한다고는 보지 않았다. P. Cox, "Origen and the Bestial Soul: A Poetics of Nature," *Vigiliae Christianae* 36/2 (1982), 121-24.

→ 영혼이 없는 동물은 천국에 갈 수 없을 뿐 아니라, 이미 임한 천국을 맛볼 수도 없습니다. 하지만 사람은 동물이 회복될 세상을 맛보도록 동물의 복지를 위해 청지기로서 도와야 합니다. 이 원칙은 식물 복지에도 적용됩니다. '동물의 선교'라는 용어는 교회의 선교 대상에 동물을 포함합니다. 예를 들어, 크리스토퍼 라이트(C. J. H. Wright)는 그리스도인이 생태 정의를 확립하기 위하여 생태계를 전문적으로 섬기면서 '총체적 선교'에 힘써야 한다고 봅니다.[8] 이를 위해, 라이트는 '마가복음의 대 위임 명령'에 해당하는 마가복음 16:15의 '온 창조 세계에'(πάσῃ τῇ κτίσει)를 한글개역개정처럼 '만민에게'라고 이해하지 않습니다(참고. 시 96).[9] 라이트의 말대로, 주님의 제자들은 온 세상으로 흩어져서 동식물을 포함하여 모든 생명체에게 복음을 전파해야 했습니까? 아닙니다. 제자들이 동물에게 어떤 방법으로 의사소통하면서 복음을 전할 수 있었겠습니까? 그리고 마가복음 16:15은 신약 본문비평에 있어 큰 논란이 되고 있으며, 마가복음의 원본에 포함되었는지 확실하지 않습니다.[10] 또한 마가복음은 하나님의 아들이신 예수 그리스도의 복음을 도시 로마에 있던 그리스도인에게 소개합니다. 따라서 마가복음의 기록 목적에 비추어 볼 때, 마가복음 16:15의 '온 창조 세계'로 보기 어렵습니다. 그리고 뒤따르는 마가복음 16:16은 "믿고 세례를 받는 사람들은 구원을 얻을 것이요"라고 밝힙니다. 상식적인 말이지만, 동식물은 예수님을 성부의 아들이자 그리스도로 믿거나 세례를 받을 수 없습니다. 마가복음 16:15와 더불어 지상명령 혹은 대 위임령은 신약성경에서 4회 더 언급됩니다(마 28:16-20; 눅 24:45-49; 요 20:19-23; 행 1:6-8). 이 본문들 가운데 어떤 구절도 모든 피조물을 선교의 대상으로 삼아 예수님의 제자로 삼을 것을 명령하지 않습니다. 그러므로 마가복음 16:15의 '온 천하'와 '온 창조 세계'는 서로 유사하고, 이 둘은 마태복음 28:19의 '모든 민

---

8) Wright, 『하나님 백성의 선교』, 404.

9) Wright, 『하나님 백성의 선교』, 433.

10) 막 16:8로 마가복음 주석을 마친 경우는 France, 『마가복음』, 1076을 보라. 참고로 고영렬은 막 16:15의 본문비평 문제를 다음과 같이 설명한다. "15절에서 복음 선포가 언급된 것은 마태복음 28:19과 누가복음 24:47의 영향으로 생각된다. '온 천하에'(πάσῃ τῇ κτίσει)는 바울의 후기서신으로 여겨지는 골로새서 1:23에서 흔적을 찾을 수 있다. 다른 복음서에 등장하는 선교명령이 결여된 마가복음은 필사자에게 불편함으로 다가왔을 것이다. 이런 불편을 해소하고자 필사자는 마태와 누가를 인용하여 그의 독자들에게 예수의 선교명령을 분명히 하였다." 고영렬, "마가복음 세 결말 부분에 대한 분석: Freer Logion과 막 16:9-20을 중심으로," 『신약논단』 26/2 (2019), 360. 하지만 고영렬의 설명에는 몇 가지 문제가 있다. (1) 막 16:15의 '온 천하에'는 그리스어로 전치사구이다(εἰς τὸν κόσμον ἅπαντα)이다. (2) 막 16:15의 '온 세상'과 '만민'은 골 1:23의 '하늘 아래 만민 안에'(ἐν πάσῃ κτίσει τῇ ὑπὸ τὸν οὐρανόν)와 표현이 다르며, 골로새서는 사도 바울이 성령의 영감으로 쓰지 않은 소위 '후기서신' 혹은 '제2 바울서신'으로 분류할 수 없다.

족'에 해당합니다.11)

동물을 새 창조와 회복과 돌봄의 대상으로 자리매김하는 것이 성경의 가르침이 아닐까요? 하나님 나라는 세 요소 즉 하나님의 통치 주권, 그 통치를 받는 대상인 교회, 그리고 통치가 이루어지는 영역으로 구성됩니다. 마지막 요소인 '영역'은 교회를 통해서 예수님의 통치를 받아야 하는 만유입니다(엡 1:10). 따라서 하나님 나라에서 동물의 영역을 간과할 수 없습니다. 하나님의 통치에 동물도 당연히 포함됩니다. 많은 개혁주의자가 동의하는 신칼빈주의를 고려한다면, 그리스도인은 '영역 선교'(sphere mission)을 열심히 수행해야 합니다. 하지만 동물은 회개하고 주님께로 돌아오는 대상은 아닙니다. 일부 신학자들은 요나서에 나타난 니느웨의 동물을 예로 들면서, 동물을 회개의 주체로 격상하는 오류를 범합니다. 사람은 동물과 어떻게 복음을 두고 소통할 수 있습니까? 동물이 스스로 죄인인 줄 깨닫고 주님께 돌아올 수 있겠습니까?

(5) 창세기에 나오는 방주를 보면 모든 동식물이 그 안에 다 들어 있어서 모든 생물이 다 평등하다는 것을 알 수 있습니다. 물론 방주에 있는 단 하나의 창으로 하나님과 교제하는 노아는 특별한 존재임은 분명합니다. 그러나 방주가 인류의 구원을 예표하는 것으로 볼 때, 그리고 이사야 11장에 나오는 샬롬의 모습을 볼 때, 그리고 노아언약에 생물체가 포함되는 것을 볼 때, 또한 예수님의 전 우주적인 구원의 범위를 볼 때, 하나님의 구원에 동물이 포함되는 것으로 보입니다. 그래서 성경에 나오는 이런 구원과 회복의 모습을 보며 교회가 동물의 생존뿐만 아니라 동물의 복지에도 관심을 갖는 것이 성경적이지 않을까요? 그리고 목회자가 비신자의 장례식을 인도하는 것처럼 사랑하는 반려동물이 죽었을 때 동물의 장례식을 가족을 위로하고 죽음을 애도하는 차원에서는 할 수 있지 않을까요?

→ 방주를 탄 생물들(창 6:19-20; 7:2)에서 세상을 보존하시려는 하나님의 의지를 봅니다. 세상 보존을 위한 언약은 육체를 가진 땅의 모든 생물과 맺은 영원한 언약입니다(창 9:10, 16). 노아언약은 만유가 예수 그리스도 안에 함께 서 있으면서 보존되는 방식으로 성취됩니다(골 1:17; 히 1:3). 예수님께서 주시는 '우주적 구원과 회복'에 동물이 포함될까요? 여기서 용어를 정의하고 구분할 필요가 있습니다. '우주적 구원'은 통상적으로 구원의 대상에 유대인과 이방인이 모두 포함된다는 의미로 사용됩니다. '구원'을 예수님의 구속 혹은 대속을 통한 통전적이고 총체적 회복이라고 정의한

---

11) 참고. C. Lawless, "To All the Nations: The Great Commission Passages in the Gospels and Acts," *SBJT* 15/2 (2011), 20.

다면, 그런 구원의 대상은 동물이 아니라 교회로 제한됩니다(참고. '구원'[σωτηρία, ἀγοράζω], '화해'[καταλλάσσω], '속죄'[atonement, νηστεία], 속량[ransoming, ἀπολύτρωσις]).12) '우주적 회복'은 지구의 갱신을 가리키기에, 회복에는 동식물도 포함됩니다. 동물은 우주적 회복의 대상이기에, 동물복지는 당연히 중요합니다.

이사야 11장이 그리는 샬롬의 모습은 특히 세대주의자나 몰몬교도가 문자적으로 해석하기를 선호하지만, 문맥을 고려하면 장차 예수님께서 주시는 샬롬의 상태를 상징적으로 예언합니다. 이사야서를 문자적으로 해석하면, 사자가 있다고 말하는 이사야 11:6과 사자가 존재하지 않을 것이라고 말하는 35:9는 서로 모순됩니다.

그리스도인은 애완동물을 잃은 가족을 위로하고 동물의 죽음을 애도할 수 있습니다.13) 남성보다는 여성의 경우, 이혼과 낙태와 사별을 겪고 난 후에 애완동물을 키우면서 대체할 수 없는 상호의존 관계에 돌입합니다.14) 하지만 그런 방식이 '장례식'이어야만 할까요?(참고. 웨스트민스터 예배모범 XIII의 '장례식'이라는 용어의 부재; 기독교강요 3.25.9의 '하나님 자녀의 부활'). 기독교 장례식은 몸의 부활과 영생을 대망하는 시간입니다. 펫로스 증후군을 이겨내도록 공동체가 함께 애써야 할 것입니다. 그런데 사람이 동물을 가까이 두며 아끼는 것은 인간의 정서가 그만큼 말랐다는 증거가 아닐까요?

(6) 요한복음 3:16 "하나님이 세상을 이처럼 사랑하사 독생자를 주셨으니, 이는 저를 믿는 자마다 멸망치 않고 영생을 얻게 하려 하심이라"에서 하나님이 독생자를 주신 이유는 인간을 사랑해서가 아니라 '세상'을 사랑해서라고 말씀하고 있습니다. 그런데 우리는 인간만을 사랑해서 독생자를 주셨다고 생각합니다. 그리스도의 속죄와 구원의 은혜가 인간에게만 있다고 제한하기보다, 지구의 위기는 인류의 위기이고 동물의 위기는 인간의 위기로 이어지듯이, 니느웨에서 짐승들의 회개나 성경에서 천국의

---

12) 십자가의 피로써 만유를 화해하신다(ἀποκαταλλάσσω)라고 밝히는 골 1:20은 독특하다.
13) 미국의 경우, 펫로스 증후군을 겪으면서 슬픔의 정도가 높은 사람일수록 교육 수준이 낮고, 남성보다 여성이 많으며, 애완동물에 애착이 많았고, 사후 기도를 더 많이 사용하고, 부정적 방식으로 종교적 대처를 시도한 것으로 나타났다. S. A. Lee, "Religion and Pet Loss: Afterlife Beliefs, Religious Coping, Prayer and Their Associations with Sorrow," *British Journal of Guidance & Counseling* 44/1 (2016), 126.
14) 펫로스 증후군을 극복하려면, 가족과 친구와 상담사 그리고 수의사의 도움이 필요하다. 호주의 경우 펫로스 증후군에 빠진 사람 중 44%는 다른 애완동물을 키우면서 공백을 메울 의사를 보였다. M. Cleary et als, "Grieving the Loss of a Pet: A Qualitative Systematic Review," *Death Studies* 46/9 (2022), 2172-2175.

묘사 등을 볼 때, 그리스도의 속죄와 구원의 은혜가 모든 피조 세계를 포함한다고 볼 수 있지 않을까요?

→ 요한복음 3:16의 '세상'(κόσμος)은 죄악에 빠졌지만 예수님을 믿어 영생을 얻을 성도를 가리키지, 온 세상 즉 지구의 모든 생명체를 가리키지 않습니다.[15] 다시 말해, '세상'을 특정 시간과 장소에 제한되지 않는 구원받기로 예정된 모든 성도로 보는 것이 요한복음의 기록 목적에 적절합니다(요 20:31). 그리고 요한복음 3:16의 '세상'이 가리키는 강조점은 멸망치 않고 영생을 얻게 될 '성부의 독생자를 믿는 자'에 있습니다.[16] 그리고 선지자 요나 당시에 니느웨의 짐승들은 회개할 수 없었는데, 회개는 성령의 역사가 임한 사람만 할 수 있는 영적인 일이기 때문입니다(고후 7:10-11; 계 22:14). 요나서는 아브라함 언약의 성취가 이방 세계에서 어떻게 진행되는지를 하나님의 선교를 통해 보여줍니다.

(7) 범죄로 파괴된 피조 세계를 회복하는 것은 동물이 하는 게 아니라 인간이 하는 겁니다. 그러나 "생육하고 번성하고 땅에 충만하라"는 명령은 모든 피조 세계에 다 해당하는 겁니다. 다만 인간은 청지기로서 그런 하나님의 뜻이 잘 이루어지도록 하는 책임과 의무가 있습니다. 그동안 인간은 지배와 우월의 개념으로 잘 지키지 못하고 동물을 억압과 착취와 도구로 생각해 왔습니다. 근래에는 동물의 생존권은 받아들이지만 복지권을 수용하지는 못합니다. 왜냐하면 동물과의 평화와 조화를 추구하는 것은 대가 지불이 필요하기 때문입니다. 그래서 역으로 더 인간중심의 신학 해석이 이루어지는 건 아닌가 하는 생각도 듭니다. 인간이 동물의 복지와 권리를 위한 제도와 법을 펼치지 못하는 이유는 무엇이라고 생각하시나요?

→ 문화명령을 수행하는 사람은 물론(창 1:28), 비인간 생물도 생육하고 번성하며 땅에 충만해야 합니다(창 1:22). 인간은 동물을 착취한 죄에 대해 반성 중입니다. 이런 반성을 일으킨 촉매제 중 하나는 수십 년 전에 인간중심의 신학 디에 폭탄을 딘진

---

15) 요 3:16의 '세상'을 구원받을 죄인들이 아니라(요 3:15; 참고. 엡 2:3-5) 죄악에 빠진 세상이라 보더라도(요 1:10), 동물을 염두에 두지 않았다. 왜냐하면 요 3:16의 전후 문맥에 따르면, 선교적 성부께서 성자를 보내셔서 구원하시는 대상은 사람이기 때문이다(요 3:17-18). D. A. Carson, *The Gospel according to John* (Grand Rapids: Eerdmans, 1991), 204-206. 참고로 '진녹색 생태'(dark green ecology) 혹은 '진녹색 종교'(dark green religion)는 인간이 아니라 생태를 중심으로 하는 해석에 기반하여 모든 종(種)이 가지고 있는 내재적 가치를 존중하면서, 인간이 생태와 연관된 상태에 있음을 강조한다. Ferreira and Sutton, "Ecological Hermeneutics as a Current Trend in Old Testament Research in the Book of Psalms," 312.

16) J. J. Kanagaraj, *The Gospel of John* (Secunderabad: OM Books, 2005), 128.

동물입니다. 적어도 경제 발전을 이룬 국가들에서 동물복지를 위한 제도와 법은 상당히 발전해 있습니다(예. 한국의 동물보호법[1991]; 영국의 동물보호법[1822년]). 하지만 전 세계 차원에서 동물복지 편차는 여전히 심합니다. 동물복지가 미진한 몇몇 이유로 재정의 여력과 인간 복지를 우선하는 정서, 그리고 인간의 '편향적 이타주의'와 '효율적 이기주의'가 작용한다고 볼 수 있습니다.[17]

　　2024년 7월 10일부로 서울 서대문구가 서울시 자치구 최초로 반려동물 전담 부서를 신설했습니다. 한다. 신설된 '반려동물지원과'는 '반려동물'과 '반려인'을 지원하고 동물 유기와 학대 같은 사회적 문제에 대응하며 동물 존중과 보호 문화를 확산하는 데 선도적 역할을 맡을 예정입니다. 지자체의 이런 역할이 중요하지만, 동물복지의 일차 책임은 애완동물을 키우는 사람에게 있다고 봅니다. 그래서 미국과 독일 등에서 동물복지 증진을 위한 '반려동물(개) 보유세'를 부과하고 있습니다. 이런 세금으로 유기 동물을 보호하고 공중위생을 강화하며, 동물을 보유하는 사람과 그렇지 않은 사람 간의 갈등을 줄이고, 애완동물의 과도한 증가를 예방할 수 있을 것입니다.

(8) 동물의 고통을 주장한 피터 싱어, 동물의 권리를 주장한 톰 리건, 관대함의 윤리를 설파한 엔드류 린지는 대표적인 동물신학자들입니다. 이들의 주장을 보면, 모순이 발견되고, 이데올로기적인 느낌도 받습니다. 싱어의 경우 고통의 수준과 기준은 어디로 할 것인지, 린지는 동물이 권리를 가지고 있는 주체자라고 말하지만 어디까지 그게 적용이 되는지, 관대함의 차원으로 볼 때 모든 생명체를 다 죽이면 안 되는 건지, 여러 의문과 모순이 느껴집니다. 그러나 이들의 동물신학을 통해 우리가 얻을 수 있는 유익이 있다고 보이는데, 교수님께서는 우리가 배울 수 있는 점이 무엇인지 그

---

17) 피터 싱어는 동물이나 인간 중에 어느 한 편에 치우치지 않으면서 공리주의자(功利主義者)로서 살아가려 애쓴다. 공리주의는 행복을 선으로 보면서, 이익을 동등하게 나누려 하고, 최대 다수의 최대 행복을 추구한다. 싱어가 사명감을 가지고 확산 중인 "효율적 이타주의(effective altruism) 란 세상을 개선하는 가장 효율적인 방법을 이성과 실증을 통해 모색하고 실천하는 철학이자 사회 운동이다. ...... 최대한 행복을 도모하고 고통을 줄이는 방법이 무엇인지를 의식하면서, 동기보다 결과를 중요시하며 모두의 이익을 동등하게 고려하며 살아가라는 요청인 것이다." 싱어는 '한계 효용 지점'(marginal utility point)까지 이타성을 실천하라고 주문한다. 그러나 사람은 '편향적인 이타성'을 보이기에, 식용으로 사용하는 가축에게 보이는 이타성은 애완견보다 훨씬 못 미친다. 그리고 사람은 '효율적 이기주의'를 본성적으로 가지고 있기에, 고통당하는 사람을 위해서도 선뜻 기부하지 않으므로 '동물해방'이나 동물복지를 위해 선뜻 발 벗고 나서려 하지 않을 것이다. 참고. 김성한·이창근, "피터 싱어의 효율적 이타주의, 그리고 나눔," 『인격교육』 16/4 (2022), 7-8, 17-19.

러나 조심해야 할 점은 무엇이라고 생각하시는지요?

→ 피터 싱어는 교회 밖에서, 그리고 앤드류 린지는 교회 안에서 동물을 옹호합니다. 피터 싱어는 동물에게 쾌고감수능력이 있다고 보면서 동물을 인간의 억압에서 해방하려 합니다. 윤리적 채식주의를 주창하는 톰 리건은 하나님께서 동물에게 부여하신 권리를 주장하면서 인간의 소유와 지배를 거부합니다. 앤드류 린지는 동물을 향한 관대함의 윤리를 넘어 '동물성경'과 동물 예전까지 도입하자고 주장합니다. 이 동물친화론자들은 우리에게 윤리적 채식주의나 동물의 형편에 민감하도록 만들고, 공장식 사육과 같은 인간의 이기주의를 반성하도록 기회와 통찰을 제공한 기여가 있습니다. 하지만 한계와 주의할 점도 놓치지 말아야 합니다. 예를 들어, 이들이 동물의 인지력과 쾌고감수성 그리고 도덕성과 제의성을 긍정적으로 설명할 때, 대체로 성경보다는 진화론에 기반합니다. 그리고 애완견을 인간 차원으로 격상시켜서 인간의 동물화를 추구하거나,[18] 동물 종 간의 새로운 차별주의를 조장합니다. 한 예로, 남아공인들은 양고기 갈비 바비큐(lamb chop braai)를 매우 즐기면서도 역설적이게도 애완견은 아낍니다. 무엇보다 예수님께서 성육하신 목적을 인간과 동물 간의 종 차별주의를 철폐하려는 차원으로 격하하는 것에 동의할 수 없습니다. 예수님께서 사람이 되셨다고 언급하는 성경 어느 본문도 그렇게 말하지 않기 때문입니다.

(9) 구원은 인간에게 주어지는 성령의 역사입니다. 주님의 보혈은 성도에게 덮이고 성령은 우리의 마음을 변화시켜 하나님께로 돌이키게 합니다. 인간중심으로 본다면, 이 사실은 동물에게는 적용될 수 없습니다. 그러나 유한한 인간이 이 놀라운 은혜의 범위를 다 알 수는 없습니다. 그래서 동물의 구원 여부는 비성경적이라고 배제하기보다 우리가 구원의 확장성을 두고 열어두는 것이 더 성경적이지 않을까요? 그리고 반려동물을 위한 기도도 피조물을 향한 관심을 뗄 수 없는 하나님의 심정으로 가능하지 않을까요?

---

18) "생명윤리(특히 영미 철학계)의 측면에서 동물의 윤리적 고려 가능성을 처음 열었던 벤덤, 밀, 시즈윅의 전통에 서 있는 피터 싱어(Peter Singer)가 (칸트적 영감으로 생명윤리에 접근한 톰 리건[Tom Regan]과 동물권이 인권과 불가피하게 연루됨을 보여준 파올라 카발리에리[Paola Cavalieri]를 포함하여) 대표 인물이다." 김동규, "후기 하이데거 철학의 동물론: 아감벤, 데리다 비판의 맹점," 183, 193. 참고로 칼라르코(M. Calarco)는 싱어, 리건, 카발리에리를 인간과 동물의 윤리적 동등성을 강조하는 '동일성의 윤리학(ethics of identity)' 지지자에 포함한다. 그리고 하이데거가 인간중심주의를 완전히 극복하지 못했다고 비판하면서, 이탈리아 철학자 조르조 아감벤(G. Agamben)은 "동물의 완벽한 인간화는 인간의 완벽한 동물화와 일치한다."라고 보았다. 김동규, "후기 하이데거 철학의 동물론: 아감벤, 데리다 비판의 맹점," 193.

→ 성도는 삼위 하나님께서 자기 자녀에게 주시는 구원의 은혜를 믿습니다. 그리스도인에게 주어진 독특한 구원의 범위를 동물에게 확장하여 열린 결론으로 마무리할 수 없습니다. 하나님의 '갱신'과 '새 창조' 사역의 대상에는 동물이 포함됩니다. 그러므로 '예수 그리스도를 통한 성도의 구원'과 신천신지에서의 '새 창조'를 구분할 필요가 있습니다. 다시 말해, '구원'은 성도에게만 해당하지만, '새 창조'는 만유에 해당합니다. 만약 동물이 '구원'의 대상이라면, 식물이나 지구를 구성하는 물질도 거기에 포함되어야 할 것입니다(벧후 3:10).[19] 새 창조의 영이신 성령은 세상에 질서를 부여하시고 갱신하십니다. 그렇다면 그리스도인이 '생태적 정적주의'(ecological quietism)에 빠진 채로 생태 질서를 회복하는데 무관심하고 오히려 훼손하는 것은 성령님을 거스르는 악행이 될 것입니다.[20]

이 원칙을 적용해 봅시다. 인간과 동식물이 지구가열화에 직면한 상황에서, 한국교회는 '생태주일'을 지킬 필요가 있습니다. 성도는 생태계의 일부인 동물을 포함하여 피조물을 위해 기도할 수 있고 해야 합니다. 질문자의 언급대로, 목회자는 물론 모든 그리스도인은 애완동물을 위해 기도할 수 있습니다. 왜냐하면 우리는 일상과 주변 환경을 위해 기도해야 마땅하기 때문입니다. 이때도 균형감과 우선성을 잘 염두에 두어야 합니다. 가족과 신앙의 공동체 그리고 불신 지인들을 위해 드리는 기도는 더 중요합니다.

(10) 대담자인 저도 동물 세례식, 동물 축복식, 반려견과 함께하는 예배 등은 아직 받아들이지 않습니다. 그러나 교회사적으로 그런 사례가 있었습니다. 아시시의 프란체스코는 식물과 동물들에게도 설교하고 늑대가 회심했다는 이야기도 들었습니다. 외경을 보면 동물을 치유하고 동물과 어울리는 예수님의 모습이 있고, 복음서도 광야에서 시험을 받을 때 예수님은 들짐승과 함께 계셨다고 기록합니다. 이런 사례들을 보면 성경에 기록되지 않았을 뿐이지 그러한 의식들도 가능하다고 볼 수 있지 않을까요? 그리고 앞으로는 이런 현상이 더 개방적이고 많아질 거라고 예상이 됩니다.

→ 그리스도인은 신음하고 있는 피조 세계와 생태계 그리고 동물을 위해 기도해야

---

19) 예수님의 구원 사건으로 새 창조는 이미 시작되었다. 계 21:2의 현재 동사 '내려오다'(καταβαίνουσα)와 21:5의 현재 동사 "새롭게 만들다"(καινὰ ποιῶ)는 새 창조가 진행 중임을 가리킨다. Gentry Jr., *The Divorce of Israel: A Redemptive-Historical Interpretation of Revelation*, Volume II, 1620, 1649.

20) D. T. Williams, "Ecological Disharmony as the Sin against the Spirit," *Scriptura* 112 (2013), 2, 10-11.

합니다. 가축이 중요한 재산이었던 농경문화 시대에, 그리고 최근까지 농촌에서 가축 주인이 목회자를 초대하여 가축을 위해 기도해 달라고 부탁한 경우가 있었습니다. 어떤 목회자는 가축을 위해 기도하는 것을 거부하거나 회피했습니다. 기도하더라고 병든 가축이 죽는다면, 목회자의 권위나 사역에 부정적 영향을 줄 수 있다는 판단이 작용했는지 모릅니다. 아니면 가축은 기도의 대상이 아니라는 인간중심주의가 작용했을 수 있습니다. 그런데 이런 현상은 번영 복음이 발전한 한국교회에 아이러니합니다. 목회자는 성도의 영혼, 신앙, 건강, 자녀, 직장과 사업, 그리고 재산을 위해 기도할 수 있고, 마땅히 기도해야 합니다. 그런데 가축 전염병이 확산 중일 때, 그리고 병든 가축을 위하여 기도할 책임은 목회자에게만 있는 게 아닙니다. 모든 교인이 이를 두고 기도해야 하지 않겠습니까? 예를 들어, 목회자가 아니라 구역장(가정교회의 목자)이 구역원의 가축을 위해 기도할 수 있습니다. 가축이나 애완동물은 기도 대상에서 제외되어 마땅하거나 꺼릴만한 특별한 존재가 아닙니다. 이에 대한 성경적 근거는 요한삼서 1:2입니다. 사도 요한은 가이오의 "범사를 위하여 기도합니다"(περὶ πάντων εὔχομαι). 여기 '범사' 즉 '모든 것'에 가이오의 생계가 포함됩니다. 참고로 한글개역개정은 "범사가 잘 되고"라고 오역합니다.[21] 성도의 존재론적 웰빙과 영육의 건강은 그 자체로 목적이 아닙니다. 그리스도인에게 웰빙과 건강은 진리 안에서 살고 하나님의 선교에 동참하는 수단입니다(요삼 1:4, 7; 참고. 요 17:11, 17-19).[22] 따라서 목회자와 성도가 더불어 성도의 가정과 소유와 직장을 위해서 기도하되, 모든 것들은 진리의 복음을 따라 살아가는 도구로 삼아야 합니다.

그런데 외경에 나타난 동물친화 사상을 참고함으로써, 동물 세례식, 동물 축복식,[23] 반려견과 함께 하는 예배가 진정으로 가능하겠습니까? 그리고 기독교의 성례인 세례와 언약 갱신으로서의 예배에 대해 '성경의 지지를 받는 새롭고도 확장된 이론'을 만들 수 있을까요? 그것은 불가능합니다. AD 3-4세기의 은둔 수도사 안토니는 동물을 축복했는데, 그는 '동물 세계의 후견 성인'이라 추앙받습니다. 천주교는 아시시의

---

21) 비슷한 번역의 오류는 S. L. Adams, "An Examination of Prayer in 3 John 2 and the Farewell Discourse in Light of the Mission of God," *Neotestamentica* 54/2 (2020), 192를 보라.

22) Adams, "An Examination of Prayer in 3 John 2 and the Farewell Discourse in Light of the Mission of God," 193, 204.

23) 한국 기독교인은 '복'과 '축복'을 자주 혼용한다. 그래서 "하나님, 축복하여 주옵소서"라고 종종 기도한다. 그러나 '축복'(祝福)은 복을 빈다는 의미이다. 하나님은 복을 주시는 분이지, 비는 분이 아니다. 그렇지만 '동물 축복식'이라는 용어에 "하나님께서 동물에게 복을 주옵소서"라는 의미가 담겨 있을 것이다.

프란시스코를 '생태계의 후견 성인'으로 숭상하지만, 프란시스코의 채식주의와 비인간 동물 존중 사상에 미친 마니교와 불교 그리고 조로아스터교의 영향을 간과할 수 없습니다.[24] 그리고 외경이나 사막교부와 은둔 수도사들의 일화에 미신적 내용이 적지 않기에 비평적으로 참고해야 합니다(예. 수도사가 용과 상생함). 여기서 '오직 성경'과 '전체 성경'이라는 종교개혁의 원칙이 중요합니다. 성경에 무언가가 부족하여, 성경 바깥으로부터 신비적 내용이 보충되어야 하는 것은 아닙니다. 변화되는 상황에 따라 세례나 예배를 다시 규정한다면, 신앙의 절대 규범인 성경은 상대화되고 가변적일 수밖에 없습니다. 성경에서 출발하기보다, 상황에서 출발하여 어떤 문제에 대한 성경적 해법을 찾을 때, 상황이 성경을 지배하지 않도록 주의해야 합니다.

(11) 이 세상에서 가난한 자가 가장 고통당한다고 생각했습니다. 그런데 저도 이번에 이 대담을 준비하면서 이 땅에서 가장 고통당하는 것은 사람이 아니라 피조 세계와 연약한 동물일 수도 있겠다는 생각이 들었습니다. 하나님께서는 항상 힘이 없는 약자들의 편에 서서 보호하시는데, 인간 중심적인 생각을 벗고 연약함의 측면에서 본다면 이런 동물들을 향한 보살핌과 복지와 선교가 이루어지는 것도 하나님의 뜻을 이루는 게 아닐까요? 인간만이 우선이기보다 고통받는 피조물이 우선이라는 생각은 비성경적일까요?

➡ 세상에서 고통당하는 존재를 고찰할 때, 전체를 아우르는 총체성이나 통전성도 중요하고, 이에 못지않게 우선성(priority)도 중요합니다. 하나님은 고아와 과부와 나그네와 장애인은 물론이거니와 구덩이에 빠진 가축에도 큰 관심을 가지고 계십니다(신 27:18-19; 시 146:8-9; 잠 31:8; 마 12:11). 구약성경에서 히브리어로 '게르'라

---

24) 1225년에 프란시스코가 작사한 '온 천하 만물 우러러'(All Creatures of Our God and King) 은 21세기 찬송가 69장에 수록되어 있다. 4절의 '저 귀한 땅은'은 'Dear mother earth'(사랑하는 어머니 지구)이다. 그런데 성경은 지구가 아니라, 하나님과 사도와 교회를 '어머니' 이미지로 묘사한다(민 11:12; 신 32:18; 욥 38:28-29; 시 22:9-10; 사 45:9-10; 46:3; 49:15; 66:13; 호 11:3; 마 23:37; 갈 4:19, 26). 1224년에 프란시스코는 'Canticle of the Sun'(태양의 찬가)에서도 '내 주님은 '어머니 지구'를 통해서 우리를 보존하시고 다스리시고 화려한 화초와 더불어 각종 과실을 주신다'(my Lord, through 'Sister Mother Earth', who sustains us and governs us and who produces varied fruits with coloured flowers and herbs)라고 밝힌다. 프란시스코는 '별'과 '달'과 '죽음'에게도 '형제자매' 호칭을 부여한다. 그런데 프란시스코가 작사한 찬송가 69장에서 '동물'을 전혀 언급하지 않은 사실이 놀랍고 의아하다. 참고. D. J. A. Cline, "Alleged Female Language about the Deity in the Hebrew Bible," *JBL* 140/2 (2021), 230-43.

불리는 외국인 이주민도 약자입니다. 고통당하는 사람 약자에게 우선성을 두면서, 동물이라는 또 다른 약자를 배제한다면 통전적 이해는 약화됩니다. 그러므로 사람에게 우선권을 두면서도 동물을 아우르며 이해해야 할 것입니다. 1869년에 동물을 잔인하게 대하는 행위를 방지하는 협회(ASPCA)가 미국에서 조직되었으며, 현재 이 협회는 칠천 개 이상의 조직을 거느리고 있습니다.[25] 미국에서 1980년대는 '동물 권리를 위한 행동가의 시작 시기'라 불리는데, 정치와 법과 문화와 같은 여러 영역에서 동물을 보호하려는 운동이 체계화되었습니다.[26] 그런데 서유럽과 북미에 비해, 동유럽과 극동 및 중동 국가에서는 동물복지법이 취약합니다.

그런데 여러 언약이 성취되어 가면서 펼쳐지는 구원의 복음 내러티브를 염두에 두고 '인간'으로 구성된 교회를 중요하게 여긴다면, '인간 중심성' 혹은 '인간 우선성'은 잘못된 표현이라고 보기 어렵습니다(마 6:26). 인간의 존엄성이 훼손된다면, 그것은 하나님의 형상이 손상을 입는 것이며, 결국 하나님을 모욕하는 행위가 되지 않을까요?(잠 14:31; 17:5; 22:2; 마 25:40; 고전 11:7; 약 3:9).[27] 하나님은 지존하시며 절대적인 가치를 가지고 계십니다(시 77:10). 특별히 그리스도의 형상(imago Christi)을 닮아가는 그리스도인은 '파생되지만 중대한 가치'를 가지고 있습니다(롬 8:29; 갈 4:19; 골 1:15).[28] 물론 우리는 동물의 고통에 더욱 민감해야 합니다. 그렇지만 앞에서 살핀대로, 동물을 돌봄의 대상으로 보아야 하지, '선교'의 대상으로 볼 수 없습니다. 다시 말해, 돌봄의 대상과 선교 대상은 구분되어야 합니다.

마지막으로 언급하고 싶은 말은 '반려동물' 열풍이 초저출산 시대를 더 악화할 가능성이 높다는 우려입니다. 저출산 문제와 반려동물 열풍 사이의 연관성은 다음과 같습니다. (1) 경제적 부담: 자녀 양육 비용 대신 상대적으로 저렴한 반려동물 양육을

---

25) M. S. Silberman, "Animal Welfare, Animal Rights: The Past, the Present, and the 21st Century," *Journal of Zoo Animal Medicine* 19/4 (1988), 162.

26) Silberman, "Animal Welfare, Animal Rights," 162.

27) R. Rheeder, "Bio-Etiek sonder Grense en Menswaardigheid: 'N Gereformeerd-Etiese Beoordeling," *Verbum et Ecclesia* 34/1 (2013), 6-8. 참고로 스위스의 종교개혁자 프란시스 튜레틴(d. 1687)은 인간이 다른 피조물보다 우월하고 탁월하지만, 하나님을 의존하면서 자선을 베푸는 통치를 해야 한다고 주장했다. 참고. 이신열 (ed),『종교개혁과 인간』, 319.

28) Rheeder, "Bio-Etiek sonder Grense en Menswaardigheid," 9. 참고로 루터에 따르면 타락한 인간에게 주님의 은혜가 임하지 않는다면 나쁜 나무가 되어 나쁜 열매를 맺을 수 밖에 없는데, 이런 현상은 도울이나 생태를 대하는 태도에도 나타난다. W. Harris, "Grasping for God in the Material: A Meditation on Luther's Theology of Creation and Account of Sin as Critical Response to the Ecological Crisis," *Scriptura* 119 (2020), 9-19.

선택하는 경향. (2) 정서적 만족: 자녀 대신 반려동물을 통해 정서적 욕구를 충족. (3) 라이프스타일 변화: 1인 가구 증가와 함께 반려동물 선호도 상승.[29]

혹자는 '반려동물'이 사람의 생애 주기에 미치는 영향을 연구합니다. 이 연구에 따르면, '반려동물'에 대한 매우 강한 집착은 독거노인은 물론이거니와, 미혼인과 자녀가 없는 부부에게서 볼 수 있습니다. 이들이 볼 때, 동물은 룸메이트나 베스트 프랜드가 되어 인간과 같은 반려인 역할을 합니다.[30] 자녀가 없는 부부가 애완견을 '내 새끼'(my kids; my babies)라 부르며 키우면서, 자녀 양육을 미리 연습하는 경우도 있다고 합니다.[31] 애완견의 이런 긍정적 역할은 인정되어야 합니다. 하지만 애완견이 사람의 가장 친한 친구와 자식이 될 수 없는 법입니다. 한국에서 유기견이 매우 많다는 사실이 이를 방증합니다.[32] 아가서 5:16은 부부를 연인과 친구로 부릅니다. 초저출산 시대일수록, 크리스천 청년은 기독 신앙을 소유한 이성 친구와 거룩하게 교제함으로써, '뼈 중의 뼈, 살 중의 살'인 연인과 부부라는 동반자로 발전하는 은혜를 사모해야 합니다.

---

29) https://claude.ai/chat/ee57ff1b-733a-43a5-8f92-90f653273e6c (2024년 7월 27일 접속).
30) W. G. Turner, "The Role of Companion Animals throughout the Family Life Cycle," *Journal of Family Social Work* 9/4 (2005), 13, 17.
31) 애완견을 키우는 어린이의 자존감이 높다는 통계도 있다. Turner, "The Role of Companion Animals throughout the Family Life Cycle," 13, 15.
32) 2024년 6월 17일, 천주교 교황은 G7 정상들에게 인공지능을 장착한 자율무기시스템 (Autonomous Weapon System)의 사용 금지를 요구했다. AWS는 로봇과 같은 기계에다가 군사용 인공지능을 입혀 인간화시킨 결과물이다. AWS는 인간의 조종이 없이도 스스로 표적을 선택하여 타격하기에 기술-생명윤리 문제를 대두시킨다. 자폭 드론과 같이 치명적인 무인 AWS가 확산 중이다. 지뢰 제거를 위해 로봇이 동원된 지 오래이며, 미국 국방부는 2012년 이래로 AWS를 본격적으로 발전시키고 있는데, '인간 군인'을 닮은 '기계 전투병' 덕분에 소중한 인명 피해를 어느 정도 줄일 수 있다. 인간의 존엄성과 생명 보호가 지고선처럼 가장 중요하기에, AWS는 허용될 수 있는 전쟁 방식인가? 그러나 대량 살상과 파괴를 자행하는 타락한 인간이 져야 할 책임을 '동료 기계 전투병'에게 전가하는 문제가 발생한다(창 3:12). 이런 현상은 애완견을 인간화하다가 매년 10만 마리나 내버리는 한국인의 무책임한 모습을 떠올리게 한다. 참고. W. Engelhardt & V. Kessler, "The Ethical Debate about the Use of Autonomous Weapon Systems from a Theological Perspective," *Verbum et Ecclesia* 45/1 (2024), 4-8.

## 참고문헌33)

강성열. "성서의 음식 규례와 오늘의 먹을거리."『캐논 앤 컬처』 2/2 (2008): 5-37.

강수경. "동물윤리의 토대에서 동물을 위한 정당방위와 긴급피난의 적용가능성: 독일에서의 논의를 중심으로."『고려법학』 91 (2018): 277-312.

강정구. "펫팸족의 출현과 반려동물의 재인식: 2000년대 이후 한국문학과 영화 작품을 중심으로."『세계문학비교학회』 54 (2016): 5-27.

강호숙. "복음주의 내 생태적 설교에 관한 실천신학적 연구: 생태적 설교의 필요성과 실천신학적 과제를 중심으로."『신학과 사회』 37/2 (2023): 137-72.

금명진. "동물에 대한 선교적 돌봄과 신학적 고찰." 석사논문. 장로회신학대학교, 2023.

고영렬. "마가복음 세 결말 부분에 대한 분석: Freer Logion과 막 16:9-20을 중심으로."『신약논단』 26/2 (2019): 343-71.

고은경·심재웅. "반려동물에 관한 신문 보도의 시기별 변화 특성에 관한 내용분석 연구: 2004~2018 기간 중 조선일보, 중앙일보, 경향신문 보도 분석."『정치커뮤니케이션연구』 65 (2022): 103-147.

곽진숙. "부산지역 애완동물 시장 전망에 대한 연구방안."『인문사회21』 14/3 (2023): 1665-1674.

구자용. "야웨, 동물의 주: 신학적 동물학에 대한 소고."『구약논단』 21/2 (2015): 205-235.

국은숙. "반려동물 장묘서비스 이용 실태조사."『한국소비자원 조사보고서』 (2022): 1-69.

길성남.『골로새서·빌레몬서』. 서울: 이레서원, 2019.

김광연. "동물 생명의 가치와 인간과의 공존: 반려동물을 대하는 인간의 이중적 태도."『순천향 인문과학논총』 38/3 (2019): 97-121.

김기석. "동물 사육과 살육에 관한 신학적 성찰."『기독교사상』 2월호 (2011): 160-70.

김기중. "앤드류 린지(Andrew Linzey)의 동물신학."『좋은나무』 2023년 11월 16일.

김남준. "식물윤리학의 원리: 식물윤리학의 근거 정립을 위한 시론적 연구."『환경철학』 12 (2011): 1-35.

김동규. "후기 하이데거 철학의 동물론: 아감벤, 데리다 비판의 맹점."『철학탐구』 52

---

33) 본 글에 활용되지 않은 자료이지만 동물신학 연구에 유용한 자료를 '참고문헌'에 수록한다.

(2018): 177-208.

김명식. "동물윤리와 환경윤리: 동물해방론과 생태중심주의 비교."『환경철학』 15 (2013): 1-30.

김서영. "동물학대죄의 헌법적 정당성에 관한 논의: 동물의 지위에 관한 동물윤리학적 고찰과 헌법상 동물보호의무를 중심으로." 『강원법학』 63 (2021): 385-422.

김선종. "하나님과 사람과 땅의 교향악: 성결법전의 신학과 설교."『Canon&Culture』 13/2 (2019): 177-204.

김성한·이창근. "피터 싱어의 효율적 이타주의, 그리고 나눔."『인격교육』 16/4 (2022): 5-23.

김성호. "사회복지실천 속 동물매개활동의 윤리적 이슈."『기독교사회윤리』 53 (2022): 177-204.

김승호. "기독교와 이슬람의 내세론 비교 연구."『성경과 신학』 54 (2010): 241-66.

김영숙. "성경의 식물 명칭에 대한 연구: 성경번역과 주석을 위한 성서신학적 가치와 전망." 박사학위 논문. 대구가톨릭대학교, 2017.

김영진. "반려동물의 항공 여행에 관한 연구."『한국과 세계』 6/1 (2024): 149-71.

김은혜. "인간과 동물과의 관계에 대한 신학적 성찰과 동물에 대한 기독교 윤리적 책임."『장신논단』 53/5 (2021): 149-77.

김항철. "피터 싱어의 동물해방을 위한 공리주의적·윤리적 채식주의 실천윤리 연구: 전통적인종 차별주의 비판." 철학박사논문. 충남대학교, 2023.

김형민. "동물의 미래와 기독교 신앙."『기독교사회윤리』 3 (2000): 131-68.

　　. "성서적 전통에서 본 동물의 윤리와 법." 『종교문화비평』 21 (2012): 87-130.

　　. "인간학에 도전하는 동물학: '대 유인원 프로젝트'에 대한 비판적 고찰."『기독교사회윤리』 13 (2007): 89-120.

김혜윤. "다니 7,1-8에 등장하는 '짐승 상징화'연구: 묵시문학적 특성규명과 신화적 재구성."『가톨릭신학』 11 (2007): 49-98.

김혜진. "동물과 폴리스: 아테네 국립고고학박물관에 소장된 고전기 아티카 봉헌 부조와 비석의 사례를 중심으로."『서양미술사학회논문집』 46 (2017): 7-30.

김희석. "서평: All Creatures Great and Small: Living Things in the Bible (Edward R. Hope, New York: United Bible Societies, 2005)."『성경원문연구』 29 (2011): 206-214.

노영상. "동물보호에 대한 기독교윤리적 반성."『장신논단』 17 (2001): 227-57.

류지한. "싱어의 동물 해방론의 윤리적 쟁점." 『윤리연구』 136 (2022): 95-125.

모효정. "부분-인간화 동물(Part-Human Animals)의 개념과 윤리적 쟁점들." 『한국 의료윤리학회지』 16/1 (2013): 27-40.

문성학. "동물해방과 인간에 대한 존중 (Ⅲ): 피터 싱어의 윤리적 채식주의 비판." 『철학논총』 92/2 (2018): 23-48.

문태영. 『(기독교 대학을 위한) 동물분류학』. 부산: 고신대학교출판부, 2003.

박두환. "요한계시록 상징에 대한 연구: 동물과 색깔을 중심으로." 『신약논단』 9/3 (2002): 753-78.

박미혜. "윤리적 채식주의 소비자의 채식소비 경험에 관한 질적연구: 근거이론 방법의 적용." 『소비자학연구』 34/5 (2023): 157-88.

박성진. "영장류의 사회적 행위를 통한 '정의(justice)'의 기원에 관한 연구." 『철학논총』 95 (2019): 87-117.

박시룡. 『박시룡교수의 재미있는 동물이야기』. 서울: 도서출판 지구촌, 1995.

박유미. "레위기 음식법에 대한 생태학적 접근." 『성경과 신학』 99 (2021): 1-29.

박진경. "펫로스 증후군과 상호작용적 독서치료: 비블리오드라마 모형." 『신학과 실천』 81 (2022): 437-55.

박찬운. "동물보호와 동물복지론: 유럽 상황을 중심으로." 『법조』 640 (2010): 300-35.

"반려동물에 대한 입장." http://xn—tv-oc2iw04e.com/news/view.php?idx=423&mcode=m63vdwx. 2023년 3월 18일 접속.

백상훈. "반려동물과의 관계를 통한 영성 형성에 관한 연구." 『장신논단』 53/2 (2021): 183-210.

소병철. "인간중심주의는 동물의 이익을 보호할 수 없는가?" 『인문학연구』 92 (2013): 239-65.

손원영. "뒷간신학의 조감도." 『종교교육학연구』 67 (2021): 21-45.

송경은. "펫 시장에도 프리미엄 열풍: 반려동물용 소갈비, 캐시미어 코트까지." 『매경럭스맨』 151 (2023): 152-55.

송영목. 『요한계시록 주석』. 서울: SFC출판부, 2023.

송충기. "동물보호운동과 반려동물 열풍의 역사적 기원." 『철학과 현실』 9월호 (2022): 58-71.

신득일. 『101가지 구약 Q&A 2』. 서울: CLC, 2018.

신성자. "동물에 대한 인간의 책임에 관한 성경적 사고." 『신학지남』 69/4 (2002): 190-206.

신응철. "동물 철학이란 무엇인가?: 슈바이처의 '생명에 대한 외경'을 중심으로." 『기독교와 문화』 19 (2023): 119-55.

신원하. "반려견과 사후 생명: 목사님 우리 푸들이 천국에서 볼 수 있을까요?" 예장 고신 충청노회 강의안 (2022): 1-4.

_____ . "애완견을 위한 기도, 성경적으로 신학적으로 가능한가?" 예장 고신 충청노회 강의안 (2022): 1-4.

신현우. "예수의 광야 시험: 마가복음 1:12-13에 담긴 모형론 중첩." 『신약논단』 21/1 (2014): 27-58

양혜림. "피터 싱어의 동물살생에 대한 선호공리주의의 비판적 고찰." 『인문학연구』 129 (2022): 201-233.

오민수. "동물, 사회생태계의 급진적 정황 변화의 주역(출 23:4-5)." 『구약논단』 28/1 (2022): 158-87.

_____ . "초사법적 화해의 장: 동물보호규례- 출애굽기 23장 4-5절과 그 맥락." 『구약논단』 23/2 (2017): 43-71.

오성호. 『55-66장을 중심으로 본 이사야서의 종말론 신학』. 서울: 솔로몬, 2012.

우택주. "이사야서 11장 1-9절에 나타난 메시아사상과 생태계의 회복." 『복음과 실천』 48/1 (2011): 7-29.

유가명·김덕환. "한중 반려동물 문화 비교 분석." 『유라시아연구』 20/3 (2023): 139-56.

유경동. "식물 신경생물학과 기독교 녹색 윤리." 『한국기독교신학논총』 111 (2019): 179-209.

윤덕병. "반려동물 서비스산업에 관한 연구." 『혁신기업연구』 7/3 (2022): 157-69.

이긍재. "구약 속 '동물윤리'에 관한 신학적 연구." 『기독교사회윤리』 56 (2023): 315-48.

이국현. "기독교 채식주의의 역사와 사회윤리적 담론 이해." 『한국교회사학회지』 60 (2021): 97-127.

이기훈. "윤리적 육식주의의 가능성 연구." 『윤리연구』 124 (2019): 135-57.

이동찬. "어휘 의미론적으로 본 구약성경의 '생명' 개념." 『생명과 말씀』 9 (2014): 35-65.

이상목. "그들은 기생충, 개이다: 바울의 혐오 수사학 돌아보기." 『신약논단』 30/2 (2023): 319-59.

이석호. 『마가복음 산책』. 서울: 이레서원, 2006.

이성호. "동물 연구(Animal Studies) 시대에서 기독교 신학의 길 찾기." 『한국조직신학논총』 71 (2023): 139-79.

이승갑. "과정사상의 관점에서 본 동물권(動物權): 린지의 동물신학과의 대화를 중심으로."『기독교사회윤리』 28 (2014): 7-44.

이신열. "동물." In 『개혁신앙으로 시대읽기: 우리 시대의 이해와 통찰을 담다』. Edited by 황원하. 서울: 담북9, 2024: 200-219.

이신열 (ed).『종교개혁과 인간』. 부산: 고신대학교 개혁주의학술원, 2021.

이은애. "히브리 성서에서의 죽음과 장례: 존재와 관계에 대한 기억."『구약논단』 22/2 (2016): 132-65.

이원옥. "선교를 위한 장례예식절차에 대한 성경적인 고찰."『복음과 선교』 16 (2011): 157-90.

이유봉. "인간의 법을 통해 바라본 동물의 죽음에 관한 소고."『서울대학교 법학』 50/1 (2009): 191-224.

이종록. "니느웨 상상력: (비인간) 동물 신학 정립을 위한 구약성서 연구."『신학사상』 175 (2016): 7-43.

이종화·손영은. "반려동물이 독거노인의 삶의 만족과 스트레스에 미치는 영향: 반려동물과 사회적 지지망의 상호작용 효과를 중심으로."『보건사회연구』 42/4 (2022): 159-72.

이창호. "린지의 동물신학 탐구와 비평적 대화 모색 몰트만, 마우, 스택하우스를 중심으로."『기독교사회윤리』 55 (2023): 37-75.

이희성. "구속사의 맥락에서 본 노아 언약: 성경신학적 접근."『신학지남』 85/4 (2018): 7-32.

임미영. "신약 시대 구약의 정결법 실천에 관한 고고학적 고찰."『Canon & Culture』 13/2 (2019): 249-79.

임종현. "피터 싱어의 동물윤리에 대한 기독교 윤리적 고찰." 석사논문. 장로회신학대학교, 2016.

임진수. "요한복음의 세상(ko,smoj) 이해."『신학과 세계』 47 (2003): 173-94.

장동익. "피터 싱어의 동물해방론을 비판함: 종차별주의 옹호."『윤리학』 12/1 (2023):63-91.

장성휘. "구약성서를 통한 동물과 육식문화에 대한 재고찰." 석사논문. 한신대학교, 2013.

장윤재.『동물 소수자의 신학』. 서울: 한국문화신학회, 2017.

   . "무지개의 하나님, 푸줏간의 그리스도, 그리고 동물신학의 탐구."『신학사상』 171 (2015): 67-104.

정결. "동물 윤리의 도덕적 접근법." 『철학논총』 104/2 (2021): 303-322.

정대영. "생태학적 관점에서의 동물해방론 비판." 『순천향 인문과학논총』 31/2 (2012): 140-70.

정영근. "반려동물 장묘행정에 관한 연구: 장묘업을 중심으로." 박사학위논문. 배제대학교, 2021.

조대호. "동물의 자발적 행동과 숙고: 아리스토텔레스의 동물행동학에 대한 예비적 성찰." 『철학연구』 86 (2009): 87-118.

조희정. "인간과 동물, 『찬미받으소서』 관점에서 본 연대의식." 『가톨릭 평론』 10 (2017): 61-68.

지학사 기획/과학세대 편저. 『동물행동의 신세계』. 서울: 도서출판 벽호, 1993.

차정식. "복음서의 동물들과 신학적 상상력: 예수 신학의 탈신화적 특징에 관하여." 『신약논단』 14/4 (2007): 901-931.

최선미. "로마서의 약한 자와 강한 자: 로마서 14장 1-6절을 중심으로." 『대학과 선교』 36 (2018): 107-144.

최시영 외. "반려동물 장례 및 펫로스 증후군 관련 산업 현황 연구." 『인문사회21』 14/2 (2023): 481-94.

최원호. "동물/인간의 경계와 욕망, 그리고 변신: 한국과 북미 원주민 구전설화에서의 동물신부를 중심으로." 『비교민속학』 53 (2010): 263-96.

최재천. "동물의 인지능력과 인간 두뇌의 진화." 『인지과학』 15/4 (2004): 67-75.

_____. 『최재천의 인간과 동물』. 서울: 궁리, 2007.

최훈. "사자가 소처럼 여물을 먹는 세상: 포식(predation)의 윤리적 문제." 『환경철학』 23 (2017): 135-62.

_____. "애완동물: 장난감인가, 피보호자인가, 반려인가?" 『윤리학』 7/2 (2-18): 99-126.

하경택. "창조와 종말 주제를 위한 동물의 신학적 의의(意義)." 『구약논단』 14/4 (2008): 126-46.

한유선. "코로나 엔데믹시대의 생태적 영성지향성." 『신학논단』 116 (2024): 235-67.

Adam, M. B. "The Particularity of Animals and of Jesus Christ." Zygon 49/3 (2014): 746-51.

_____. "The Purpose of Creatures: A Christian Account of Human and Farmed Animal Flourishing." Sewanee Theological Review 62/4 (2021): 733-66.

Adamah, J. N. S. "Food Insecurity, Eucharist, and Community:

Reading Jean-Marc Éla's 'Shade-Tree' Theology in Light of Balthasar's Ecclesiology." *Review & Expositor* 117/4 (2020): 536-46.

Adams, S. L. "An Examination of Prayer in 3 John 2 and the Farewell Discourse in Light of the Mission of God." *Neotestamentica* 54/2 (2020): 187-207.

Ahiamadu, A. "A Postcolonial Critical Assessment of the *Imago Dei* in Gen 1:26-28 in Nigerian Perspective." *Scriptura* 103 (2010): 97-106.

*Ancient Faith Study Bible*. Nashville: Holman Press, 2019.

Angel, S. W. "Of Cats and Muslims: Reflections on David Johns' Quakering Theology." *Quaker Religious Thought* 125 (2015): 5-11.

Archer, G. "The Hellhound of the Qur'an: A Dog at the Gate of the Underworld." *Journal of Qur'anic Studies* 18/3 (2016): 1-33.

Aseneta, A. A. R. "Laudato Si on Non-Human Animals." *Journal of Moral Theology* 6/2 (2017): 230-45.

Atkins, P. J. "Praise by Animals in the Hebrew Bible." *Journal for the Study of the Old Testament* 44/3 (2020): 500-513.

Atkinson, D. J. (ed). *New Dictionary of Christian Ethics and Pastoral Theology*. Leicester: IVP, 1995.

Bakhos, C. "Jewish, Christian, and Muslim Attitudes towards Animals." *Comparative Islamic Studies* 5/2 (2009): 177-219.

Balz, H. and Schneider, G. (ed). *Exegetical Dictionary of the New Testament*. Volume 2. Grand Rapids: Eerdmans, 1991.

Banman, J. K. "Animal-Assisted Therapy with Adolescents in a Psychiatric Facility." *Journal of Pastoral Care* 49/3 (1995): 274-78.

Barsam, A. "The Fellowship of Life: Albert Schweitzer and the

Moral Status of Animals." *The Way* 41/3 (2001): 224-36.

Barton, M. "Go to the Ant, You Lazybones (NRSV, Prov. 6:6): The Church and Nonhuman Animals in the World." *International Journal of Public Theology* 7/1 (2013): 24-44.

Bauckham, R. *The Bible and Ecology: Rediscovering the Community of Creation.* Waco: Baylor University Press, 2010.

Baxter, R. et als. 『우울하고 불안한 그리스도인들에게』. *Depression, Anxiety, and the Christian Life: Practical Wisdom from Richard Baxter.* 최원일·김안식 역. 서울: 세움북스, 2024.

Beale, G. K. 『신약성경신학』. *A New Testament Biblical Theology.* 김귀탁 역. 서울: 부흥과 개혁사, 2013.

Bechtel, T. G. H. "Sound is the Blood between Me and You: Toward a Theology of Animal Musics." *Conrad Grebel Review* 33/2 (2015): 261-69.

Beeke, J. R. (ed). *The Reformation Heritage KJV Study Bible.* Grand Rapids: RHB, 2014.

Bekoff, M. "Reflections on Animal Emotions and Beastly Virtues: Appreciating, Honoring and Respecting the Public Passions of Animals." *Journal for the Study of Religion, Nature and Culture* 1/1 (2007): 68-80.

Berkman, J. "From Theological Speciesism to a Theological Ethology: Where Catholic Moral Theology needs to go." *Journal of Moral Theology* 3/2 (2014): 11-34.

Bird, P. A. "Of Whores and Hounds: A New Interpretation of the Subject of Deuteronomy." *Vetus Testamentum* 65/3 (2015): 352-64.

Bøsterud, M. "Animal Welfare: A Human Right?" *In die Skriflig* 53/1 (2019): 1-7.

Brown, C. (ed). *New International Dictionary of New Testament Theology.* Volume 1. Grand Rapids: Zondervan, 1986.

Brown, K. "Pastoral Concern in Relation to the Psychological Stress caused by the Death of an Animal Companion." *Mental Health, Religion & Culture* 9/5 (2006): 411-22.

Bruckner, J. *Jonah, Nahum, Habakkuk, Zephaniah.* Grand Rapids: Zondervan, 2004.

Bruner, F. D. *The Churchbook: Matthew 13-28.* Grand Rapids: Eerdmans, 2007.

Bryant, D. J. "The Human Animal and Christian Ecotheology: Reflections on Taking Biology Seriously." *Journal for the Study of Religion, Nature and Culture* 8/1 (2014): 85-110.

Callan, T. "Comparison of Humans to Animals in 2 Peter 2,10b-22." *Biblica* 90/1 (2009): 101-113.

Calvin, J. 『로마서, 빌립보서』. *Romans, Philippians.* 성서교재간행사 역. 서울: 성서교재간행사, 1993.

_____. 『창세기 1』. *Genesis 1.* 성서교재간행사 역. 서울: 성서교재간행사, 1993.

Camosy, C. C. and Kopp, S. "The Use of Non-Human Animals in Biomedical Research: Can Moral Theology fill the Gap?" *Journal of Moral Theology* 3/2 (2014): 54-71.

Carson, D. A. *The Gospel according to John.* Grand Rapids: Eerdmans, 1991.

Carson, D. A. (ed). *NIV Biblical Theology Study Bible.* Grand Rapids: Zondervan, 2018.

Činčala, P. and Drumm, R. "The Link between Health and Eschatology: Part 2." https://www.adventistresearch.info/ the-link-between-health-and-eschatology-part-2/(Blog February 1, 2023).

Cleary, M. et als. "Grieving the Loss of a Pet: A Qualitative Systematic Review." *Death Studies* 46/9 (2022): 2167-2178.

Cline, D. J. A. "Alleged Female Language about the Deity in the Hebrew Bible." *JBL* 140/2 (2021): 229-49.

Clough, D. "Christianity and Farmed Animal Welfare." *Modern Believing* 64/3 (2023): 236-43.

_____. "The Anxiety of Human Animal: Martin Luther on Non-Human Animals and Human Animality." In *Creaturely Theology*. Edited by C. Deane-Drummond and D. Clough. London: SCM Press, 2009: 41-60.

_____. "The Bible and Animal Theology." In *The Oxford Handbook of the Bible and Ecology*. Edited by H. Marlow and M. Harris. Oxford: Oxford University Press, 2022: 401-412.

Coetzee, J. "'N Diere-Vriendelike Lees van Jona." *Old Testament Essays* 20/3 (2007): 567-85.

Colson, W. C. and Morse, A. "Keeping Pets in Their Place: Why We can't afford to treat Animals like Humans." *Christianity Today* 52/4 (2008): 80.

Conradie, E. M. "Human Uniqueness: An Unfinished Agenda." *Verbum et Ecclesia* 42/2 (2021): 1-8.

_____. "The Earth in God's Economy: Reflections on the Narrative of God's Work." *Scriptura* 97 (2008): 13-36.

Cox, P. "Origen and the Bestial Soul: A Poetics of Nature." *Vigiliae Christianae* 36/2 (1982): 115-40.

Crawford, J. S. "Caleb the Dog: How a Biblical Good Guy got a Bad Name." *BR* 20/2 (2004): 20-32.

Creegan, N. H. "Being an Animal and Being made in the Image of God." *Colloquium* 39/2 (2007): 185-203.

Cuisin, M. 『동물행동학』. *Le Comportement Animal*. 이병훈 역. 서울: 아카데미서적, 1994.

Cunningham, P. F. "The Case for Animal Spirituality 1 Conceptual Challenges, Methodological Considerations, and the Question of Animal Consciousness." *Journal for the Study of Religion, Nature and Culture* 16/2 (2022): 186-224.

Curry, E. A. "The Final (Missions) Frontier: Extraterrestrials,

Evangelism, and the Wide Circle of Human Empathy." *Zygon* 54/3 (2019): 588-601.

Dahlen, R. W. "The Savior and the Dog: An Exercise in Hearing." *Word & World* 17/3 (1997): 269-77.

Dames, G. E. "Towards an Eco-Practical Theology: An Eschatological Horizon of True Hope." *HTS Teologiese Studies* 80/1 (2024): 1-9.

Davidson, R. M. "The Salvation of Animals?" *Perspective Digest* 22/2 (2017): Np.

De Klerk, B. J. "The Power of Praise Psalms to encourage Awareness of Ecological Issues amongst Worshipers." *In die Skriflig* 48/2 (2014): 1-9.

DeRouchie, J. S. and Grudem, W. "How Old is the Earth?" *Midwestern Journal of Theology* 22/1 (2023): 1-29.

De Waal, F. 『동물의 생각에 관한 생각』. *Are We Smart Enough to know How Smart Animals are?* 이충호 역. 서울: 세종서적, 2017.

Deane-Drummond, C. E. "Are Animals Moral?: A Theological Appraisal of the Evolution of Vice and Virtue." *Zygon* 44/4 (2009): 932-50.

Donaldson, B. "From Ancient Vegetarianism to Contemporary Advocacy: When Religious Folks decide that Animals are No Longer Edible." *Religious Studies and Theology* 35/2 (2016): 143-60.

Douglas, J. D. (ed). 『새 성경 사전』. *New Bible Dictionary*. 나용화 외 역. 서울: CLC, 1996.

Doyle, B. "Howling like Dogs: Metaphorical Language in Psalm lix." *Vetus Testamentum* 54/1 (2004): 61-82.

Du Preez, J. "Net maar Diere?: 'N Tematiese Oorsig van die Plek van die Diereryk in die Skepping volgens Geselekteerde Skrifgedeeltes." *NGTT* 52/1-2 (2011): 83-93.

Du Toit, C. W. "Pursuing an Understanding of Animal

Consciousness: Implications for Animal Morality and a Creaturely Theology." *Verbum et Ecclesia* 36/3 (2015): 1-10.

Eason, F. O. "'Forever in Our Hearts' Online: Virtual Deathscapes maintain Companion Animal Presence." *Journal of Death & Dying* 84/1 (2021): 212-27.

Echlin, E. P. "Jesus and the Earth Community." *Ecotheology* 2 (1997): 31-47.

Elwell, W. A. (ed). *Baker Encyclopedia of the Bible*. Volume 1 A-I. Grand Rapids: Baker, 1988.

Engelhardt, W. & Kessler, V. "The Ethical Debate about the Use of Autonomous Weapon Systems from a Theological Perspective." *Verbum et Ecclesia* 45/1 (2024): 1-9.

Erbele-Küster, D. "Geboorte als Schepping: Bijbelstheologische Kanttekeningen bij Gentechnologie." *Nederlands Theologisch Tijdschrift* 63/2 (2009): 143-53.

Fergusson, D. "God, Christ, and Animals." *Zygon* 49/3 (2014): 741-45.

Ferreira, H. and Sutton. L. "Ecological Hermeneutics as a Current Trend in Old Testament Research in the Book of Psalms." *Acta Theologica* 44/1 (2024): 306-321.

Field, R. "Comforters and Friends." *The Way* 41/3 (2001): 237-45.

Firmage, E. "Zoology (Fauna)." In *Anchor Bible Dictionary*. Volume 6. Edited by D. L. Freedman. New York: Doubleday, 1992: 1109-1167.

Fitzmyer, J. A. 『로마서』. *Romans*. 김병모 역. 서울: CLC, 2015.

Folarin, G. O. "From Primordial Curse to Eschatological Restoration: Ecological Challenges from Genesis 3:14-20 and Romans 8:18-25." *Verbum et Ecclesia* 32/1 (2011): 1-7.

France, R. T. 『마가복음』. *The Gospel of Mark.* 이종만 외 역. 서울: 새물결플러스, 2017.

Frey, J. "The God who is Love and the Life of Humans: Johannine Perspectives." *Stellenbosch Theological Journal* 10/3 (2024): 1-15.

Freyhauf, M. S. "Who let the Dogs out?: An Examination of Outside Cultural Influences in the Book of Tobit." *Conversations with the Biblical World* 35 (2015): 53-77.

Gacia, T. "Anima, Spiritus, Mens in Sepulchral Inscriptions from the Carmina Latina Epigraphica: Philological Approximations." *Verbum Vitae* 40/3 (2022): 675-90.

Gault, B. P. "Avenging Husband and Redeeming Lover?: Opposing Portraits of God in Hosea." *JETS* 60/3 (2017): 489-509.

Gentry Jr. K. L. *The Divorce of Israel: A Redemptive-Historical Interpretation of Revelation.* Volume I, II. Dallas: Tolle Lege, 2024.

George, T. 『갈라디아서』. *Galatians.* 노승환 역. 부산: 깃드는숲, 2023.

Glanz, O. "Vegangelical: How Caring for Animals can shape Your Faith [review]/King, Sarah Withrow." *AUSS* 55/1 (2017): 134-36.

Goswell, G. "Messianic Expectation in Isaiah 11." *Westminster Theological Journal* 79/1 (2017): 123-35.

Graf, G. R. "Moral Dimensions of Animal Life in the Old Testament." Ph.D. Thesis. Dallas Theological Seminary, 2010.

Graham, D. and Wensel, L. "Caring for God's Animals is Caring for God's People." *Evangelical Missions Quarterly* 59/4 (2023): 52-57.

Green, G. L. *Jude & 2 Peter.* Grand Rapids: Baker, 2008.

Greenfield, T. "Humans, Animals and a Theology of Relationship." *Modern Believing* 45/1 (2004): 32-40.

Grosheide, F. W. *Het Heilig Evangelie volgens Mattheus.* Kampen: Kok, 1954.

Grypeou, E. "Talking Skulls: On Some Personal Accounts of Hell and Their Place in Apocalyptic Literature." *ZAC* 20/1 (2016): 109-126.

Hagner, D. A. *Matthew 14-28.* Waco: Word, 1995.

Harper, B. W. "On God and Dogs: A Christian Theology of Compassion for Animals [review]." *AUSS* 37 (1999): 155-57.

Harris, W. "Grasping for God in the Material: A Meditation on Luther's Theology of Creation and Account of Sin as Critical Response to the Ecological Crisis." *Scriptura* 119 (2020): 1-20.

Harrod, J. B. "The Case for Chimpanzee Religion." *Journal for the Study of Religion, Nature and Culture* 8/1 (2014): 8-45.

Hartung, T. "Research and Testing without Animals: Where are We Now and Where are We heading?" In *Animal Experimentation: Working towards a Paradigm Change.* Edited by K. Herrmann and K. Jayne. Leiden: Brill, 2019: 673-87.

Harvie, T. "Eschatological Communion: Human and Nonhuman Animals in Light of Evolution." *Toronto Journal of Theology* 34/1 (2018): 47-62.

Haycock, M. "This Earth and the Inhabitants Thereof: (Non-)Humans in the Divine Household." *Dialogue* 52/4 (2019): 39-54.

Hays, E. R. "Justice, Righteousness." In *Dictionary of the Old Testament Prophets.* Edited by M. J. Boda and J. G. McConville. Downers Grove: IVP, 2012: 466-72.

Heim, K. M. "A Closer Look at the Pig in Proverbs xi 22." *Vetus Testamentum* 58/1 (2008): 13-27.

Helmer, J. E. "Speaking Theologically of Animal Rights."

*Journal of Moral Theology* 3/2 (2014): 109-129.

Henriksen, J-O. "God, Justice, Climate Change." *Stellenbosch Theological Journal* 10/3 (2024): 1-10.

Hill, T. "The Souls of Plants and Animals." *Science* 2/33 (1881): 65-68.

Holt, S. S. "A Review of Andrew Linzey's Animal Theology from a Theological Perspective." *Review & Expositor* 102/1 (2005): 101-109.

Horrell, D. G. et als. *Greening Paul: Rereading the Apostle in a Time of Ecological Crisis.* Waco: Baylor University Press, 2010.

Howell, N. R. "Locating Nature and Culture: Pan-Homo Culture and Theological Primatology." *Verbum et Ecclesia* 36/3 (2015): 1-9.

https://chatgpt.com/c/199394ec-69e5-44a4-950c-b62e72efefd2 (2024년 6월 12일 접속).

https://claude.ai/chat/77bb8350-1c2e-4f6e-a5e1-0395c07d9b2d (2024년 4월 19일 접속).

Hughes, B. "The Antonian Zoo: Use of Animal and Human Traits in Medieval Sermons." *Homiletic* (Online) 37/1 (2012): 3-25.

Ingensiep, H. W. and Baranzke, H. 『동물철학』. *Das Tier.* 김재철 역. 서울: 파라아카데미, 2021.

Irwin, B. "Amos 4:1 and the Cows of Bashan on Mount Samaria: A Reappraisal." *CBQ* 74/2 (2012): 231-46.

Jenson, R. W. "The Praying Animal." *Zygon* 18/3 (1983): 311-25.

Johnson, E. A. "Animals' Praise of God." *Interpretation* 73/3 (2019): 259-71.

Jones, D. W. and Spencer, A. J. "The Fate of Creation in the Eschaton." *Southeastern Theological Review* 9/1 (2018): 77–91.

Kaiser Jr., W. C. et als. 『IVP 성경난제주석』. *Hard Sayings of the*

*Bible*. 김재영 외 역. 서울: IVP, 2017.

Kao, G. Y. "Creaturely Solidarity: Rethinking Human-Nonhuman Relations." *Journal of Religious Ethics* 42/4 (2014): 742-68.

Kärkkäinen, P. A. "On the Semantics of 'Human Being' and 'Animal' in Early 16th Century Erfurt." *Vivarium* 42/2 (2004): 237-56.

Kaunda, C. J. "Reconstituting Ndembu Traditional Eco-Masculinities: An African Theodecolonial Perspective." *Verbum et Ecclesia* 37/1 (2016): 1-7.

_____. "Towards an African Ecogender Theology: A Decolonial Theological Perspective." *Stellenbosch Theological Journal* 2/1 (2016): 177-202.

Kavusa, K. J. "The Bride as a 'Locked Garden': An Eco-Sustainability Retrieval of Nature Metaphor in Song of Songs 4:12-15." *Verbum et Ecclesia* 43/1 (2022): 1-9.

Keener, C. S. *Acts*. Volume 2. Grand Rapids: Baker, 2013.

Kenney, E. "Pet Funerals and Animal Graves in Japan." *Mortality* 9/1 (2004): 42-60.

Kiel, M. D. *Apocalyptic Ecology: The Book of Revelation, the Earth, and the Future*. Collegeville: Liturgical Press, 2017.

Kim, G. J-S. "Climate Change and the Personal Presence of God." *Quaker Religious Thought* 138 (2022): 5-13.

____. "Colonialism, Han & Eco-Theology." *Scriptura* 111 (2012): 376-84.

Kimbrough, R. K. "Preaching the Animal Realm in Late Medieval Japan." *Asian Folklore Studies* 65/2 (2006): 179-204.

Kinman, B. "Jesus' Royal Entry into Jerusalem." *Bulletin for Biblical Research* 15/2 (2005): 223-60.

Kirkpatrick, H. "Christ's Atonement, Industrial Agriculture, and Concentrated Animal Feeding Operations: Redeeming

Broken Systems, Repairing Broken Relationships." *Cultural Encounters* 11/2 (2016): 83-96.

Kiser, L. J. "Margery Kempe and the Animalization of Christ: Animal Cruelty in Late Medieval England." *Studies in Philology* 106/3 (2009): 299-315.

Kittel, G. (ed). *TDNT.* Volume III, VI, IX. Grand Rapids: Eerdmans, 1974.

Klein, R. A. "Die Inhumanität des Animal Sociale: Vier Thesen zum Interdisziplinä -ren Beitrag der Theologischen Anthropologie." *Neue Zeitschrift für Systematische Theologie und Religionsphilosophie* 51/4 (2009): 427-44.

Kleven, T. J. "The Cows of Bashan: A Single Metaphor at Amos 4:1-3." *CBQ* 58/2 (1996): 215-27.

Kline, M. G. 『하나님 나라의 서막』. *Kingdom Prologue*. 김구원 역. 서울: 개혁주의신학사, 2007.

Kraus, T. J. "Von Hund und Schwein: Das Doppelsprichwort 2Petr 2,22 und Seine Hapax Legomena aus Linguistischer, Textkritischer und Motivgeschichtlicher Sicht." *Annali di Storia dell'Esegesi* 30/1 (2013): 37-61.

Largen, K. J. "Neighbors, Neighbor-Love, and Our Animal Neighbors." *Word & World* 37/1 (2017): 37-47.

Lavorgna, B. and Hutton, V. E. "Grief Severity: A Comparison between Human and Companion Animal Death." *Death Studies* 43/8 (2019): 521-26.

Lawless, C. "To All the Nations: The Great Commission Passages in the Gospels and Acts." *SBJT* 15/2 (2011): 16-26.

Lawrie, D. "The Environment as Promise and Problem in the Old Testament." *Scriptura* 107 (2011): 171-83.

Lee, S. A. "Religion and Pet Loss: Afterlife Beliefs, Religious Coping, Prayer and Their Associations with Sorrow." *British Journal of Guidance & Counseling* 44/1 (2016): 123-29.

Leonhardt-Parr, E. and Rumble, B. "Coping with Animal Companion Loss: A Thematic Analysis of Pet Bereavement Counselling." *Journal of Death & Dying* 89/1 (2024): 362-78.

Letsosa, R. "Liturgical Aspects of Funeral Services in Reformed Churches of African Origin." *Verbum et Ecclesia* 31/1 (2010): 1-6.

Lewis, C. S. 『고통의 문제』. *The Problem of Pain.* 이종태 역. 서울: 홍성사, 2002.

Linzey, A. W. 『동물 신학의 탐구』. *Creatures of the Same God.* 장윤재 역. 대전: 대장간. 2014.

_____. "A Christian Shield for Animals." *Spectator* 6 April (1996): 18-19.

_____. "Animals as Grace: On Being an Animal Liturgist." *The Way* 45/4 (2006): 137-49.

_____. "C. S. Lewis's Theology of Animals." *Anglican Theological Review* 80/1 (1998): 60-81.

Linzey, A. and Linzey, C. "The Basis for an Amicus Brief for 'Happy' the Captive Elephant: Theology that drives One to Animal Rights." *Modern Believing* 64/3 (2023): 244-53.

Liu, R. "A Dog under the Table at the Messianic Banquet: A Study of Mark 7:24-30." *AUSS* 48/2 (2010): 251-55.

Long, R. E. "Reclaiming the Heritage of Saints Serge and Bacchus: Towards a Quixotic Gay-Affirmative, Pro-Animal, Vegetarian Christianity." *Theology & Sexuality* 17/1 (2011): 101-131.

Lorenz, K. Z. 『동물이 인간으로 보인다』. *Er redete mit dem Vieh, den Vögeln und den Fischen.* 김대웅 역. 서울: 자작나무, 1995.

Louw, J. P. and Nida, E. A. *Greek-English Lexicon on the New Testament based on Semantic Domains.* Volume 1. Cape Town: BSSA, 1993.

Lyons-Pardue, K. J. "A Syrophoenician becomes a Canaanite: Jesus exegetes the Canaanite Woman in Matthew." *Journal of Theological Interpretation* 13/2 (2019): 235-50.

Macatangay, F. M. "Divine Providence and the Dog in the Book of Tobit." *Journal of Theological Interpretation* 13/1 (2019): 128-43.

Mackay, J. L. 『사무엘하』. *2 Samuel.* 정옥배 역. 서울: 국제제자훈련원, 2024.

Maddox, R. L. "Anticipating the New Creation: Wesleyan Foundations for Holistic Mission." *Asbury Journal* 62/1 (2007): 49-66.

Magezi, C. "Ecological Crisis and the Church: A Proposal for Biblical Stewardship as a Nexus for Environmental Protection." *Verbum et Ecclesia* 45/1 (2024): 1-11.

Marais, N. "Saving Animals?: A Theological Exploration of Redeeming Talk in Animal Theology." *Journal of Reformed Theology* 17/2 (2023): 149-71.

Masoga, M. A. "The Interface between Ecotheology and Practical Theology: An African Indigenous Knowledge Systems Perspective." *Stellenbosch Theological Journal* 9/2 (2023): 1-20.

Mauser, U. W. "Isaiah 65:17-25." *Interpretation* 36/2 (1982): 181-86.

May, D. M. "A Review of Andrew Linzey's Animal Theology from a New Testament Perspective." *Review & Expositor* 102/1 (2005): 87-93.

____. "Will there be Dogs under the Messianic Table?" *Review & Expositor* 114/4 (2017): 526-28.

McDaniel, J. B. "All Animals matter: Marc Bekoff's Contribution to Constructive Christian Theology." *Zygon* 41/1 (2006): 29-57.

McDonough, R. M. "Plato's Cosmic Animal vs. the Daoist

Cosmic Plant: Religious and Ideological Implications."
*Journal for the Study of Religion & Ideologies* 45
(2016): 3-23.

McEntire, M. "A Review of Andrew Linzey's Animal Theology
from an Old Testament Perspective." *Review &
Expositor* 102/1 (2005): 95-99.

McFarlane, K. "Living Relationally with Creation: Animals and
Christian Faith." *Perspectives on Science and Christian
Faith* 67/4 (2015): 235-44.

McLaughlin, R. P. "Evidencing the Eschaton:
Progressive-Transformative Animal Welfare in the
Church Fathers." *Modern Theology* 27/1 (2011): 121-46.

McNamara, M. "Symbolic Animals." *The Way* 41/3 (2001):
211-23.

Meyer, E. D. "The Political Ecology of Dignity: Human Dignity
and the Inevitable Returns of Animality." *Modem
Theology* 33/4 (2017): 550-69.

Meyer, R. E. "Habakkuk's Call to Faith in God's Eschatological
Deliverance." *Detroit Baptist Seminary Journal* 26
(2021): 57–80

Meylahn, J-A. "Doing Public Theology in the Anthropocene
towards Life-Creating Theology." *Verbum et Ecclesia*
36/3 (2015): 1-10.

Michael, M. "Yahweh, the Animal Tamer: Jungles, Wild Animals
and Yahweh's Sovereignty in the Apocalyptic Space of
Daniel 7:1-28." *Scriptura* 119 (2020): 1-16.

Michon, L. "L'Animal, Symbole et Instrument de la Révélation."
*Bulletin de Litté-rature Ecclésiastique* 120/4 (2019):
13-29.

Miller, N. F. "Down the Garden Path: How Plant and Animal
Husbandry came Together in the Ancient Near East."
*Near Eastern Archaeology* 64/1-2 (2001): 4-7.

Mills, R. J. W. "Defining Man as Animal Religiosum in English

Religious Writing ca. 1650-ca. 1700." *Church History* 88/4 (2019): 925-52.

Moltmann, J. *The Coming of God: Christian Eschatology.* Minneapolis: Fortress, 1996.

_____. "The Great Ecological Transformation." *Theology Today* 80/1 (2023): 9-17.

Moritz, J. M. "Animal Suffering, Evolution, and the Origins of Evil: Toward a 'Free Creatures' Defense." *Zygon* 49/2 (2014): 348-80.

Mounce, W. D. (ed). *Mounce's Complete Expository Dictionary of Old & New Testament Words.* Grand Rapids: Zondervan, 2006.

Murphy, R. *Ecclesiastes.* Dallas: Word Books, 1992.

Nam, R. S. "Intertextuality and the Relationship of Humankind among Fish, Birds and Creeping Things." *Quaker Religious Thought* 121 (2013): 22-30.

Nanos, M. D. "Paul's Reversal of Jews calling Gentiles 'dogs' (Philippians 3:2): 1600 Years of an Ideological Tale wagging an Exegetical Dog?" *Biblical Interpretation* 17/4 (2009): 448-82.

Naselli, A. D. 『고린도전서』. *1 Corinthians.* 홍병룡 역. 서울: 국제제자훈련원, 2022.

Neijenhuis, J. "Liturgie für Ein Tierbegräbnis: Ein Vorschlag." *Jahrbuch für Liturgik und Hymnologie* 61 (2022): 10-26.

Nel, M. "Vyandigheid in Apokaliptiese Literatuur: Die Daniëlboek." *In die Skriflig* 40/2 (2006): 299-316.

Nellist, C. "Eastern Orthodox Christianity and Animal Suffering." *Greek Orthodox Theological Review* 61/3-4 (2016): 125-39.

Nortjé-Meyer, L. "Descriptions of Nature as Images of Moral Decline in the Letter of Jude." *Pharos Journal of Theology* 103/2 (2022): 1-12.

_____. "The Logos as 'Flesh' in John 1:14 and 6:51-57:

Formulating a Christology for the Liberation of Animals from Humanarchy." *Neotestamentica* 53/3 (2019): 535-56.

Nussbaum, M. C. "The Moral Status of Animals." *Chronicle of Higher Education* 52/22 (2006): 6-8.

Nwaoru, E. O. "A Fresh Look at Amos 4:1-3 and Its Imagery." *Vetus Testamentum* 59 (2009): 460-74.

Olley, J. W. "Animals in Heaven and Earth: Attitudes in Ezekiel." *Colloquium* 33/1 (2001): 47-57.

Ottenberg, L. R. "The Beast within: Unwrapping Egyptian Animal Mummies." *Journal of Theta Alpha Kappa* 29/2 (2005): 11-24.

Otto, R. E. "Sentience, Suffering, and Salvation: A Critique of Key Concepts in Animal Theology." *Westminster Theological Journal* 82/1 (2020): 153-73.

Palmer, C. "Animals in Christian Ethics: Developing a Relational Approach." *Ecotheology* 7/2 (2003): 163-85.

Pannenberg, W. "The Emergence of Creatures and Their Succession in a Developing Universe." *Asbury Journal* 50/1 (1995): 17-25.

Pao, D. W. *Colossians & Philemon.* Grand Rapids: Zondervan, 2012.

Park, M. and Singer, P. "The Globalization of Animal Welfare: More Food does not require More Suffering." *Foreign Affairs* 91/2 (2012): 122-33.

Pasaribu, A. G., Sipahutar, R. C. H. P. & Hutabarat, E. H. "*Imago Dei* and Ecology: Rereading Genesis 1:26-28 from the Perspective of Toba Batak in the Ecological Struggle in Tapanuli, Indonesia." *Verbum et Ecclesia* 43/1 (2022): 1-7.

Patton, K. C. "He who sits in the Heavens laughs: Recovering Animal Theology in the Abrahamic Traditions." *Harvard Theological Review* 93/4 (2000): 401-434.

Plant, B. "The Confessing Animal in Foucault and

Wittgenstein." *Journal of Religious Ethics* 34/4 (2006): 533-59.

Porter, L. B. "Dogs in the Bible: A Closer Look and a Theological Conclusion." *Bible Today* 54/2 (2016): 111-18.

Provan, I. *Ecclesiastes/Song of Songs*. Grand Rapids: Zondervan, 2001.

Raabe, P. R. "Daddy, will Animals be in Heaven?: The Future New Earth." *Concordia Journal* 40/2 (2014): 148-60.

Ramantswana, H. "Not Free while Nature remains Colonised: A Decolonial Reading of Isaiah 11:6-9." *Old Testament Essays* 28/3 (2015): 807-831.

Rheeder, R. "Beskerm deur Ingeligte Toestemming: 'N Gereformeerd-Etiese Besinning oor Artikel 6 van die Universele Verklaring van Bio-Etiek en Menseredte." *Scriptura* 114 (2015): 1-20.

_____. "Bio-Etiek sonder Grense en Menswaardigheid: 'N Gereformeerd-Etiese Beoordeling." *Verbum et Ecclesia* 34/1 (2013): 1-11.

Richter, S. "A Biblical Theology of Creation Care." *Asbury Journal* 62/1 (2007): 67-76.

Rizzo, D. "Animal Glossolalia: A Pneumatological Framework for Animal Theology." *Pneuma* 46/1 (2024): 60-79.

Roberts, A. 『세상을 바꾼 길들임의 역사』. *Tamed: Ten Species that changed Our World*. 김명주 역. 파주: 푸른숲, 2019.

Robinson, L. "Cheeseburger in Paradise?: New Creation, the Spirit, and Animal Rights." *Churchman* 128/4 (2014): 345-58.

Rosell, T. D. "Grieving the Loss of a Companion Animal: Pastoral Perspective and Personal Narrative regarding One Sort of Disenfranchised Grief." *Review and Expositor* 102 (2005): 47-63.

Rossing, B. R. & Buitendag, J. "Life in Its Fullness: Ecology,

Eschatology and Ecodomy in a Time of Climate Change." *HTS Teologiese Studies* 76/1 (2020): 1-9.

RSPCA. *A Service for Animal Welfare*. Horsham: RSPCA, Nd.

Rubio, J. H. "Animals, Evil, and Family Meals." *Journal of Moral Theology* 3/2 (2014): 35-53.

Sachser, N. 『동물 안의 인간』. *Der Mensch im Tier*. 장윤경 역. 파주: 문학사상, 2019.

Saliers, D. E. *Worship as Theology: Foretaste of Glory Divine*. Nashville: Abingdon Press, 1994.

Sande, N. "Ecology and Theology together within African Pentecostals Worship Liturgy." *Acta Theologica* 44/1 (2024): 227-45.

Schaaf, I. (ed). *Animal Kingdom of Heaven: Anthropozoological Aspects in the Late Antique World*. Berlin: De Gruyter, 2019.

Schafer, A. R. "Co-Creaturely Associates or Peers?: The Nature of Animals as Portrayed in Isaiah." Faculty Publications. https://digitalcommons.andrews. edu/pubs/306: 2016: 64-101.

Scham, S. "The Days of the Judges: When Men and Women were Animals and Trees were Kings." *JSOT* 26/3 (2002): 37-64.

Schnabel, E. J. *Acts*. Grand Rapids: Zondervan, 2012.

Schneider, J. R. "How can a Good God allow Animals to suffer?" *Christianity Today* April 2023: 37-45.

Schuele, A. "The Notion of Life: נפשׁ and חור in the Anthropological Discourse of the Primeval History." *Hebrew Bible and Ancient Israel* 1/4 (2012): 484-501.

Schweitzer, A. "동물을 위한 기도." 『가톨릭 평론』 10 (2017): 117-18.

Scordino, A. J. "Liturgical Animals in a Secular Age: On Charles Taylor and James K. A. Smith." *Horizons* 50/2 (2023): 325-64.

Shemesh, A. O. "He passed away because of Cutting down a Fig Tree: The Similarity between People and Trees in Jewish Symbolism, Mysticism and Halakhic Practice." *HTS Teologiese Studies* 76/4 (2020): 1-10.

_____. "Ostrich is a Fowl for Any Matter: The Ostrich as a 'Strange' Fowl in Jewish Literature." *HTS Teologiese Studies* 74/1 (2018): 1-14.

Shinn, R. L. "Jonah and the Animals of Nineveh." *Prism* 5/2 (1990): 15-24.

Short, W. J. "Restoring Eden: Medieval Legends of Saints and Animals." *Continuum* 2/1 (1992): 43-57.

Siemieniec, T. "Kim są 'Psy' w Ap 22,15?: Lektura Terminu oi` ku,nej w Greckim Antycznym Kontekście Kulturowym." *Verbum Vitae* 39/3 (2021): 895-912.

Silberman, M. S. "Animal Welfare, Animal Rights: The Past, the Present, and the 21st Century." *Journal of Zoo Animal Medicine* 19/4 (1988): 161-67.

Simons, P. "A Green Economy?" *Koers* 79/1 (2014): 1-8.

Singer, P. A. D. 『동물 해방』. *Animal Liberation*. 김성한 역. 고양: 인간사랑, 1999.

Skeen, J. "Animal Lessons: Understanding the Gift of Creatureliness in the Company of All Creatures." *Review & Expositor* 119/3-4 (2022): 245-69.

Sleeth, M. "The Arbor of God: Trees are Everywhere in Scripture Why have They gone Missing from Christian Theology?" *Christianity Today* 62/8 (2018): 48-57.

Smick, E. B. "Job." In *1 Chronicles-Job*. The Expositor's Bible Commentary. Grand Rapids: Zondervan, 2010.

Smith, G. V. *Hosea/Amos/Micah*. Grand Rapids: Zondervan, 2001.

Smith, W. J., Prior, K. S., and DeVries, B. "Animals and the Afterlife: Do Pets go to Heaven?" *Christianity Today* 56/4 (2012): 66-67.

Snyder, H. A. "Salvation means Creation Healed: Creation, Cross, Kingdom, and Mission." *Asbury Journal* 62/1 (2007): 9-47.

Spittler, J. E. "Animal Resurrection in the Apocryphal Acts of the Apostles." In *Gelitten-Gestorben-Auferstanden: Passions und Ostertraditionen im Antiken Christentum.* Edited by N. Tobias et als. Tübingen: Mohr Siebeck, 2010: 343-66.

Sproul, R. C. (ed). *New Geneva Study Bible.* Nashville: Thomas Nelson Publishers, 1995.

Staubli, T. "Gott und Mensch im Bild der Tiere: Tiertheologie im 'Bildarchiv' Jerusalems." *Internationale Katholische Zeitschrift Communio* 51/5 (2022): 509-524.

Stefanatos, J. and McLees, N. "Animals, Man and God: Orthodoxy and the Animal Kingdom." *Road to Emmaus* 17/4 (2016): 29-53.

Steussy, M. J. "The Ethics of Pet-Keeping: Meditation on a Little Green Bird." *Encounter* 59/1-2 (1998): 177-95.

Stone, K. "Animal Difference, Sexual Difference, and the Daughter of Jephthah." *Biblical Interpretation* 24/2 (2016): 1-16.

Sutton, L. "A Chiastic Opus to the Creator of 'Heaven and Earth-Earth and Heaven': A Spatial Reading of Psalm 148 and Colossians 1:15-20." *Acta Theological Supp* 37:56-76.

Swanson, P. C. et als. "Restorative Recreation: A Medical Humanities Course Relating Nature Prescription, Avocation, and Creation Care to Human and Ecosystem Health." *Jesuit Higher Education* 12/2 (2023): 244-66.

Taylor, C. "Respect for the (Animal) Dead." In *Animal Death.* Edited by J. Johnston and F. Probyn-Rapsey. Sydney: Sydney University Press, 2013: 85-101.

Tlili, S. "All Animals are Equal, or are They?: The Ikhwān

al-Ṣal-Ṣafā"s Animal Epistle and is Unhappy End." *Journal of Qur'anic Studies* 16/2 (2014): 42-88.

Tobey, M. "Will There be Animals and Pets in Heaven?"https://theheavenguy.org/will-there-be-animals-and-pets-in-heaven/?msclkid=13f29a853aa619ecaa30fe90bdd56f8. 2023년 3월 18일 접속.

Turner, D. L. *Matthew.* Grand Rapids: Baker, 2008.

Turner, W. G. "The Role of Companion Animals throughout the Family Life Cycle." *Journal of Family Social Work* 9/4 (2005): 11-21.

Van den Brink, G. "Evolutionary Theory, Human Uniqueness and the Image of God." *In die Skriflig* 46/1 (2012): 1-7.

Van der Toorn, K. "In the Lions' Den: The Babylonian Background of a Biblical Motif." *CBQ* 60/4 (1998): 626-40.

Van der Zwan, P. "The Possible Impact of Animals on Job's Body Image: A Psychoanalytical Perspective." *HTS Teologiese Studies* 77/4 (2021): 1-9.

Van Deventer, H. J. M. "The Bold, the Beautiful and the Beasts in the Book of Daniel." *Scriptura* 90 (2005): 722-30.

Van Ee, J. J. "Wolf and Lamb as Hyperbolic Blessing: Reassessing Creational Connections in Isaiah 11:6-8." *JBL* 137/2 (2018): 319-37.

VanGemeren, W. A. *Psalms.* Grand Rapids: Zondervan, 2008.

VanGemeren, W. A. (ed). *New International Dictionary of Old Testament Theology.* Volume 1, 2, 3. Grand Rapids: Zondervan, 1997.

Van Heerden, M. "Godsdienstige Perspektiewe op Mens-Dier Interaksie." *HTS Teologiese Studies* 58/3 (2002): 1076-1088.

Van Urk-Coster, E. "Created in the Image of God: Both Human and Non-Human Animals?" *Theology and Science* 19/4 (2021): 343-62.

_____. "Public Theology and the Anthropocene: Exploring Human-Animal Relations." *International Journal of Public Theology* 14/2 (2020): 206-223.

Vivian, T. "The Peaceable Kingdom: Animals as Parables in the Virtues of Saint Macarius." *Anglican Theological Review* 85/3 (2003): 477-91.

Viviers, H. "Is Psalm 104 an Expression (also) of Dark Green Religion?" *HTS Teologiese Studies* 73/3 (2017): 1-8.

_____. "The Psychology of Animal Companionship: Some Ancient and Modern Views." *HTS Teologiese Studies* 70/1 (2014): 1-8.

_____. "The 'Wonderful' Donkey: Of Real and Fabled Donkeys." *HTS Teologiese Studies* 75/3 (2019): 1-8.

Vorster, J. M. "A Reformed Perspective on the Concept of the 'Common Good' and Its Relevance for Social Action in South Africa Today." *In die Skriflig* 50/2 (2014): 1-9.

Vorster, N. "The Relationship between Human and Non-Human Dignity." *Scriptura* 104 (2010): 406-417.

Webb, S. H. *On God and Dogs: A Christian Theology of Compassion for Animals*. New York: Oxford University Press, 1998.

Welling, B. H. "The Blood of Every Beast: Mormonism and the Question of the Animal." *Dialogue* 44/2 (2011): 87-117.

Wenham, G. J. *Genesis 1-15*. Waco: Word: 1987.

Wenz, P. S. "Review: Against Cruelty to Animals." *Social Theory & Practice* 33/1 (2007): 127-50.

Wiertel, D. J. "Classical Theism and the Problem of Animal Suffering." *Theological Studies* 78/3 (2017): 659-95.

Williams, M. "Man and Beast." *Presbyterion* 34/1 (2008): 12-26.

Williams, D. L. "Rights, Animal." In *New Dictionary of Theology*. Edited by S. B.Ferguson et als. Leicester: IVP, 1988: 592-93.

Williams, D. T. "Ecological Disharmony as the Sin against the

Spirit." *Scriptura* 112 (2013): 1-13.

Williams, M. F. "Roman Funeral Rites (Polyb. 6.53F.), Lucius Aemilius Paulius' Lauditio Funebris, and the Procession of Romans in Virgil, Aeneid 6." *Scholia* 16/1 (2007): 69-92.

Willows, A. M. and Baynes-Rock, M. "Two Perspectives on Animal Morality." *Zygon* 53/4 (2018): 953-70.

Wilmer, A. A. "In the Sanctuary of Animals: Honoring God's Creatures through Ritual and Relationship." *Interpretation* 73/3 (2019): 272-87.

Wilson, E. O. 『사회생물학 I: 사회적 진화와 메커니즘』. *Sociobiology*. 이병훈·박시룡 역. 서울: 민음사, 1992.

Wilson, J. A. P. "The Life of the Saint and the Animal: Asian Religious Influence in the Medieval Christian West." *Journal for the Study of Religion, Nature and Culture* 3/2 (2009): 169-94.

Wilson, M. "The Water of Life: Three Explorations into Water Imagery in Revelation and the Fourth Gospel." *Scriptura* 118 (2019): 1-17.

Winslow, L. D. "An Ecospirituality of Nature's Beauty: A Hopeful Conversation in the Current Climate Crisis." *HTS Teologiese Studies* 79/2 (2023): 1-6.

Wittenberg, G. H. "Plant and Animal Rights- An Absurd Idea or Ecological Necessity: Perspectives from the Hebrew Torah." *Journal of Theology for Southern Africa* 131 (2008): 72-83.

Wright, C. J. H. 『하나님 백성의 선교』. *The Mission of God's People*. 한화룡 역. 서울: IVP, 2012.

Wright, N. T. 『마침내 드러난 하나님 나라』. *Surprised by Hope*. 양혜원 역. 서울: IVP, 2009.

Wyss, B. "Philon aus Alexandreia und der Fünfte Tag der Schöpfung." *Early Christianity* 9/4 (2018): 379-403.

Yarbrough, R. W. 『로마서』. *Romans*. 홍병룡 역. 서울: 국제제자훈련

원, 2022.

Young, J. H. "Between Human and Animal Souls: The Resurrection of the Rational Soul and Origen's Transformation of Metensomatosis." Paper read at the Eighteenth International Conference on Patristic Studies held in Oxford 2019: 137-50.

Zandman, H. J. G. "Chimeras: An Ethical Consideration." *In die Skriflig* 45/4 (2011): 899-918.